克里姆林宮的餐桌

ROSJA OD KUCHNI

維特多・沙博爾夫斯基
Witold Szabłowski ——著

葉祉君——譯

紀念

蕾歐卡蒂亞・沙博爾夫斯卡

在地食評・同桌推薦

一本意想不到的書，不只是報導文學、不只是歷史書寫，也是一本食譜。只有沙博爾夫斯基自己能夠超越自己。延續《獨裁者的廚師》，沙先生跟著鼻子舌頭走，在暴行、戰爭、災難裡，帶領我們吃遍俄國歷史的酸甜苦辣。

——**許菁芳**・作家

從大規模的慘絕悲劇到絕美的北極雪原，甚至外太空，俄羅斯人的廚房無處不在。沙博爾夫斯基再次帶來一碗滾燙的敘事濃湯，帶領我們窺看那個無限接近權力中心卻又彷彿隱形的所在：廚房。在這片北方大地上的近一百多年來，吃是一件很美的事，且一點不小。

——**沐羽**・作家

驚悚但好看！

——**蔡珠兒**．作家

再艱難的時刻，都要吃飯，沙博爾夫斯基這回聚焦俄羅斯這片大地，書寫餐桌上的種種食物——與沒有食物——的故事。當獨裁者上臺又死去，權力高高建起然後潰散，變幻的過程裡，只有吃進肚子裡的東西，永遠忠誠據實地，顯示人的處境，回應威權的稀薄與冷硬。

——**胡芷嫣**．作家

俄羅斯入侵烏克蘭時，我和沙博爾夫斯基通訊，他當時人正在烏波邊境，協助前往波蘭的難民。

歷史不斷地回歸重演，沙博爾夫斯基的新書，橫跨二十世紀初的俄國帝國、蘇聯布爾什維克執政，一直到一九九一年蘇聯解體。他書寫的廚師們曾經伴隨過俄羅斯末代沙皇尼古拉二世、列寧、史達林，以及蘇聯瓦解前後的俄羅斯領袖戈巴契夫、葉爾欽與普丁。

在我們眼前的東歐民族國家，其實在一戰前有著千絲萬縷的地緣血緣關係，人們在龐大帝國下生活和流動，俄國的領袖們也流著跨地域、跨族裔的血統。他們的廚師來自烏克蘭、波蘭、喬治亞、波羅的海三國等，並不是完全的對立與涇渭分明。

只是，在此刻翻讀此書，會發現這百年來，俄羅斯有著「進出」他人疆域的斑斑歷史，因而深深影響東歐人的生命記憶。沙博爾夫斯基透過大量採訪，讓我們得知一九三二到一九三三年，蘇聯造成烏克蘭數百萬人的大饑荒，讓當時陷入絕境的人們必須以針葉、樹皮、松果做湯。時至今日，烏克蘭人為了不輕易忘記這場侵略，每年以餐車巡迴方式重製這道湯，喝下湯的人的體驗是無法下嚥。

這讓我想起《報導者》在二〇二二年前往基輔北方一四〇公里處的村子亞希德內（Yahidne）約三百人的小聚落，入侵的俄軍分配給村民塑膠免洗杯，每杯兩百毫升容量：這就是兩個被囚禁村民一整天分配到的食物。未來的烏克蘭人們，又將如何詮釋此次戰爭下的食物記憶？

歷史並未遠離我們，《克里姆林宮的餐桌》其實記錄的是一場持續發生的歷史。

——**李雪莉**．報導者總編輯

臺灣版序

親愛的臺灣朋友，

距離上次造訪你們美麗的國度正好過了三年，不過我卻感覺好像過了三十年。歷史的腳步在這段期間加快許多。那次造訪充滿各種動人的會面與談話，在我離開時，COVID疫情才剛要開始流行，還沒有人知道疫情會波及全球，造成全世界數百萬人死亡。

我們所有人在家裡坐了兩年，擔憂親人的生命與健康。當世界開始學會怎麼應付這名為COVID的瘟疫後，另一個不幸又接踵而來。就在我撰寫這篇序言的此刻，俄羅斯對烏克蘭發動的殘酷戰爭已持續將近一年。不幸的是，各位手上的這本書也因此變得格外切合時事。

為了寫這本書，我東南西北跑遍俄國、烏克蘭、白俄羅斯及其他前蘇聯共和國，與一名又一名身分特別的廚師交談，因為這不僅是一本歷史書或報導文學，同時也是一本……食譜。我走訪了在克里姆林宮擔任多年主廚的維克特·別瓦耶夫，跟另外幾場由俄國掀起的戰爭中的廚師聊過，也向車諾比或給太空人做飯的廚娘討教。

換作是今天，這書根本不可能寫成，因為無論是俄羅斯還是白俄羅斯（其掌權的獨裁者與克里姆林宮緊密合作），我都不可能踏進一步。要是他們放我進去，那也只會是為了我在書裡所寫的內容而要逮捕我。我在寫作期間就已碰上幾次得向各地警方解釋的情況，也被俄國的情治單位訊問過。本書之所以能順利完成，其實只是因為在普丁掌權的國度裡，沒人想得到廚房會是展演權力運作機制的完美地點，沒人想得到在講述食物的篇章中也能呈現出盤子、湯匙及鍋子以外的事物。

不過，讀過我其他著作的各位讀者想必都很清楚，我總是盡量多走一哩路。我在《跳舞的熊》裡講的是動物，但我真正要說的其實是那些掙脫奴役的人們。那本書在臺灣受到熱烈歡迎，對此我十分感激各位。我在《獨裁者的廚師》裡描繪了獨裁者都吃些什麼，但真正想呈現的則是獨裁如何誕生，獨裁者對我們的誘惑。

《克里姆林宮的餐桌》也是如此。表面上是一本講述俄國美食的飲食書，實際上卻是探究俄國政治與歷史暴行的剖析之書。

希望這本書也能獲得臺灣讀者的熱烈迴響。就跟我們波蘭人一樣，你們也明白一個侵略成性的強鄰意味著什麼：不承認你的不同，不承認你的自主，多年來都直說你不該存在。同樣的話，俄羅斯也對烏克蘭與波蘭講過，還有許多國家也聽過。臺灣也從中國那邊聽到一模一樣的話。自從烏克蘭陷入戰爭，我就十分擔心我在那個國家裡的友人，一如我擔心臺灣的朋友。

我等著歷史再度放慢腳步，我們的話題將不再圍繞獨裁，也非關奴役，而是能好好喝杯茶，聊聊精彩的好書。

到時候見！

目錄

1 新阿豐，阿布哈茲

史達林鍾愛的夏季別墅所在地。本書的發想地就在該別墅的廚房前。

2 葉卡捷琳堡

沙皇尼古拉二世在這裡連同家人及忠心的僕人，度過生命中最後的幾個月。一名叫作哈里托諾夫的廚師，與沙皇一起被槍決。

3 高爾基列寧斯克

列寧在這裡度過生命最後的幾年。他的廚師是舒拉．沃羅比奧娃，身分極度機密。她違背醫囑，給列寧煮了蕎麥飯。

4 羅斯第夫卡

1930年代大饑荒時，這座村莊的人有半數遭史達林謀殺。當年目擊這個事件的人如今只剩少數尚在人間，其中有兩人的母親都是廚師。

5 哥里，喬治亞

史達林及同母異父的弟弟亞歷的出生地。亞歷後來成了史達林的試菜員及廚師。二戰期間，亞歷為了拯救愛妻而與情報頭子貝利亞搏命。

6 孔策沃

史達林在莫斯科郊外的祕密別墅，內有一座農場及數個魚塘，以確保史達林的食材來源無虞。

7 列寧格勒

圍城造成一百五十萬左右的人喪命，俄國總統普丁的胞兄及叔伯也是受害者。我們將透過當時的麵包師安德烈耶芙娜女士口述，瞭解圍城戰的經過。

8 雅爾達

同盟國三巨頭在這裡舉辦會議，瓜分歐洲。從烹飪的角度來看，這場會議堪稱傑作，操刀人正是亞歷。1994年，數十萬克里米亞韃靼人也是從這裡被驅逐出境。

9 莫斯科郊外的星城

菲娜在這裡為未來的太空人煮他們最愛的餐點。這裡也是奪走世界首位太空人加加林性命，那場厄運航班的啟程地。加加林臨行前喝了不該喝的生乳。

10 拜科努爾

邁向宇宙第一人尤里．加加林的旅程起點。當時為他備餐的是瑪麗亞．克里蒂尼娜。今天你也可以照著她的私房食譜在家試煮甜菜湯。

11 莫斯科

大廚維克特．別瓦耶夫在這裡的克里姆林宮掌杓多年，後來更負責管理克里姆林宮裡所有的廚師。

12 巴格蘭

此處為蘇聯空軍在阿富汗的基地，妮娜媽媽在這裡給飛官做飯。她原本的工作是蘇聯庫兵卡一家鞋廠的鞋匠與黨組組長。

13 童話森林，車諾比

童話森林裡，十幾名來自瓦拉什核電廠的女廚，為車諾比事故的頭一批清理人員做飯吃。如今這些女廚僅剩少數尚在人間。

14 維斯庫列

俄羅斯、白俄羅斯及烏克蘭領導人在這裡共謀推翻蘇聯。廚師波莉娜在這個場合上給他們做了野豬燉肉。

15 伊林斯科耶

俄羅斯總統弗拉迪米爾．普丁的祖父斯皮里東．普丁，就是在這裡的共產黨員專屬療養院擔任廚師。他的墓碑也在這裡。

蘇聯及俄羅斯美食地圖

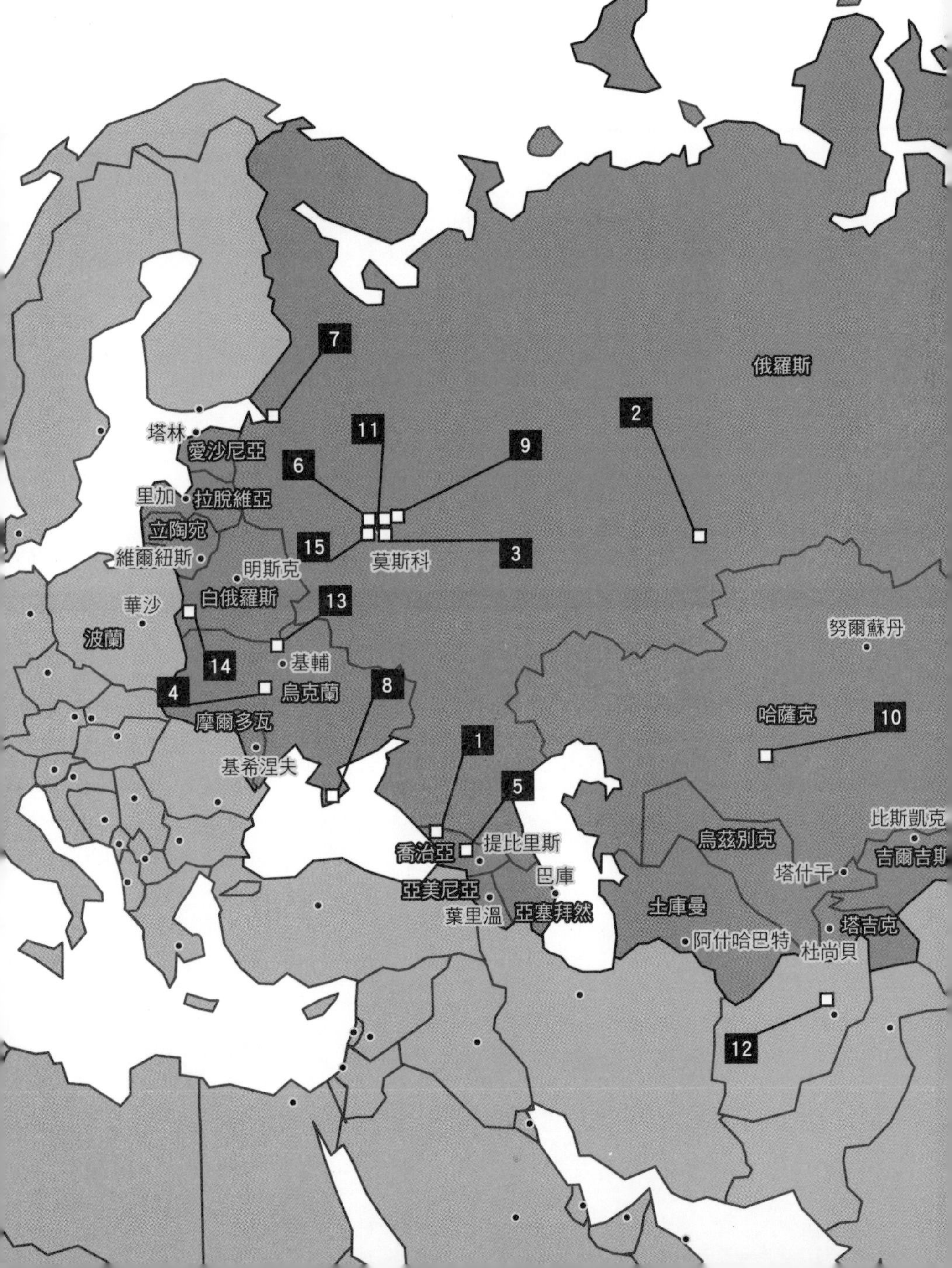

俄羅斯
7
2
塔林
11
9
愛沙尼亞
6
里加
拉脫維亞
立陶宛
15
莫斯科
3
維爾紐斯
明斯克
白俄羅斯
13
華沙
努爾蘇丹
波蘭
基輔
14
4
烏克蘭
8
摩爾多瓦
哈薩克
10
1
基希涅夫
5
比斯凱克
烏茲別克
喬治亞
提比里斯
吉爾吉斯
塔什干
巴庫
亞美尼亞
土庫曼
葉里溫
亞塞拜然
塔吉克
阿什哈巴特
杜尚貝
12

開場

汽油、水果酒及微微發酸的炸魚氣味同時襲來。汽油味的來源是約莫一小時前出海的小漁艇，而水果酒和魚的味道想必是來自喝醉酒的管理員留在我窗下的嘔吐物。我躺在床上，聽著門外黑海的浪聲，意識還有些迷糊地看著阿布哈茲共和國（蘇聯解體後自稱主權獨立卻只有俄國承認的國家）的警察搜索我的房間。而我過夜的地方，也就是這座度假中心的經理則緊張地站在門邊，不斷重複同一句話，但不是在對我說，也不是在對警方說：

「您不該在這裡，我不知道您是打哪兒來的。」

他這話沒說錯，他不知道。

所以我又解釋了第二遍，也許已經是第三遍，說自己是大半夜才到，喝醉酒的管理員（就是後來唱著下流俄文歌，接著還吐在我窗外的那個人）放我進來，叫我先去睡，早上再說。

員警在我身上沒找到任何可疑物品，經理也開始覺得自己錯了，舉報一個無辜的人。所幸警方也沒追究，只是開了些玩笑，跟我拿了點俄國盧布當茶資便走人。

房裡剩下我跟經理兩人，氣氛越來越尷尬。經理用小小的手沖壺泡了咖啡，先沖給我，然後才沖給自己。在我們沉默地喝著咖啡時，他暗自盤算該試著安撫我，還是索性放著不管。過了一會兒，他決定選擇前者，給我遞了杯恰恰酒配咖啡──那是種很烈的葡萄酒（我拒絕了，當時可是早上七點）。就在那個時候，他突然問我知不知道我們在哪裡。

「在阿布哈茲的新阿豐。」我打著呵欠回答。

經理猛然點頭，說答案沒錯，但也不全對，並要我跟他走。於是我們喝掉咖啡，離開房間。我們來到一道鬧門前，他打開鏈條，帶我穿過蓋在街道底下的祕密通道，接著又繼續前行了幾十公尺，一座天堂花園乍現。不誇張，那裡到處長著松樹，中間還穿插棕櫚，從樹上掉落的椰子摔破在柏油路上，汁液流滿步道。兩匹漂亮的黑馬低頭舔舐，再過去點兒還有兩匹棕馬在吃草。我們順著路走，沿途的樹叢裡有色彩斑斕的鳥兒在追逐嬉戲。

過了花園，路面也開始攀升。

我們途中經過一個標誌，上頭寫著「禁止進入！本產業為阿布哈茲總統所有」。標誌前站著負責看守這片區域的兩名特務，不過經理朝他們揮揮手，對方便放行讓我們通過。腐綠色的蜥蜴自我們腳下逃散，另一群鳥兒則在我們頭上高啼。終於，我們走到柏油路的盡頭，停在一幢綠色的山坡小屋前。棕櫚、森林，還有底下湛藍碧綠相間的粼粼海水，眼前的景色令人嘆為觀止。

「這個地點極度機密，以前是史達林的夏季別墅。」經理說。「他在晚年的時候，每年都會來度假。你睡的那間屋子是後來才建的，但也是他的產業。」

到了這裡，我終於明白是怎麼回事了。這個地方幾十年來都只有少數人能進入。即使史達林過世，蘇聯解體，還是沒人解除禁令，為的就是盡量不讓外界窺視當中的奧祕。他們把這些小屋出租想必是不合法——也許他們連史達林的別墅也外租？有誰會知道？在這個不存在的國家裡，什麼都有可能。不過俄羅斯來的遊客是一回事，反正這裡到處都看得見，但是波蘭來的遊客就另當別論了，而這也是為什麼經理會慌了手腳，叫來了警察。

我立刻動起歪腦筋，想找方法瞧瞧屋裡的模樣。經理似乎讀出我的心思：

「我沒有鑰匙。」他兩手一攤。「不過我同事可能有，如果你要的話，我可以請他晚上讓我們進去。」

就這樣，我去新阿豐參觀了一整天的古蹟，回來時經理已在那邊等待，身邊還有幾名男子，其中一個叫阿斯蘭，鑰匙就在他手上。瘦瘦高高的阿斯蘭，在蘇聯時期曾負責監錄史達林別墅裡工作人員的交談。他放我們進去，一一向我們解說這個地方的由來、史達林都是什麼時候會來，就連他睡在哪間房和哪張床都說給我們聽。

同一時間，其他人開始生火，烤起羊肉串。他們把生洋蔥放進盤子，加上阿吉卡——這是一種以甜椒、蒜頭、香料及胡桃製成的醬料，用來配肉吃。他們還倒了恰恰酒，這回恰好是適合暢飲的時候。這些男人都在別墅這區工作，一個是園丁，另一個是警衛，還有一位負責照顧馬匹。按年紀看，他們想必都還記得一九九二年蘇聯剛解體時，阿布哈茲在俄國幫助下脫離喬治亞所引爆的那場血腥戰爭。大夥兒舉杯慶祝我們的相遇，然後一飲而盡。我想著該怎麼問他們對那場戰爭的看法，而那場戰爭又為他們這個準國家帶來了什麼。所幸經理再度讀出我心中的想法：

「俄羅斯、喬治亞，全都是狗屁。」他喝掉恰恰酒，咬了一口西瓜後說：「不管哪一個，都只想搶我們的海灘，搶我們的錢。我們拋頭顱灑熱血，日子卻只是越來越難過。」

其他人紛紛點頭贊同。

阿布哈茲在戰後脫離喬治亞，但這個蘇聯時期稱被為「蔚藍海岸」的富裕國家卻就此凍結。當地人民唯一的經濟來源是柑橘農作及俄羅斯觀光客：因為除了俄羅斯，沒有人承認他們是個國家。除了俄羅斯人，幾乎沒人會來這裡觀光。這裡常見的風景除了山，就是裝飾豐富且長滿灌木的建築。

「只有史達林時期我們過的才是好日子。」經理繼續說，他的同伴又給我們斟滿恰恰酒。「他懂這片土地，他吃我們的麵包，吃我們的魚，吃我們的鹽。」

其他人再度點頭。

「史達林就跟我們一樣，吃一般人吃的東西。」負責養馬的那人說。「別墅後頭再過去是他的廚房，我爺爺在那邊當雜工，跟我說了很多事。」

羊肉串在明火上烤著，而我們的杯子再度見底，恰恰酒讓我腦中轟隆作響。我走去小解，而我挑的地方就在史達林廚房的後頭。回去時我從窗外瞧了一眼，裡頭就像這座別墅，一切原汁原味，不管是爐灶、地板、桌子，甚至是鍋子和凳子，都維持著原來的模樣。我開始納悶以前在裡頭工作的廚師是誰？煮的都是什麼菜？有想過要逃離這個地方嗎？還是正好相反，樂於站在「民族太陽」的身邊，就著太陽的熱度取暖？

就是在那一刻，微微亢奮的我頭一回想瞭解史達林的飲食是否真的像「一般人」一樣。如果是，是為什麼呢？如果不是，那為什麼這些人都認為他是呢？讓他們有這樣的印象是一件很重要的事嗎？這是有人刻意策劃的嗎？

就是在這一刻，在這個約莫十多年前的溫暖夜裡，這本書的構想誕生了。

本書花費數年的時間在我心中慢慢熟成。真的開始動筆後，我東西南北跑了好幾個前蘇聯共和國，訪問負責給蘇聯總書記、太空人和前線士兵備餐的廚師，也跟車諾比和阿富汗戰爭時期的廚娘聊過。很快地，我發現史達林吃的根本就不同於一般阿布哈茲人，也不同於普通蘇聯公民。我還連帶發現幾個廚房祕辛，有屬於史達林的，也有屬於他後繼者的。

你們可以透過這本書瞭解史達林的廚師如何教導戈巴契夫的廚師對著發酵麵團唱歌，為的又是什麼。你們可以認識阿富汗戰爭裡的廚娘妮娜，她如何逼著自己時時保持樂觀，只為把好心情分享給士兵。你們可以知道車諾比在核災事件過後為何要舉辦一場最佳食堂選拔，而最後又是獎落誰家。

你們會讀到史達林試菜員的故事，知道他為救愛妻性命而不惜冒著巨大風險與史達林的情報頭子搏命。你們也能見識到第一道飛上太空的湯品、末代沙皇尼古拉二世最愛吃的斑鳩麵，以及這兩道菜的食譜，更可以知道為什麼蘇聯領導人布里茲涅夫痛恨魚子醬。

你們也會見證沒東西可吃的廚房是什麼模樣，本書將會講述史達林試圖用饑荒逼烏克蘭就範，還有列寧格勒遭納粹圍城期間的故事。

最重要的是，你們可以看見當權者如何把食物當成政治宣傳工具。在蘇聯這樣的國家裡，每塊豬排都是在為國家服務：從下鍋到上桌，從自助餐店到餐廳，從加里寧格勒到北極圈，從基希涅夫到海參崴，無一例外。不管是共產黨總書記的食物，還是尋常公民的食物，通通帶有政治意涵。俄羅斯則是蘇聯光榮的接班人，所以也依樣畫葫蘆，把多年來的政治宣傳繼續餵給人民。

斯皮里東．普丁不過是一介廚師，他的孫子弗拉迪米爾．普丁卻能成為一國之主，這可不是偶然。關於他們兩人的故事，你們也能在書中讀到。

史達林在新阿豐的別墅如今似乎已能合法參觀，只需買張十幾塊盧布的門票就好。不過在我之後幾年才過去的朋友都說，史達林的廚房依舊鎖得牢牢的，禁止進入。

本書將這些廚師的故事分十八盤盛上，讓各位稍稍品嚐箇中滋味。

從史達林別墅看出去的景觀© Witold Szabłowski

第一盤　末代沙皇的廚師

她染著一頭金髮，穿著燙線筆直的套裝。由於腳痛而不便外出，她便邀請我進屋，但頭兩個小時都一直與我保持距離。我們坐在客廳，喝著剛用俄式銅壺炊煮的茶，配著乾到能搓屑的小餅乾。

她的名字叫伊戈列芙娜．札利夫斯卡，這輩子都在高等學府工作。如果要她跟誰親近些，就得讓她先把對方琢磨一番，但這得花上一點時間——於是在那兩個鐘頭裡，她都在跟我說她曾祖父費多爾的往事。她祖父在末代沙皇尼古拉二世的廚房裡工作。曾祖父的樣子她不記得，但他給家族留下了一隻紀念酒杯，上面有沙皇夫婦的合照。每次提到沙皇，她的口氣都像在朗讀舞臺劇，言必稱「尼古拉二世陛下」，而不會直呼「沙皇」。若是講到沙皇一家，也就是尼古拉、尼古拉的妻子和尼古拉的五個孩子，她就會用「神聖的沙皇家族」來稱呼，然後觀察我的反應，因為波蘭人對俄羅斯人來說有點難以捉摸。同樣一件事，縱使雙方稱呼完全相同，理解卻可能大相庭徑。她知道我想聊她祖父的朋友，也就是沙皇最後的廚師哈里托諾夫的事，也知道哈里托諾夫的後人不同意接受訪談。札利夫斯卡女士得先把這一切在腦中好好理清楚。

最後這位女士終於理出點頭緒。她腦中的演算法斷定眼前這人雖是波蘭人，卻不算太糟，還可以信任。接下來發生的事，我在後續的俄國之旅還會經歷很多次。札利夫斯卡女士從小小的酒櫃裡拿出兩隻酒杯和一瓶蘇聯綠標伏特加，說客廳聊夠了，是時候該轉移陣地到廚房。一到廚房，她就用只有自己才知道的方法，在不到一刻鐘的時間裡擺滿整桌的誘惑——從醃香菇、肉醬、馬其頓（若有人不知這是什麼，姑且耐著性子讀下去吧），到每張俄羅斯餐桌必備的酸黃瓜和醃高麗菜、奧利維沙拉（在波蘭叫「鴨飼料」，或者就叫蔬菜沙拉），還有大大小小十幾盤的小菜。這些想必都是她在我來之前老早就準備好的，只是她得先大概摸一下我的底細，才能把我從客廳引進每個俄羅斯家庭的核心：這裡既是俄羅斯人接待自己人的地方，也是俄羅斯人最能展現真實自我的所在。

「維特多．米洛斯瓦沃維奇*，請從肉醬開始吃吧。」她對我說。「這是用我曾祖父的原版食譜做的，直接出自沙皇廚房。我們家在復活節都會做這道菜。」

於是，我在指頭上抹了一層厚厚的肉醬，一來是因為我喜歡這樣，二來是這可以讓我的東道主開心，然後還在上頭加了酸黃瓜。我們舉杯互敬，敬這次的訪談，也敬這個能認識彼此的機會。下一秒，我的味蕾已沉浸在泥糊糊的肉味中，而那滋味就與不幸的沙皇尼古拉二世一家，在還沒被布爾什維克黨帶到牆邊射殺前，常吃的肉醬幾乎一模一樣。

1.

要講沙皇最忠心的廚子故事，最好從結局，也就是他生命的最後一夜倒著說起。就讓我們這樣開始吧：

他為他們做了晚餐，跟他們道別，而他們吃了晚餐。

伊凡·米海沃維奇·哈里托諾夫那年四十八歲，頭髮後梳、身材胖胖的他活力充沛，手邊總有滿滿的工作。自從布爾什維克黨囚禁沙皇一家，沙皇身邊的御廚就只剩他一人。原本在宮廷裡工作的幾百人中，只有五個最忠心的人留下，而御廚哈里托諾夫及小廚子隆卡·謝德涅夫便是其中兩人。布爾什維克黨多次提議要他們也拋下沙皇保命，但他們總是拒絕。負責監管且後來開槍射殺沙皇一家的小組負責人多年後回憶：「他們想跟主君共進退，我們也沒有權力禁止。」

* 俄羅斯人姓名中含父親名，排序為名、父名、姓，而父名按性別、轉音及字尾的形式不同，男性的父名字尾通常為歐維奇（owicz）或耶維奇（ewicz），女性則為歐芙娜（owna）或耶芙娜（ewna），亦即為父之子或父之女。作者父親名為米洛斯瓦夫（Mirosław），因此轉音後的父名為米洛斯瓦沃維奇。波蘭並無父名用法。

但就在那天夜裡，布爾什維克黨將未成年的隆卡送進城，要他與同為沙皇工作多年的叔叔碰面。

隆卡的叔叔早就已經死了好幾個禮拜，但他根本無從得知。

沙皇的廚師哈里托諾夫從小就認識沙皇，因為宮廷裡的慣例向來是讓羅曼諾夫家的孩子與僕從的孩子玩在一塊。哈里托諾夫的父親為前一任沙皇亞歷山大三世做事，而他與尼古拉的年紀幾乎相仿。對孩子向來不假辭色的亞歷山大三世希望藉由這種方式，讓他們認識所謂的平凡生活。

然而玩樂的時光很快過去。十二歲的哈里托諾夫成了小廚子。他父親埋頭苦幹，不畏艱辛，憑藉一身本事，從孤兒院長大的孤兒爬到宮廷裡的高位，甚至獲帝王頒贈貴族頭銜。就是他建議兒子也踏上廚師之路，甚至為兒子爭取到去法國留學的機會，讓年輕的哈里托諾夫在那邊拜高手為師，最終當上大廚。

但在布爾什維克黨囚禁前沙皇的葉卡捷琳堡裡，追憶這些往事已經沒有多大意義。自從沙皇退位，廚房便日漸空虛，就連最厲害的廚師也無能為力，只能盡量不讓這改變來得太過直接。真正的大廚不管面對什麼情況都能應付自如，而哈里托諾夫的表現同樣也只有傑出二字能形容。

這天他們八點吃晚餐。一用完餐，沙皇便與皇后玩起貝齊克——這是他們最愛的紙牌遊戲，兩人都靠這遊戲來消磨監禁時光。同一時間，他們的守衛在指揮官辦公室裡收集了六把手槍和八把左輪手槍。皇后在十點半就寢，她在日記裡寫下了一句關於小廚子隆卡的話：「我們在想，不知道還見不見得到這男孩。」這句話語帶關心，因為就如年輕的哈里托諾夫與尼古拉，小廚子隆卡也是他們的兒子阿列克謝王子一同長大的玩伴。

她想得不錯，他們再也沒見過那男孩，這句話成了皇后日記裡最後的記載。

2.

一九一八年五月，特殊用途屋守則

守衛指揮官負責確保各人確實完成工作（略）。

指揮官需將尼古拉・羅曼諾夫及其家人視為蘇聯囚犯，並於監禁處訂立管束。管束對象包括：一、前沙皇本人及其家人。二、寧與其共進退者。

第一條所述之人員一經安置後，在地方委員會管轄範圍內皆無任意溝通之自由。

指揮官對囚犯須以禮相待。

與囚犯交談時僅能涉及以下內容：一、受理囚犯各種口頭陳述。二、宣布當局公告與命令。三、應囚犯請求解釋管束說明。四、儲糧、膳食及必需品之配送。五、提供醫療協助。

3.

「沙皇身邊都是些了不起的人物。」吃掉一朵醃香菇，下一杯伏特加還沒入口，沙皇御廚的曾孫女札利夫斯卡女士這麼對我說。「羅曼諾夫一家代代相傳，因此廚師、甜點師和侍僕也跟著王朝傳承薪火。在當時的人眼中，不管俄羅斯再怎麼窮，只要能待在沙皇身邊，就不會餓肚子，所以每家的父親都把自己的一身本領傳給子女。我曾祖父費多爾之所以能在那邊工作，就是因為他有著父親傳授的好手藝。我不知道我曾曾祖父的名字，但我知道他也是因為窮，才會從聖彼得堡附近的蘇茲達爾搬進城。有些人甚至是從凱薩琳大帝的時代就在那邊工作。就拿跟曾祖父要好的甜點師傅波圖普奇科夫來說吧，聽說他家族從兩百年前就在沙皇身邊工作。波圖普奇科夫還教導我曾祖父，要他在上冷凍草莓的時候以檸檬汁、杏仁和紫羅蘭花瓣調味。」

末代沙皇的甜點師傅超過二十人，不僅負責做蛋糕，也負責水果和無酒精飲料，還有末代沙皇的畢生摯愛，也就是皇后亞莉珊德拉．費奧多歐芙娜最愛的圓麵包。負責圓麵包的麵包師傅叫做葉爾莫拉耶夫，他的手從手肘以下總是刮得乾乾淨淨。他在收工後會去聖彼得堡的一家劇院演出。

「我曾祖父不喜歡皇后。」札利夫斯卡女士對我說。「她是德國人，俄文說得不好，對僕人也不好。就是她整天在沙皇身邊嚼舌根，把拉斯普欽引進宮，才會壞事連連，最後搞到羅曼諾夫一家被槍決。您也知道，跟拉斯普欽有關的醜聞實在太多，甚至還有人指控他跟皇后搞曖昧。不過我曾祖父倒是從來沒說過沙皇本人一句壞話。他總是說沙皇是個好人，說作為俄羅斯的統治者，沙皇人太好。至於他所謂的『人太好』是什麼意思呢？沙皇多愁善感，什麼事都往心上擱，但當時俄羅斯卻需要有個心腸硬上許多的人來管。」

比較烈的飲品跟克瓦斯*由酒精部負責，總共有十四名雇員。沙皇年輕時愛貪杯──那個時期的他，日記裡寫的幾乎都是年輕人的鬧劇，而且主角都離不開酒精。沙皇登基後變得比較沉穩，但即使成熟許多，他用餐時總還是要喝上幾杯波爾多，出門遠行也不忘來杯勁頭不小的波蘭李子酒，那是華沙市長定期寄來的。

在為沙皇準備桌上餐點的廚房裡，約有一百五十人在工作：其中十位專為沙皇一家及他們的私人貴賓備膳。四名廚師專精烘焙，另外四名（包括哈里托諾夫）則負責湯品。除了這些專業廚師，在那裡忙進忙出的還有一大票學徒，每天從海綿蛋糕到酵母團，再從酵母團到果凍，然後又從果凍到整組擺盤裝飾，周而復始。那在當時是世上數一數二（也許數三）的

---

* 克瓦斯（Kwas chlebowy）是一款在俄羅斯及前蘇聯地區十分普及的飲料，由黑麥麵包發酵製成，味道酸甜，帶絲苦味。因為屬無酒精飲料，未成年者也能飲用。

廚房。

我們就拿一份早餐食譜當例子，擺到放大鏡底下好好檢視。一九〇六年十月十日，沙皇一家早餐吃了蘆筍濃湯、龍蝦、野生山羊腿、芹菜沙拉、水蜜桃及咖啡。一九〇七年九月九日，廚房上的是薏仁湯（加了酸黃瓜、紅蘿蔔及青豆）、薯餅、鮪魚肉醬、烤牛肉、雞胸肉排、雪莉酒漬梨子及白糖蔓越莓蛋糕。

午餐也不馬虎。一九一五年五月二十八日，也就是第一次世界大戰開打隔年，尋常的一頓飯裡有：魚湯、白梭吻鱸、烤肉、涼拌小菜及香草醬。一九一五年六月二十六日：肉醬、鱒魚、馬鈴薯丸子、烤鴨、沙拉及冰淇淋。一九一五年十二月三十日：又是魚湯，另有馬鈴薯丸子、火腿冷盤、烤雞，然後又是沙拉與冰淇淋。

還有由餅乾領銜的傍晚點心，接著才是晚餐時間。沙皇的用餐時間相對較晚，通常下午一點才吃早餐。下午五點一家人會聚在一起喝茶，通常由在英國宮廷長大的皇后亞莉珊德拉，也就是維多利亞女王的孫女來主持。午餐時間是晚上八點，而晚餐通常是午夜過後好一段時間才吃。

不過即便餐桌擺得如此豐富，有時沙皇只會吃一兩顆蛋，皇后則是一點蔬菜。他們兩人都非常照顧身材，尼古拉更像是著了魔似的，一天總要量上幾次體重。

「他們那裡扔掉很多食物。」札利夫斯卡女士無奈地攤開手。「但他畢竟是沙皇，總不能早餐只給他上兩顆蛋吧？該有的排場還是得維持。」

在尼古拉允許自己稍微吃點東西的時候，他最愛的餐點則是班鳩麵（食譜詳見章末菜單）。

Maître d'hôtel，也就是為沙皇打理餐桌的人員總管，從廚師、桌上的餐點到上菜的侍應，都是他負責的範圍。尼古拉二世在位期間，擔任這總管一職的是尚・皮耶・庫巴特。他是廚師哈里托諾夫的良師益友，雙方結識於法國，互有書信往來，還分享了去克里米亞度假的經歷。

我們聊著這一切，身為另一名御廚曾孫女的札利夫斯卡女士，催著我為波蘭與俄羅斯的友誼再乾一杯，並再吃塊肉醬。接著換我拱她乾掉滿滿的一杯酒，敬這些回憶，也願她曾祖父在天之靈能夠安息。

「曾祖父甚至沒夢想過能成為頂級廚師。」喝下那杯酒，抹乾嘴唇，她向我透露。「他是次級廚師的兒子，對他來說，光是能接父親的衣缽就已夠好了。一九一四年法國人庫巴特辭掉沙皇身邊的工作，不過空缺立刻就被另一個姓奧利維的法國人補上。」

奧利維有時會被誤認為是俄羅斯最著名的蔬菜沙拉發明人。（事實上這道沙拉的確也是法國人想出來的，不過是半個世紀前另一個與他同姓的人。）

這些法國人把沙皇廚房的水準拉到難以超越的程度，所以不可能有哪個俄國廚師能扛得起宮廷裡這總管一職。

「這一直是廚師哈里托諾夫的夢想。」札利夫斯卡女士說。「宮廷裡的每個人都知道，包括我祖父在內。不過所有人也都明白，不管是哪一任的沙皇御膳主廚，都一定會是法國人。宮廷的廚房受法國菜影響很大，所以由法國人負責烹飪自是理所當然，任誰也想不到哈里托諾夫終究當上了總管，而且還是在最戲劇化的情況下。」

4.

歷史學者幾乎一致同意尼古拉二世是個好人，但卻是一位糟糕的沙皇。然而，考量他當時碰上了羅曼諾夫王朝史上的最大危機，也難怪他應付不來。他出生的那一天是東正教紀念聖約伯的日子（一位承受上帝降予世間所有不幸的老人），而尼古拉從年輕起便常說這絕非巧合，無怪乎托爾斯泰會稱他是「不幸又膽怯的男孩」。

從他的登基大典開始便已是災難一場。一八九六年五月十八日，五十萬俄國人聚在霍登卡練兵場，等著領取免費食物和紀念餐具。當天早上攤位一開張便湧入大批人潮，造成兩千多人遭踐踏，其中至少一千人死亡。同天傍晚，沙皇卻像沒事發生，照樣在法國大使為他舉辦的舞會上跳舞。

俄羅斯人永遠無法忘懷這件事，而沙皇與人民之間的鴻溝也正是從這天起逐年加深。

沙皇夫婦多年來一直不得男嗣，更加惡化了事態。亞莉珊德拉一連生下四個女孩：奧爾嘉、塔琪亞娜、瑪麗亞及安娜塔西亞。縱使在眾人殷殷盼望的男孩誕生後，沙皇夫婦依舊沒能解決繼承問題：小阿列克謝王子自幼便患上血友病。這是一種導致血液無法凝結的危險疾病，每一塊瘀青，每一道傷口，都可能奪走他的性命。沙皇與皇后四處求方，從正統醫學到郎中術士，再到各方密醫：格列高里・拉斯普欽便是因此登場。拉普斯欽是鄉下傳教士出身，私生活極度不檢點，讓本就不光彩的沙皇一家更顯聲名狼藉。

籠罩羅曼諾夫家族的烏雲就此盤踞不散，而最為艱辛的時刻更是與第一次世界大戰的爆發連袂而來。俄羅斯在一九一四年七月加入大戰，從一開始便陷入苦戰。一九一四年八月二十日貢賓嫩戰役爆發的那一天，沙皇卻在中午大吃肉醬、燉豬肉與龍蝦抓飯，以及用鷚鳥跟水蜜桃填餡的小母雞。這種小母雞是特別飼養的品種，在母雞成熟前就屠宰，以取得最佳肉質。鷚鳥是野生的候鳥，而水蜜桃就是單純的水蜜桃。

災難步步逼近。

5.

隨著日子一天天過去，尼古拉手上的政權也逐漸崩解。戰事連連失利，讓人們感到厭倦。一九一七年三月，甚至連國家杜馬（即俄國國會）都出現反沙皇勢力，尼古拉就此決定退位。

臨時政府將沙皇送去聖彼得堡郊外的沙皇村別館。起初，羅曼諾夫一家的生活水準並沒有太大改變，身邊依舊有大批廚師、侍應及管家簇擁。最大的改變是沙皇的法國總管奧利維，他在沙皇退位後便腳底抹油。一時間，宮廷裡沒有半個法國人能頂替他的位子。

「這個職缺落到了哈里托諾夫頭上。」札利夫斯卡女士說。「那對他來說堪稱是職涯上的加冕，卻也是令人悲戚的加冕——他終於成為了沙皇料理團隊的主管，沙皇卻已經不是沙皇。我曾祖父當時依然在宮廷裡做事，說哈里托諾夫請眾人喝了杯法國干邑白蘭地，但真的就只是一杯；要在前沙皇底下做事，自知之明可不能少。」

頭幾週，宮廷裡的工作沒有太大改變。沙皇退位約莫數日後的某一天，哈里托諾夫在廚房的訂單上填了三顆蘋果、八顆梨子、六顆杏子及半磅果醬，再加上一壺酸櫻桃酒。不過新政府很快便開始限縮他們的資源。起初是禁止供應羅曼諾夫一家水果，並要人撤走他們房裡的花，削減他們的飲食預算。事情每況愈下，總理亞歷山大・克倫斯基準備讓俄羅斯人民審判沙皇，據說他甚至不准沙皇與皇后同床（他要兩人盡量隔開，以免串供）——幸好這情形沒有持續太久。

因此，哈里托諾夫給沙皇一家的早餐改上陽春的燕麥粥，也有香菇薏仁粥（一份的花費是一塊半盧布）或是煎成肉餅模樣的米餅。由於時局艱困，哈里托諾夫準備的午餐是波札爾肉餅，也就是用碎雞肉或碎小牛肉做成的肉餅（一份四塊半盧布）。為了重視身材的主子，他也準備了用麵條做的餅，一塊僅要一塊半盧布。每到飲食預算撥款前的最後幾天（新政府給沙皇的飲食預算以每十天為一週期），為免超支，他上的是沙皇一家十分喜愛的火烤馬鈴薯。

一九一七年七月底，哈里托諾夫開始也給沙皇上經濟實惠的「馬其頓」，這道菜顯然是他在法國學的。「馬其頓」是指切丁的蔬菜或水果，通常做成凍。如果是蔬菜凍，哈里托諾夫用的通常是紅蘿蔔跟大頭菜，切成三至四公分大小的塊狀，加上四季豆和青豆，再用奶油調味。

甜味版的馬其頓則是水果切丁，食材有香蕉、葡萄柚、橘子、草莓和蘋果，再淋上蘭姆酒或做成果凍。許多家庭會以這個手法作水果沙拉。看來當時哈里托諾夫照顧尼古拉一家的五臟廟已是絞盡腦汁。

羅曼諾夫一家在別館生活幾個月後，政府決定把他們從沙皇村移去西伯利亞的托博爾斯克——他們得從皇宮搬去舊時首長的官邸。國庫不再支付尼古拉一家的飲食費用給新總管，尼古拉自此成了一介草民，得負擔他自己、家人和僕從的開銷。

羅曼諾夫一家吃得還算正常，至少沒餓著。哈里托諾夫有時給他們做甜菜湯、麵、馬鈴薯和米餅當午餐，有時給他們做雜拌湯、馬鈴薯、大頭菜泥跟米飯，有時也會做酸味白菜湯和烤乳豬飯。不過，他們的生活從那時起越來越苦，尤其是一九一七年聖彼得堡爆發十月革命後，布爾什維克黨以魅力十足的領袖列寧為首接收了整個政權，他們的日子就更加艱辛了。

許多年後，在托博爾斯克擔任的守衛瓦西里．潘克拉托夫在回憶錄中寫道，沙皇對十月革命並沒有什麼特別感覺（這起事件最終導致尼古拉一家慘死），直到聽聞群眾闖入聖彼得堡的冬宮……而酒窖被洗劫一空，才有激動的情緒反應。那裡頭所收藏的酒價值連城，超過五百萬美金。布爾什維克黨要群眾把酒全倒進涅瓦河，即便不是每個人都照做（許多抗命者喝到酩酊大醉），大量的酒精還是流入了波羅的海。沙皇無法想像為什麼會有人把昂貴的葡萄酒倒進河裡。

尼古拉完全無法理解聖彼得堡所發生的事，顯示他與當時的實際民情有多脫節。

與此同時，廚師哈里托諾夫越來越難為尼古拉採買基本所需。尼古拉的個人資金遭截斷，大部分財產被充公，因此哈里托諾夫不得不挨家挨戶，向比較富有的民眾募集沙皇的飲食開銷，但他多半無功而返。許多老百姓根本就不支持沙皇制度，就連較富有的國民也一樣，更遑論要援助的對象是被俄羅斯人稱作「血腥尼古拉」的末代沙皇。其餘的人則因為畏懼布爾什維克黨而不敢伸出援手。

「我祖父跟著沙皇去了托博爾斯克。」廚師費多爾的曾孫女札利夫斯卡女士回憶道。「不過說來慚愧，布爾什維克黨在那裡開始給他洗腦，說現在已經沒有沙皇，沒有權貴，人人平等；說我的祖父根本就不需要一輩子在廚房裡工作，甚至可以成為教授、將軍或部長。維特多啊，您是知道的，那些都是他們常說的胡話，我們早已聽慣了，但我可憐的曾祖父這輩子是頭一回聽到這種話，所以就信了他們。他拋下沙皇，回到聖彼得堡的老家，還當了一陣子的激進派共產黨。維特多，我們沒資格去評論先人，但他讓我覺得有點丟臉。不管怎樣，最後留在沙皇身邊的不是我祖先，而是伊凡．哈里托諾夫，他對我來說才是真正的英雄。」

6.

布爾什維克黨革命成功後，前沙皇一家又搬了一次地方——他們被迫從托博爾斯克移去葉卡捷琳堡。在那裡他們已不是前沙皇家族，而是囚犯，圈在他們脖子上的繩索也越來越緊。

他們分批過去葉卡捷琳堡。亞莉珊德拉和尼古拉先走，皇子阿列克謝犯病，所以孩子們在托博爾斯克又多留了一段時日才過去。與孩子們隨行的還有廚師哈里托諾夫，他甚至沒機會跟妻子好好告別——一直以來都帶著六個孩子隨丈夫四處奔波的耶芙婕妮亞，這回只來得及隔著窗戶向他揮手。他有隻金錶，是沙皇送的，獎勵他工作辛勤，貴重程度僅次於有沙皇鷹徽的袖扣。有人建議他把金錶留給妻子，但他只是手一揮，不以為意。其實他心裡想說的是：「反正我很快就回來。要是我回不來，何必要她今天就開始擔心？」

他在家裡留下的就只有一本沙皇親筆題辭的聖經。

在葉卡捷琳堡，他得要使出渾身解術，沙皇一家才有家常菜可嚐，而不用仰賴布爾什維克黨從當地食堂送來的伙食。沙皇喜歡在他如白饅頭般乏味的日記裡記錄飲食，而他是這樣記錄哈里托諾夫的歸來：「六月五日星期二。哈里托諾夫從昨天開始為我們備膳，幾個女兒全跑去跟他學，晚上學煮菜和揉麵團，早上則是學烤麵包！真是太棒了！」

皇后亞莉珊德拉也記錄了他的歸來，但簡潔許多：「午餐。哈里托諾夫做了麵蛋糕。」

儘管廚師試著像以前那樣工作，但在葉卡捷琳堡一切已是今非昔比。

「沙皇是囚犯，而布爾什維克黨人處處看他不順眼，就連泡杯茶都得跟守衛請託。」札利夫斯卡女士說。「他們收到的食物開始變成微薄的軍用口糧，有時甚至連這點口糧都沒有。」

哈里托諾夫再度試圖填補短缺的物資。他向在地人家賒購，甚至時常直接乞討，但大多吃上閉門羹。只有新季赫溫當地的修道院修女會為羅曼諾夫一家採買基本所需——牛奶、蛋及酸奶油*。

前沙皇一家在用餐時常會有守衛陪同。有時他們會拿湯匙從公主的湯裡撈一口來嚐，然後留下一句：「你們吃的還是很不錯嘛。」守衛首領則是試圖禁止修女給犯人送蛋和酸奶油。「他們會送六天份的肉來，但那份量太少，只夠煮湯。」亞莉珊德拉某一天的日記裡如是寫道。

距離行刑前一個半月的某天，皇后記錄了二女兒塔琪亞娜開始給阿列克謝王子讀波蘭作家亨利克・顯克維奇的名著《十字軍騎士》。這位諾貝爾文學獎得主當時在俄羅斯非常受歡迎。

* 酸奶油（Śmietana），通常會加上百分比，表示該乳製品中的含脂量。波蘭家庭常用為18%及30%酸奶油，前者多用於料理，後者口味較甜，多用於糕點製作，通常也稱作甜奶油（śmietanka）。

7.

七月十五日是讓人意外的一天，指揮官不只允許修道院送蛋過來，還命令修女另外準備五十顆蛋以備隔天所需。這些蛋要給誰？沒人猜的出來。

隔天，年僅十四歲的小廚子師隆卡．謝德涅夫被派去城裡，跟不久前還為羅曼諾夫一家工作的叔叔見面。小廚子是唯一一位自葉卡捷琳堡脫身的人。各種跡象顯示布爾什維克黨不捨他的小命，派他去那場莫須有的叔姪相會，救了他一命。

其他人在半夜被叫醒，奉命打包行囊，說是布爾什維克黨的對手白軍快要抵達城外。他們被囚禁的地方是商人伊帕切夫的別墅，一整天確實槍聲不斷。

「好吧，我們搬。」尼古拉說。他們穿過庭院，走過雙扉門，進入地窖。尼古拉和阿列克謝手牽手走在前頭，後頭跟著亞莉珊德拉和幾位公主，僕從殿後。在地窖裡，男僕特魯普及廚師哈里托諾夫挨著公主的身邊站。

一直到最後一刻，他們都以為進地窖真的是為了要搬家。帶隊的領袖雅科夫．尤羅夫斯基直到動手才簡短說了幾句話，透露自己的真正意圖，而他的手下則隨即開火。

沙皇頭一個喪命，跟著是廚師哈里托諾夫及男僕特魯普。不過公主們的衣服裡全縫了貴重的寶石，把子彈彈掉，布爾什維克黨人不得不近距離補槍才解決她們。

新季赫溫修道院的修女所準備的五十顆蛋，其實是要給當地農民替羅曼諾夫一家挖墳所吃的口糧。

行刑後，劊子手用卡車將沙皇一家的屍首運到城外，不過他們選擇的埋屍地點土質太過濕軟，屍體不斷滑出。於是，原本該為他們挖坑的那群人，紛紛忙著搶奪沙皇、皇后和孩子們屍身上的財寶，觸摸他們的私密處，而不是幫忙埋屍。

雅科夫・尤羅夫斯基，也就是這群人的領袖，花了好一番功夫處理屍首。他先要人將屍體扒光，把衣服裡塞滿的寶石收好（亞莉珊德拉的胸罩裡縫了只一鎊重的金手鐲，公主們則縫了滿滿的大鑽石）。接著把他們的骨頭打斷，在臉上倒強酸。這一切都是為了讓人認不出這些是沙皇一家和僕從的屍首。

沙皇的屍體被丟在哈里托諾夫的屍身上，肋骨就壓在這位廚師的頭上。

直到一九九一年，也就是沙皇一家和最忠心的僕人死後的七十年，考古學家才在一座沼澤旁的坑洞裡挖出超過九百根骨頭。他們花了幾個月時間，才判定那總共屬於九個人。又過了好幾個月，科學家才確認那座墳裡誰是誰。

皇后跟她的貼身女僕安娜最好辨認。她們是裡頭唯二的中年女性，而亞莉珊德拉的頭顱裡找到非常先進的假牙，安娜不可能裝得起。

接下來科學家開始檢視骨架，並拿頭骨的照片比對。那是項既費時又耗神的工作。就拿最後鑑定出來是廚師哈里托諾夫的頭骨來說，這塊骨頭只剩上半部和眼眶，顯示他當時不是臉部中槍，就是在死後又遭布爾什維克黨人毀損頭部。

效率最好的方式是拿頭骨比對死者的照片。專家靠著這項辦法，才能成功還原一九一八年在葉卡捷琳堡上演的這場悲劇，並確認關鍵人物的骸骨。不過法醫病理學家私底下都承認，要辨別出每一塊骨頭是不可能的。

「維特多．米洛斯瓦沃維奇，」因為膽固醇和三酸甘油酯的緣故，札利夫斯卡女士現在半杯接著半杯喝。雖然她說是最後一杯了，可是因為她接下來要講的話，我們還是得乾杯。「您得知道，我對哈里托諾夫的事很有興趣，因為他跟我祖父一起工作，兩個人很熟。我跟每個認識他的人都聊過，能看的資料都看過，也去過很多調查人員與人類學家舉辦的會議。」札利夫斯卡女士在這裡頓了一下，或許是考慮到事情的敏感性。「根據非官方說法，他們所有人都說現在埋在聖彼得堡的聖尼古拉二世，也就是末代沙皇的遺骸，其實是混進了他廚師的骨骸。」

「廚師跟沙皇葬在同一口棺材裡？」我確認。

「他們是這麼說的。」札利夫斯卡女士兩手一攤，臉上掛著淡淡的哀傷。「那只是象徵性的代表沙皇遺骸，對吧？」她補上了一句。

然後她自問自答，說那只是象徵性的代表。

尼古拉二世・羅曼諾夫與家人© Public Domain

廚師伊凡・米海沃維奇・哈里托諾夫
© Public Domain

菜單
沙皇御廚的食譜

斯特拉斯堡鵝肝醬

・鵝肝400克
・中等大小的洋蔥5個
・小牛肉400克
・洋菇2朵
・生雞蛋5顆
・雞肉400克
・奶油200克(切成三等份)
・裝飾用的美乃滋
・鹽和胡椒
・香料

將鵝肝切塊，用奶油及洋蔥稍微煎一下。小牛肉切好用奶油煎成金色。肉上色後，把生蛋打在肉上，讓蛋凝固。把牛肉、鵝肝跟水煮過的洋菇用絞肉機絞碎，加進胡椒、鹽，攪拌均勻，然後分層平鋪在深容器裡。倒進融化的奶油，放進冰箱冷藏十二個小時，最後擺上香草及美乃滋裝飾。

奧利維沙拉——黑琴雞版

・黑琴雞半隻
・馬鈴薯3顆
・小黃瓜1條

- 生菜3片
- 普羅旺斯綜合香料1茶匙
- 去殼小龍蝦3隻
- 吉利丁¼杯
- 續隨子1茶匙
- 橄欖3—5顆

將黑琴雞煮熟，然後把雞胸肉切成丁。加入馬鈴薯及小黃瓜片。加入續隨子及橄欖。倒入吉利丁，放進冰箱凝固。從冰箱拿出來後再用小龍蝦肉及生菜點綴。黑琴雞肉可改用小牛肉、鷓鴣肉或雞肉替代。

奧利維沙拉——榛雞版

- 榛雞2隻
- 小牛舌
- 吉利丁¼杯
- 壓製成塊的紅烏魚子或黑烏魚子¼磅（約100克）
- 新鮮生菜½磅（約200克）
- 水煮小龍蝦25隻
- 酸黃瓜半罐
- 喀布爾辣醬半罐（現今可改用伍斯特醬替代）
- 新鮮小黃瓜2條
- 續隨子子¼磅（1茶匙）
- 水煮蛋5顆

把榛雞肉跟煮好的牛舌放在一起，加入喀布爾醬或伍斯特醬及酸黃瓜拌一下。小黃瓜及水煮蛋切片加入。倒入吉利丁，放進冰箱凝固。取出後以續隨子、烏魚子及少許生菜裝飾。

沙皇式波札爾肉排

- 雞胸肉400克
- 豬油抹麵包（或圓麵包）
- 蛋1顆
- 脂肪含量10%的酸奶油
- 植物油
- 麵包粉
- 奶油半塊
- 鹽

將肉放進機器絞碎。將麵包掰碎，倒入酸奶油，靜置十分鐘後濾乾，與絞肉混合。加入蛋黃，用鹽調味，搓揉均勻。時不時加入一湯匙冷水，繼續搓揉至麵糰可黏在手上為止。將奶油切成小塊。肉分成十二塊，並將每一塊整為排狀，正中央擺上一小塊奶油。準備好的肉排裹上麵包粉，下鍋煎。

六人份小龍蝦湯

- 活小龍蝦15—20隻
- 蛋5顆
- 碎餅乾1杯
- 冰的甜奶油1杯
- 奶油100克
- 檸檬1顆
- 磨碎的杏仁10顆
- 白糖
- 蒔蘿1把
- 酸奶油1湯匙
- 月桂葉3片

將小龍蝦丟進滾水中，加入鹽、胡椒、月桂葉，然後將水倒掉，小龍蝦放涼剝殼，蝦身及螯鉗放一旁。接著將小龍蝦肉、餅乾、酸奶油、雞蛋、半顆檸檬汁及碎杏仁混合，加入一湯匙的糖和鹽攪拌均勻。拌好的底料填進龍蝦殼及較大的螯鉗裡。蝦背放進水中再煮10分鐘。

斑鳩麵

俄羅斯報紙《共青團真理報》曾經邀請知名廚師伊格爾・舒魯波夫重現尼古拉二世最喜歡的食譜，也就是斑鳩麵。不過這些體型中等的鳥類在沙皇死後幾乎滅絕，目前是受到嚴格保護的品種，因此舒魯波夫只能改用鴿肉或鵪鶉肉替代。

為了做出近似沙皇吃過的口味，得先把幾隻鵪鶉泡在醋裡放過夜，再將醋濾掉，肉切成薄塊，鑲上五花肉薄片，放進平底鍋裡煎一個半小時。

如此做出的鳥肉，沙皇會配以麵粉及馬鈴薯做成的家常麵吃。

給沙皇吃的斑鳩不以射殺方式捕獵，這是為了避免尼古拉二世吃到子彈。當時的宮廷聘僱農民去捕捉，而農民們會趁斑鳩在草原上吃葵花子時，將大網撒在鳥身上，然後徒手將鳥勒斃。

伊戈列芙娜・札利夫斯卡女士© Witold Szabłowski

第二盤　列寧的廚師

我們不是烏托邦主義者，我們知道不是每一個工人，不是每一個廚師，都能在一夕之間便懂得治理國家。

——弗拉迪米爾・列寧

前菜

我們誠心歡迎您來到高爾基列寧斯克，也就是列寧度過人生最後時光的地方。我已經知道您對食物方面的話題特別感興趣，不如我們就去從前為列寧備餐的廚房吧？鑰匙我已經拿好了，我會告訴您列寧的廚師沃羅比奧娃的事。我調查過，她這麼多年來一直站在聚光燈外的黑暗中——畢竟誰能想像得到，全世界無產階級的領袖居然雇用了僕人呢？

讓我先講講這個地方。列寧在遭到范妮・卡普蘭暗殺未遂後就住到這裡安養，他有很多知名的照片就是在這裡拍的，就在這座公園。什麼？我沒聽到您說什麼。凸眼睛的那張是不是也在這裡拍？沒錯，先生，那張是列寧死前沒幾天，也是在這座園子裡，他當時病了，不過我希望您在提到他的時候可以多一點尊重。當然，我知道您是波蘭人，也有心理準備這次接待您不會是件輕鬆的差事。我知道你們波蘭人都不喜歡他，也知道你們對於他的許多說法都不是真的。什麼？梅毒？您看，來了吧。不，我不知道眼球凸出的程度跟性病有多大關聯。那是列寧的敵人放出來的假消息，說他得了那種可恥的病。算了，請記住，那些人都支持沙皇制度，他們對列寧恨之入骨，用盡手段要詆毀他，說他奢侈浪費，說他荒淫無度。

事實上，這些根本就是無中生有。列寧這輩子的吃住都極為簡樸。人家說他唯一愛的就

坐落在高爾基的小莊園© A.Savin/Wikimedia

是革命，唯一會的也是革命。這話說得很不錯。好了，請您先不要再說了，我們從頭介紹吧。

一樓是電話室，裡頭有台老舊電話，另外還有間圖書館。透過狹窄的樓梯可以上二樓。列寧要人裝上額外的欄杆，這樣他上下樓的時候就不會阻礙到屋內人員的動線。

二樓是列寧的房間、餐廳、書房，以及他的妻子娜傑日達・克魯普斯卡婭的房間。書房裡有一大扇面向公園的窗子，書桌就位在窗前。列寧讀過的書報雜誌一字排開擺在桌上，還有幾個信封和一張蓋了「人民委員會領導」圖章的官方用紙。列寧就是死在這張床上，請默哀一下。好了嗎？我們繼續吧。

列寧的家族在沙皇政權裡一步步往上爬，他父親成功打進俄羅斯的菁英圈，成為辛比爾斯克地區教育處的處長，不過跟比較富有的家族比起來，財力還是差距很大。列寧一家的野心從飲食上就可以看出端倪——他們吃的是當時菁英吃的白麵包，而不是一般鄉村人家或貧困農民階級平常吃的黑麵包。俄羅斯飲食文學的先鋒威廉・波赫列布金曾經寫過列寧的飲食，他認為白麵包對列寧往後的人生影響深遠：黑麵包也許沒那麼美味，但富含維他命和礦物質，白麵包裡就沒有這些成分。不過白麵包都是比較有錢的人在吃，所以列寧的父親也跟著這麼吃。只是富人會從其他來源攝取礦物質，列寧家卻負擔不起。列寧在孩提時代沒能從麵包中攝取的營養，長大後也沒有補充，所以到了晚年才會生這麼重的病。這也是他在遇刺後身體遲遲無法復原，最終英年早逝的原因之一。

列寧小時在家的飲食還算規律。他母親出身伏爾加河畔的一個德國家庭，非常注重家裡的ordnung……也就是家裡的用餐時間。列寧這輩子每頓飯都準時出現在餐桌前，要是有人遲到，即使只遲到一分鐘，他也會非常不高興。他在家裡養成的習慣還有不吃甜食，因為他父母只給他的姊妹吃甜食，當時的人認為甜食象徵缺乏男子氣概。

列寧一離開家去上大學，飲食便不再規律，馬上把胃搞壞，病況時重時輕，糾纏他一輩子。矛盾的是，他吃得比較好的時候反倒是被沙皇盯上的那段時間。頭一回入監，日子雖然不好過，但放飯時間固定，列寧的胃病也跟著好了。出獄後，他回到求學兼革命的生活，胃就馬上又開始投訴。

列寧後來被沙皇送去西伯利亞，流放在列拿河邊舒申斯科耶的一座村子，於是同樣的情況再度上演。靠著身上的八盧布，列寧在當地一戶人家找了個房間住，對方還提供餐食與照護。隨後，社會黨裡的一個熟人娜傑日達・克魯普斯卡婭同樣也被流放到西伯利亞，加入了他的行列。據說克魯普斯卡婭是求著官員把她送去跟列寧同一個地方。對於她的到來列寧有什麼想法很難說，不過列寧的家人一定不喜歡。列寧的妹妹瑪麗亞很討厭克魯普斯卡婭，認為她是個煩人的醜女，長得一副拐瓜劣棗，而她哥哥值得更好的人。

然而列寧沒有任何埋怨，他很重視克魯普斯卡婭對革命事業的支持，不過他這輩子老是說自己沒遇過哪個女人能像她一樣讀完《資本論》，懂得看火車時刻表，還會下西洋棋。

多虧沙皇，列寧與克魯普斯卡婭在西伯利亞度了三年「假期」。這是他出獄後頭一回有固定的廚房，一日三餐，而且是營養、健康、肥滋滋的俄式餐飲──俄羅斯餃、魚湯、白菜湯、俄式酸黃瓜湯，還有烤魚和野味，而那魚和野味還常常是他自己抓的。充足的飲食讓克魯普斯卡婭的母親在流放期間過去探望時，一見他們便說：「你們的伙食還真好啊。」

克魯普斯卡婭的母親在西伯利亞陪伴他們很多年。她抵達後做的頭一件事就是在屋前開闢一座菜園。克魯普斯卡婭與母親種下番茄、小黃瓜、青蔥、蒔蘿、洋蔥及大蒜。冬天她們把小黃瓜醃起來，而這醃黃瓜對本來就很好的西伯利亞農村伙食更是起了畫龍點睛之效。在西伯利亞的那段時間是列寧這輩子吃得最好的時候。

流放結束後，不管是列寧還是克魯普斯卡婭，都沒打算結束革命事業。兩人心知留在俄羅斯不安全，便開始在歐洲到處流浪，他們住過法國、英國、瑞士及波蘭──史達林還去波蘭探望他們，很訝異他把你們波蘭人的語言說得那麼好，不過列寧總是謙虛地回說克魯普斯卡婭的波蘭話要比他強多了，還有其他許多方面也一樣。雖然他們是革命家，持家的方式卻非常傳統──也就是說，持家是克魯普斯卡婭的事。她說自己只會做三道菜：炒蛋、炒雙蛋，還有炒三蛋，而這話也的確是真的，列寧在海外期間吃的大多是炒蛋。光吃蛋死不了，但身體會缺乏很多必要的元素和維生素，遲早要出問題。

可憐的列寧，他身體也真的出了問題。

不單是這樣，列寧從家裡帶出來的習慣還有喝生乳。他另一個妹妹奧爾嘉在聖彼得堡患上傷寒走了。我剛才提過的學者波赫列布金曾這麼寫過，在太平時代又有自來水的城市裡，不該有人得這種病而死。波赫列布金是這麼想的，而我也同意他的看法：奧爾嘉之所以會患上傷寒，就是因為家裡從小習慣喝沒煮過的牛奶。生乳在鄉下確實可以直接從乳牛身上擠來喝，但輾轉運到城裡後就不是那麼回事了，生乳在路上可能會受各種細菌汙染。

簡單來說，列寧也喜歡喝生乳，想必這對他的健康也沒什麼好處。至於吃炒蛋配牛奶？我已經連想都不敢想，他因為這樣這殺掉了自己多少腦細胞。

說到列寧的腦子，這也是件有趣的事，因為……您可能也知道，史達林想要證明列寧是個天才，證明就連他的大腦運作方式都跟平常人不一樣。為了要證明這點，他們切開列寧那可憐的大腦——當然是在他死後，您是怎麼了？喔，我明白了，我在這邊說得正經八百，您卻在那邊又開起您那無聊的玩笑。我要當作沒聽到。總之他們把列寧的大腦從屍身切下，然後再分切成三萬塊。當時的俄羅斯還不懂得怎麼正確進行研究，所以他們把大部分的腦塊留在莫斯科，不過有幾塊送去德國，讓德國的學者負責。史達林期待能看到什麼了不起的結果，結果他們卻說列寧的大腦跟大家的都一樣，沒有檢測出任何不尋常的地方。這樣的檢驗結果史達林自然從未公開過。其實史達林的做法很沒有道理，因為列寧最大的魅力，就在於他不是什麼特別強壯的人，也不是什麼特別聰明的人，大腦裡更沒有什麼特殊構造。他就像每個尋常的俄羅斯人，身材中等、禿頭、長相普通，可是他比其他人都還要努力、還要有決心。他在書上讀到共產主義，讀到革命，相信憑他一個小村子來的莊稼漢，可以讓全世界的人都過上更好的日子，而他做到了！這不是個了不起的故事嗎？

就因為史達林，列寧的腦子到今天都還是被切成好幾塊，擺在他死後莫斯科才成立的大腦研究所裡。什麼？他們可以研究什麼？梅毒？看吧，我在這邊跟您講這麼一個了不起的故事，您卻一心只想著列寧的性生活。不，維特多先生，我要叫您失望了。在列寧的三萬塊腦子裡並沒有發現半點神經性梅毒的蹤影。話說回來，他們在列寧還活著的時候就已經檢查過梅毒，因為他後來視力不好，醫生試圖找出問題所在，而他們當時就已經排除了梅毒的可能。說真的，下次再聽到有人要從波蘭來，我絕不會答應當導覽。這種渾話能聽幾次啊？

我們還是回廚房吧，這樣說不定您的注意力好歹能集中一會兒。我來跟您講個有趣的小故事。列寧從來沒管過食物的事——人家給什麼，他就吃什麼。他不是老饕，倒像是個沒有味蕾的人。這一年來我都跟遊客講這個笑話。您知道嗎？雖然我跟列寧一樣話不多，但我也喜歡開玩笑。只要提到廚房，列寧甚至連一句話也說不出來。每當被問到他覺得某樣東西好不好吃時，他總是聳聳肩，這種問題他根本就聽不明白。他還在海外的時候，有一次在司徒加特，他跟克魯普斯卡婭不知怎的吃壞了肚子，很嚴重。兩人才剛從餐廳回到家，克魯普斯卡婭就決定他們得請醫生來。當時列寧拿的偽造文件上名字正好就是個芬蘭的……廚師。當醫生開始仔細詢問他跟克魯普斯卡婭到底吃了哪些菜，列寧卻連一道都答不出來。

醫生很快察覺事情不對勁。於是除了平常的診療費，他們還得付一大筆封口費給他，免得他去跟當局密報他們非法居留。

列寧與克魯普斯卡婭在海外的時候，一天大多只吃一餐。可怕的是，列寧最喜歡吃的還是炒蛋配牛奶。當時的時代背景不一樣，所以他們根本就不曉得食物對人體器官的影響。從列寧身上可以看得出來，他這輩子做的每一件事都只為了一個目的：革命。

另一起與食物有關的意外發生在巴黎。由於房租太貴，列寧與克魯普斯卡婭搬出當時所住的房子。承接的房客是個波蘭人，他想跟自己的同胞（畢竟當時的波蘭是俄羅斯帝國的一部分）問一些事情，例如當地市場的牛肉價格多少，鵝肉價格多少，其他的肉類又是多少。列寧聽到那些問題當下的表情，讓家人在多年後仍不斷拿出來開玩笑，而且還在各種場合慫恿其他人去跟他問鵝肉的價格是多少。

列寧移居海外的時候寫了非常多東西，從事社會黨的組織工作，大小會議差旅不斷。當然，他很清楚俄羅斯有許多人吃不飽飯，甚至是有一餐沒一餐，但他所擘劃的願景多半更加抽象崇高，而不是如何籌措糧食。他筆下跟食物有關的我只想得到一樣，那是個有趣的提議：列寧認為既然用泥炭也能釀製伏特加，俄羅斯就不該再繼續把馬鈴薯浪費在這檔事情上。列寧是伏特加的大敵，他唯一能忍受的酒精產品就只有啤酒，這也許跟他母親是德國人有關。他在掌權後全力打擊酒精，批判沙皇害俄羅斯人染上酒癮、終日酗酒；凡是釀酒的都要槍決。他總是說：「與其去賣伏特加，不如死一死更好。」

待在斯德哥爾摩期間，列寧的母親開始給兒子和兒媳婦寄燻魚製品和俄羅斯糖果。愛吃甜食的克魯普斯卡婭在信裡常感謝婆婆寄來的包裹。不幸的是，原本就身形圓潤的她因為那些包裹更加發福。她也試著說服列寧吃巧克力和糖果，不過他從小養成的刻板印象就是甜食是給女人吃的，再不然就是給病人，總之不是他這種壯年男子會吃的東西。其他的友人給他們寄了杏子果醬、酥糖和葡萄乾，不過他一樣也沒吃。

列寧移居海外的歲月很大程度上可說是悠閒愜意，尤其與後來種種經歷相比更是如此。

主菜

第一次世界大戰爆發時，列寧正在波蘭的波羅寧。我知道你們那邊有一座很漂亮的博物館本來是以他命名，可是在你們推翻共產政權之後就被關掉了。他們當時也想把我們關掉，後來又想給我們這裡立塊牌子，細數列寧在歷史上所造成的危害。最後他們把共產時期當作博物館展示的列寧住家及辦公室裡，所有的東西全都從克里姆林宮搬來這裡，連廚房都搬來了。那裡甚至還有一個破鍋子，是當年列寧的妹妹瑪麗亞和克魯普斯卡婭用來煮東西的，而這鍋子還是他們的波蘭司機吉爾幫忙弄來的。如果破了洞的鍋子對您來說不算是他們省吃儉用的證據，那我看大概沒有什麼東西能讓您信服了。

不管怎樣，在革命爆發後，列寧便回到聖彼得堡主持大局，接下來的事您隨便拿本歷史課本看就知道了。也許您會讀到他在掌權後實施打壓政策，很多人都因他挨餓。真實的情況卻是列寧上臺後，俄羅斯陷入無政府狀態，一切停止運作。前沙皇派把燙手山芋丟給布爾什維克黨，而後者則是腹背受敵只得不擇手段。他們相信只要心腸夠硬，意志夠堅定，最後一定能戰勝險境。他們到處開槍殺人？對，他們到處開槍殺人。他們可以不要這麼做？不，他們沒有別的選擇。然後我已經不想再跟您討論這個話題。這是我的看法，我的理解，請您就這麼接受吧，就像您有不同看法，而我也同意一樣。

列寧在革命勝利沒多久後，開始往返高爾基，現在叫高爾基列寧斯克。起初他不大喜歡這樣往返，認為革命的中心，也就是新首都莫斯科才是他該在的地方。不過他在一九一八年遭槍擊後，健康狀況大不如前，高爾基成了他可以安靜休養的地方。這裡有件小趣事：列寧遭槍擊時正在跟一個女人講到麵包很難買。我們之所以會知道這件事，都是多虧了斯特凡・吉爾。他是波蘭人，列寧的司機，那天救了列寧一命，因為他在列寧遭到槍擊的當下，火速開車把列寧送進克里姆林宮。話說回來，吉爾這人的故事也不簡單，因為他之前可是皇后亞莉珊德拉的司機，在沙皇家族底下做事做了很多年。對我來說，這證明了一個人只要準備好投身革命事業，就算是跟前政權關係密切，列寧也不會反對。

他們花了很多時間給列寧找合適的地方，一方面要確保他在各方面都能有最起碼的照料，另一方面那地方也不能看起來像宮殿，因為這種事列寧不可能容忍，也絕不會接受。

高爾基原屬齊娜伊達・格里戈里耶夫娜・莫羅佐娃所有，她是沙皇時期莫斯科首長的妻子，身家格外雄厚。這地方很適合列寧——奢華卻不顯眼，而且還配有電話，方便列寧隨時下達重要決策；還有熱水供應，這在當時可不大常見。不過家具還是太過高雅，列寧只得要僕人罩上塑膠布。住在這麼奢華的地方讓他覺得很羞恥。

什麼？你說那是他偷的？從莫羅佐娃那裡偷來的？維特多先生，我們這樣怎麼聊下去？這裡以前可是療養院！他只是借來調養身體！

在高爾基成立的療養院一開始是供黨員使用。裡頭包含清潔人員及廚師在內，有完整的服務團隊，其中一個廚師好像就是斯皮里東・普丁，也就是我們總統弗拉迪米爾・普丁先生的祖父。這是總統在訪談中自己說的。

您引頸盼望的廚娘終於就在這裡出現了。她的名字叫舒拉・沃羅比奧娃，當時年紀大概三十出頭，起初在療養院的廚房工作，後來專門給列寧、克魯普斯卡婭及他們的客人做飯。我們下去廚房吧——等一下，我開個門。我們早就想把這個地方開放給外人參觀，不過目前很少人有機會來看。裡頭的鍋子、盤子、磨刀石、爐子、爐架等，都還保持原汁原味，全都是列寧那個時期的。當年莫羅佐娃留下一條地道，用來把儲物間，也就是我們現在所在位置裡的食物送去主屋。當時食物會先在地窖裡分好上盤，再從那邊直接送進一樓的餐廳。

我們對沃羅比奧娃的瞭解不多。她出身於高爾基的一座村子，不是什麼模範小姐，因為關於她的紀錄雖然不多，其中卻有一項來自列寧護衛的記載是跟偷竊有關。據說她偷了一張地毯，而列寧原諒了她。這是列寧的一貫作風，而沃羅比奧娃到死都很感謝他，使盡渾身解術為他做飯。

蘇聯時期不能談論列寧有專屬廚師或有人為他服務。他們總是強調列寧跟克魯普斯卡婭的生活就跟所有俄羅斯人一樣，家裡煮飯的不是克魯普斯卡婭，就是列寧的妹妹瑪麗亞，再不然就是克魯普斯卡婭的母親。這項說法確實有很大程度是真的，因為許多年來他們的生活就是這樣。不過在高爾基，列寧的人生中頭一回出現專業廚師，而人們對這件事卻總是避而不談。我猜部分是因為跟沃羅比奧娃有關的東西都被丟掉了，不過她親手寫的購物清單倒是被保留了下來。她怎麼會寫字？我不知道。當年這在農村的孩子裡還不普遍，不過她字寫得挺不錯的。也許是因為她的前雇主莫羅佐娃的關係？

莫羅佐娃把立陶宛人引進她的產業工作，因為當時那邊的土地最適合發展農業，而她的宅邸周邊有果園、花園、養蜂場和橘子園。當時莫斯科賣的切花大多出自她的花園。

因此，政府接收的不只是住宅建物，還有管理完善的產業及人員。當時那裡是俄羅斯頭一批開設的「蘇維埃哈加斯特沃」——也就是蘇聯國營農場。所有之前在這邊工作的立陶宛人幾乎全部留任，但生產力已不如莫羅佐娃時期。這些從統計數字都可以看得出來，但列寧無法理解為什麼會這樣，那大概是他這輩子頭一回體驗到，不是每個他腦中的美好理論都能在生活中實現，而且要實踐起來絕不簡單。他親自去找這農場裡的每一個員工，探究他們為什麼替資本主義者工作時的表現比較好，農場國有化後所有人的表現卻開始變差——至少在他看來如此。

列寧的屋子旁邊就可以聽見牛叫，有時雞群甚至會跑到領導人的屋前，而蜜蜂則生產蜂蜜——這一切都上了列寧的餐桌，但也不光是這樣，因為有些去了療養院，有些去了附近的一所學校，有些去了兒童之家，還有些去了別的地方，就像其他的國營農場那樣。到今天，我們所養的蜜蜂都還是當初那些製蜜給列寧吃的蜜蜂後代。當初有幾棵核桃樹也留了下來，就連我們現在的蘋果樹也是從那個果園的蘋果樹接嫁過來的。

每樣送來的東西列寧都會非常仔細清點，絕不讓自己白拿，這點有幾個人親身體驗過。一回有兩個漁夫從窩瓦河給他送來鱘魚，作為對革命事業的認可。沃羅比奧娃著手準備料理，先把魚去鱗、去內臟，然後切塊。連同守衛在內，屋子裡的所有人都等著要嚐鮮。

後來列寧來了，問那是什麼魚，又是從哪來的。明白這魚是人家免費贈送的後，他發了好大一頓脾氣，說這個國家裡有孩子在餓肚子，自己怎麼能靠白拿過日子，然後就要人立刻把魚送去最近的孤兒院。

餐前酒

維特多，我知道您要跟我說什麼，你會說這一切聽起來都像是共產時期出品的那些吹捧列寧的故事，事實根本就不是這樣。唉，從轉型時期開始，我們的博物館就做了很多事，要讓來我們這裡參觀的客人能真正認識列寧。不是從列寧主義的角度，而是以一個人的角度，看待這位曾經活過，愛過，富有感情的列寧——而這樣的列寧當然也要吃飯。我在這裡工作已經超過二十年，卻還是會對他這個人感到欽佩。

可惜的是，就連在高爾基這裡，他最愛的食物也還是雞蛋與牛奶。這裡又有段趣事可談。差點遭刺殺後的隔年，列寧再次走運。他的加長型禮車在經過莫斯科的時候，被幾個強盜攔了下來。他們拿武器威脅他，並叫吉爾下車，然後把這個國家裡最重要的人從車裡劫出來。這種情況在當時不算特殊，因為另一位與列寧親近的波蘭人費利克斯．捷爾任斯基，還沒把領導的護衛制度建立好，所以列寧的上一輛車可是在光天化日下於克里姆林宮前被不要臉的小偷偷走。有趣的是，這回被搶的列寧則把車子交給強盜，唯一的要求就只有讓他帶走一瓶牛奶。

列寧在莫斯科的生活非常緊湊，掌權後諸事不順。第一次世界大戰還在打，俄羅斯首當其衝；內戰也還沒結束，保皇派的白軍不斷嘗試推翻共產主義，農民也正在組織對抗布爾什維克黨；還有共產主義理念在世上獲得實踐這件事，也讓那些帝國主義國家吹鬍子瞪眼睛。列寧還進行了許多改革，試圖從沙皇留下的斷壁殘垣中建立一個新國家。這也難怪他會耗盡心神，短時間內中過幾次風，一次還讓他坐上了輪椅，再也站不起來了。

列寧在人生終了時已經變得非常體弱多病。史達林大概把能找的醫生都找來了這裡。當時在德屬的弗羅茨瓦夫有位世界知名專科醫師，名叫奧弗里德．菲爾斯特，他也是史達林找來的醫生之一。

那些醫生讓列寧非常光火，每個人的建議都不一樣，個個都要限制他的飲食。菲爾斯特叫他喝高湯，好增強體力，還全面禁止他吃蕎麥，而那可是列寧堂堂一個俄羅斯人最愛吃的。他甚至在某一封信裡拿蕎麥來當比喻：「我們不是小孩，無法光靠政治蕎麥溫飽。」像母親照顧小孩那樣替列寧煮飯的沃羅比奧娃，背著德國那群醫生偷偷給他做蕎麥。從保存的紀錄裡可以看到列寧賓客的描述，說沃羅比奧娃把蕎麥送上桌後，當時已經無法言語的列寧露出了微笑。我知道，維特多，蕎麥在西方是給狗吃的，說不定在你們波蘭也是這樣？不過在我們這裡，蕎麥是很多人的主食。要是列寧當初在孩提時代多吃一點蕎麥，就能補足他吃白麵包吃不到、卻又是人體所需的微量元素，或許就可以長命一些。這點我們現在已經無從得知，不過我深深感謝沃羅比奧娃沒有聽醫生的話，願意給列寧我們俄羅斯自己的抗生素：蕎麥。

結束前，容我再帶您去個特別的地方。請在這裡坐下，坐在這張床前。這個位置就是世上最偉大的革命家、最偉大的夢想家——弗拉迪米爾・伊里奇・列寧嚥下最後一口氣的地方。您要怎麼想他是您的事，不過要是當初他的夢想成真，我跟您都會活在一個要比現在好上千百倍的世界。

菜單

三炒蛋

・蛋3顆
・沙拉油或豬油
・鹽及胡椒

把油加熱。蛋打進平底鍋。注意，不要把蛋攪散。列寧夫妻所說的炒蛋，在波蘭叫做太陽蛋。等蛋白及蛋黃凝固便可上桌。加上胡椒及鹽調味。列寧想必沒這麼做過，不過你們可以加上小番茄、火腿、起司或鮭魚，讓蛋的內容變得更豐富，還要配上酪梨吃哦。

蔬菜蕎麥

・蕎麥1杯
・冷凍蔬菜（青豆、紅蘿蔔及芹菜根）

將蕎麥倒進鍋裡。加入兩杯水。加入蔬菜。煮到蕎麥變軟為止。

不光是列寧和他的廚娘，許多俄羅斯人也相信蕎麥裡有神奇的治療成分，有些人甚至稱它是「俄羅斯威而鋼」。的確，蕎麥可以降低膽固醇和三酸甘油酯，讓人更加有活力，甚至回春（列寧雖然已經作古並放在陵墓展示，卻依舊保持得非常好！）

然而就維持健康的角度來看，我們比較推薦未去殼的穀物飯，而不是俄羅斯隨處可見（而且是革命之父常吃的）去殼穀物飯。

廚房門外

高爾基列寧斯克（亦即列寧山），是全球無產階級領導嚥下最後一口氣的地方。現在，我們來把導覽小姐說的故事稍微整理一下。

梅毒這件事的真相到底為何依舊不得而知：即便列寧這輩子一心只想著革命事業，他待在法國的那段期間卻是一位尋芳客。謠傳他可能是在那邊染上了什麼髒東西，那影響一輩子都跟著他，也影響著世界的命運。這樣的謠言在與他同年代的人之間十分風行，到今天仍有許多歷史學者支持這種說法。

然而可以肯定的是，列寧是俄羅斯史上第一個展開如此大規模鎮壓行動的人。沙皇時期，每年有近千人因各種輕罪而遭槍決。這已經不是個小數字，但布爾什維克黨上臺後，這數字卻增加到一年五萬人！

鄉村開始鬧饑荒，而最初的肇因是集體化失敗。不過列寧無法理解為什麼他宅邸旁的國營農場，在資本主義者管理下營運得比共產主義者還好（而這則關於他生平的故事恰好十分可信），他也無法理解為什麼糧食會短缺。他把這一切怪罪在比較富有的農民身上，不過這所謂的「富農」常常不過是擁有一兩頭牛罷了。布爾什維克黨開始展現鐵腕，將農民的糧食充公，導致農民無法過冬。坦波夫省的農民以武力抗爭回應，卻遭到蘇聯名將米哈伊爾．圖哈切夫斯基鎮壓。這人也是接下來蘇波戰爭的領導之一，之後在大清洗中犧牲。史達林的大清洗一共奪走了超過二十五萬條性命。

高爾基國營農場實際上發生的事，同樣也比對外宣傳的要複雜一點。列寧一直夢想這座位於他療養院旁的農場能成為模範農場；他總是強調高爾基不是他的個人產業，而是屬於工人階級，只是他借來用而已。是在那裡工作的人自主要求用列寧的名字命名農場，於是農場就成了革命的活招牌。

這間農場並不是沒有潛力。革命前，這裡有可容納一百四十五頭乳牛的牛棚、豬圈、配有現代化孵化器的雞舍、乳製品生產區、打鐵區、鐵工及木工站和冷凍區，而且每一處都牽有自來水、汙水管及電線，這在當時非常罕見。戰前，莫羅佐娃的農場在所有的農業競賽中總是處於領先地位；第一次世界大戰爆發前夕，她的農場在莫斯科的競賽中將三個頭獎全部拿下。不過布爾什維克黨的管理能力太差，就連這種模範農場也徹底毀在了他們手中。在他們掌權不過兩年後，委員會前往農場視察，看到的卻是病懨懨的牲畜、未經碾磨的穀物及衰弱的農人。農場花了許多年的時間才勉強振作起來，而這已經是在列寧死後的事。農場再也沒有回到往日的光景。

史達林在列寧死後接掌政權，給他的前任開了一個天大的玩笑：要人把列寧的屍體防腐，並在莫斯科紅場上給他蓋了一座陵墓。列寧絕不會想要自己被做成木乃伊，成為某種教派的中心。他的人生伴侶克魯普斯卡婭也反對這種做法，卻無力回天。史達林雖然沒如願成為東正教神父，但他明白人們需要神祇的存在，因為神祇賦予他們的人生意義，而經過防腐的革命領導正是擔任這種神祇角色的完美人選。因此，列寧的安息地落在了莫斯科的中心廣場，直到今天仍於此地長眠。

至於克魯普斯卡婭的反對，史達林則是記下了。話說回來，這兩人向來就沒看對眼。一回史達林去高爾基探望列寧，不知為了什麼把她從頭到腳罵了遍，還說要是她再不改變態度，黨會為列寧選擇別的伴侶。這事差點毀了史達林的政治前程，列寧因此有段時間與他斷絕往來。

列寧死後，再也沒人保護克魯普斯卡婭。她繼續住在高爾基，有時也住克里姆林宮。她一九三九年過世，死因是蛋糕中毒，算是符合她喜食甜食的形象。那蛋糕十分可能是史達林送的。從那時起，也就是十月革命十幾年後，下毒就成了克里姆林宮排除異己最愛用的手段。

位在高爾基的列寧博物館，同意把他們保存的唯一一張舒拉・沃羅比奧娃的照片寄給我。布爾什維克黨知道擁有僕人這件事會破壞列寧的形象，因此多年來她本人的存在及當年在高爾基的歲月，一直都是當局嚴加防守的機密。照片上的沃羅比奧娃站在雪中，旁邊是高爾基宅邸的側門。她身上繫著發皺的圍裙，深色的頭髮剪成旁分的男生頭。她臉上有笑容，卻帶著警戒，或者她只是內向。她的狗陪在旁邊——狗是廚師不可或缺的好朋友，對列寧來說也一樣，他喜歡有狗陪在身旁。在他還能走的時候，他喜歡有狗陪著去散步或打獵。

列寧曾說過，不是每個工人、每個廚師都能馬上懂如何管理國家。不過沃羅比奧娃看起來可不像是個對管理國家有興趣的人，反而像標準的廚娘和有錢人家的管家，一如革命前受雇於許多富人的同行。

撇開列寧的種種惡行不談，他已經是整個俄羅斯及蘇聯時期的統治者中，最貼近人民，也最關心人民的一位。所以，也許從他擁有私人廚娘的那一刻起，原是為人民而進行的革命，便開始與人民漸行漸遠，接著只能說每況愈下。

史達林不僅接管了列寧的政權，也接管了運作精良的恐怖組織，並且冷酷無情地加以利用。蘇聯大多數的地標及建築計畫都是由政治犯興建，他們修築鐵路，興建機場，挖掘白海及波羅的海的連通隧道。數百萬人死於辛苦勞動及政治監獄古拉格。

在反抗政權的人民中，另有數百萬人遭史達林下令滅絕。

舒拉・沃羅比奧娃© Archives of the Lenin Museum in Gorki Leninowskie

第三盤　大饑荒下的廚師

「我們找到什麼就吃什麼，黴菌、樹皮、死掉的動物。我們挖牛蒡，不然就是採椴樹的葉子，有點苦，但還吞得下肚，尤其是在你沒得選的時候，硬吞也要吞下去。」漢娜・巴薩拉巴說，臉上依舊掛著溫和的笑容。過了一會兒，她又說：「有時候我會去田裡到處挖，找爛掉的馬鈴薯。不過這種事得花力氣，而我通常渾身無力。我記得自己一直都很餓，沒有一刻不餓。我當時才六歲。」

1.

這篇故事我們這樣開始吧。

羅曼・卡巴奇是一名烏克蘭歷史學者，相貌英俊，留著時髦的鬍子，頭髮茂密，還有副好歌喉——唱歌這嗜好是受父親影響，他父親在學校合唱團當了多年團長，現在已經退休。

很難相信這樣充滿活力又樂觀的羅曼本來可能已經不在人間。這事差點發生。

我們兩人開車，從基輔往一個叫大羅斯第夫卡的鄉村奔馳。那是他母親的村子，也是他從小過暑假的地方。羅曼知道羅斯第夫卡這邊還有幾個女人記得大饑荒那個時代，這可是很罕見的事，因為我們現在講的可是一九三二與一九三三交際，將近九十個年頭以前的事。當時史達林害超過六百萬名烏克蘭人沒東西可吃，每七分鐘就有一個人餓死。

羅斯第夫卡所在的文尼察州是當年烏克蘭受創最嚴重的地區之一。

根據當地歷史學者統計，光是在文尼察和羅斯第夫卡所屬的波多里亞地區，就有約一百五十萬至兩百五十萬人餓死。《紅色饑荒》（*Red Famine*）的作者安・阿普爾鮑姆多次提到這一帶：「文尼察州有名鐵匠偷了麥穗給自己的三個孩子吃，被帶去村委會。『他們打他，對他用刑，把他的頭一百八十度扭斷，然後丟下樓梯』。偷藏食物的人被抓到後，所有東西都會被沒收，然後被趕出家門、扒光衣服推進雪地裡。」

再比如另一個事件，更糟，也是發生在文尼察：「有名農夫不忍孩子一一餓死，『在壁爐裡生了火，然後塞住煙囪』，想給他們一個痛快。『孩子們被煙嗆得開始呼救，於是他親手將他們悶死，然後去村委會自首』。農夫說他之所以痛下殺手是因為『沒東西可吃』。」

大饑荒總共死了五百至七百萬人。要確實計算有困難，因為當時沒人統計死亡人數。

而這還只是烏克蘭和整個歐洲在那幾年碰上的第一場浩劫。就在大饑荒發生的同一個冬天，一九三三年一月三十日，阿道夫・希特勒接掌了德國政權。

因此，我們坐在車裡，啃著葵花子，聽著羅曼跟我說他家的故事。

「我奶奶薇拉的第一任丈夫死在大饑荒。當時她二十三歲，家裡已經沒東西吃，於是她丈夫去鄰居家拔甜菜，被人發現，把他揍了一頓。有人拿草叉刺他，他就這麼死在田裡。只為了幾顆甜菜就殺人，這在今天讓人覺得不可思議，但他偷的那些人當時也是生死交關。」

我們把車停在路邊的咖啡廳稍作休息。羅曼在地圖上給我指了饑荒的範圍。事實上饑荒總共有三次，因為當時烏克蘭被蘇聯鎮壓了好幾次。

「第一次是一九二〇年與一九二一年交際，他們剛掌權的時候。」羅曼說，並在地圖上圈出烏克蘭南部，因為那裡的饑荒最為嚴重。「當時俄羅斯境內本身也死了幾百萬人，主要是在伏爾加河地區。」

接著是第二次饑荒，在一九三二到一九三三年間。

「那次就是刻意針對烏克蘭了。」羅曼說。「因為烏克蘭反抗布爾什維克黨，史達林故意引發饑荒。當時這裡不斷爆發農民起義，而且很多人都反對農村集體化。烏克蘭很多人餓死，他們卻把烏克蘭的穀子一車車載去俄羅斯。我父母出身的羅斯第夫卡當時幾乎滅村。」

羅曼在地圖上給我指了一個帶狀範圍，從烏克蘭與波蘭邊境開始，橫跨我們所在的烏克蘭中心，一路指到哈爾科夫。

「那第三次呢？」我追問。

「第三次發生在一九四六年到一九四七年，戰爭剛結束的時候。史達林還想再給我們更多打擊，就好像我們在三十年裡經歷了兩次饑荒跟兩次大戰還不夠似的。很少人提到那次饑荒，當時也死了一百五十萬個烏克蘭人。」

2.

我們從小羅斯第夫卡的方向開車進入大羅斯第夫卡，這兩座是姊妹村，只隔兩座山頭。這裡有座建於一七七六年的東正教教堂，是很特別的木造建築，據說是哥薩克人建的——至少那風格絕對屬於哥薩克。

「一九三〇年代，烏克蘭大部分的東正教教堂都被共產黨關掉，這座教堂也一樣。」教堂從那時起就荒廢了，幾年前才由當地某個農場主人自掏腰包整修好。

從小羅斯第夫卡往大羅斯第夫卡的途中，我們稍停了一下。從這裡能俯瞰整片地區——兩座村落順著數條溪流延伸，每到春天溪水便氾濫成災。

「所以以前的人很少在這裡闢果園，果樹常被淹掉。」羅曼補充。「這種臨水的地方叫『貝雷希』，也就是水岸的意思。這裡的土壤特別肥沃。」我們把車停在田邊，然後他帶我走進田裡，要我用手抓一點土。那土的顏色跟夜一樣黑，很有黏性。「這是黑土，」羅曼說，「世界上最好的土，種什麼長什麼。二次大戰的時候，德國人還用火車把這土運回第三帝國，結果在這樣的土地上竟然可以餓死幾百萬人，想想都覺得難以置信吧。」

羅斯第夫卡沿著這片水岸發展，而羅曼外曾祖母的故事也與這片水岸有關。

羅曼外曾祖母的故事

大饑荒前外曾祖母家總共有三個孩子。家裡是這樣傳的，二〇年代的時候，人們會挨家挨戶拿傳統的烏克蘭繡巾，也就是有美麗刺繡的布料換取食物。傳統

小羅斯第夫卡村修復完成的東正教教堂©Nikride/Wikimedia

上，人們會在婚禮前給新人的跟前鋪上一條這樣繡巾。當時我的外曾祖母麗莎維塔家剛好有鄰居來訪，兩個人都想買繡巾。不過外曾祖母跟鄰居說：「不好意思，不過這是我家，所以我先買。」鄰居一聽非常不高興，氣呼呼地走了，臨走前還在門邊下了詛咒：「我叫你這輩子都沒人可擺繡巾。」

家裡有些人到今天都還相信我們當時被鄰居詛咒了，因為外曾祖母先是死了兒子，然後是女兒，而我外婆瑪麗卡也生起重病。大家都認定她活不了，而他們也就真的沒有能在腳下擺繡巾的對象了。

直到有一天，外曾祖父帶外婆去附近小鎮的市集廣場。當時的人會把馬車留在廣場外等，在市集裡邊走邊逛，邊買邊閒聊。外曾祖父把外婆留在馬車上，自己一個人進市集。回來後，他看見女兒身邊有個吉普賽女人。他想把女人趕走，但那女人對他說：「你女兒再這樣下去會完蛋，何必讓這孩子白白送死？我知道怎麼幫她。」那女人要外曾祖父讓外婆在三條溪水裡洗澡，洗到她說想喝甜菜湯為止。

他們照著女人的話做，一直用溪水給外婆洗澡。一天，外婆還真說了想喝甜菜湯。喝下湯後，外婆就康復了。她挺過那場大病，也挺過了那段大饑荒的歲月，但她父母卻沒能活下來，外曾祖父或外曾祖母也沒有。他們在大饑荒前囤了一點甜菜，藏在地下室，被鄰居知道，把這事報給挨村檢查有沒有人私藏食物的委員會。委員會把那些甜菜沒收，沒給他們留下任何東西。外曾祖父和外曾祖母就這麼一個接一個，活活給餓死。外婆當時十五歲，成了孤零零一人，沒有父母，沒有手足，也沒有食物。

她就是在那時候開始到貝雷希找東西吃，不管什麼都可以，只要能吃就好。她在一塊田裡找到玉米就掰下一穗，被農場主人聽見，抄了槍就跑出來往她射。外婆怕被人發現，跑到水塘坐了一天一夜。

後來對岸好心的鄰人發現，拿馬鈴薯皮給她吃，這才救了她的命。那些人後來還給了她好幾次食物。多虧有那些好心的鄰居跟他們送的馬鈴薯皮，外婆才挺過了大饑荒。

3.

我們在前廳的木桌前坐下，因為外頭太熱，前廳裡比較涼快。漢娜．巴薩拉巴女士有張溫柔的臉，頭上包著一條暗色頭巾。看她臉上的皺紋，就知道她很常笑。屋裡有個灶，對於我們即將談到的那些年頭，這灶可是記得清清楚楚。牆上掛著幾張聖像，離我們最近的是聖喬治像（這裡稱為聖尤里），他正打算給張著血盆大口的龍來個迎面痛擊。

漢娜女士的臉上依舊掛著笑容，不過這回是對著我們笑。她的呼吸中帶著喘息，想必是因為氣喘沒治療的關係，不過其他一切都好。

「我現在這樣，在我這個年紀只能說非常健康。」她強調，然後開始向羅曼提問，什麼人都問，什麼事都問，因為即使已經九十五歲，羅斯第夫卡每一個人的姓名她幾乎都還是記得非常清楚。她的提問是出於關心，就算村民已離開村子，她還是想知眾人過得好不好。「為什麼你媽媽不來看我？提醒她，我們都在這裡等著。」她責備羅曼，然後又埋怨他一年前幫她拍好、郵寄過來的照片。「我每張看起來都很老，」她嘆了口氣，「手這麼皺，如果你要給我拍的是這種照片，那還不如別拍。」說著說著，她還挑釁地笑了一下。

她是同意跟我談大饑荒沒錯，不過既然我們是來作客的，就得先好好坐下來喝杯咖啡或茶，再開始聊那些令人遺憾的往事。

於是我們坐了下來，喝了咖啡，聽她說故事。

漢娜．巴薩拉巴的故事

這麼可怕的事，事先一點跡象也沒有。聽後來的人說，那個夏天的收成根本就還不錯。當時羅斯第夫卡雖然已經有集體農場，很多人在自家的院子裡還有養牛，養馬和養雞，只不過大家都面臨龐大壓力，得把這些牲畜送進集體農場——共產黨不喜歡有人自己經營農場。我父母當時都已經在那邊工作，媽媽在牛棚，父親在馬廄。

大饑荒開始前的幾個月，集體農場裡有人犯了錯，給一匹小馬餵了太多食物，結果馬給撐死了。雖然這根本就不是我父親的錯，但那馬本該是他管的，所以他就被抓去關了幾個月，罪名是搞破壞。他出獄的時候大饑荒正好開始，但還沒有人知道情況會變得那麼糟。媽媽很愛父親，不想他光著腳從城裡回來。我們那時候有一頭乳牛，媽媽便將牠賣了，把錢寄給父親買鞋。

爸爸買了鞋，動身回家，不過快到村子的時候，在林子裡遇上搶匪，被搶匪給殺了。一切都是因為那雙鞋子，因為那雙鞋太漂亮了，那些人想偷走。我親愛的媽媽就在大饑荒前的幾個禮拜沒了丈夫，沒了乳牛，只剩下她自己一人帶著六個孩子。我對爸爸的印象就只剩他的綽號「玉米梗」，因為他個頭不高，胖胖的，就像條玉米梗，好像還跟他走路會左右搖擺有關。羅斯第夫卡這裡每個人都有綽號，因為我年紀最小，爸爸死後就換我成了「玉米梗」。

至於鬧饑荒這件事不是從哪一天突然開始，能給出個確切日期，而是慢慢發生。食物隨著日子一天天過去，變得越來越少。我當時只是個小不點，但我記得自己一直追著媽媽跑，要她給我東西吃。我也記得媽媽老是哭。孩子有六個，她只有一個，而能吃的東西越來越少。一開始我們還有幾隻雞會給我們下蛋，不過後來雞不見了，想必是有人偷了。那時候人人都顧著保命，什麼鄰居啊、親戚啊，都沒人在管這些了。

接著開始死人。起初是那些身子弱的、病的，還有最小的孩子，也就是比較沒能力照顧自己的人。本來我聽到的都是一些不認識的人——羅斯第夫卡是個很大的村子，居民超過一千五百人，所以最先死的那些人我一個都不認識。

可是後來我們街上也開始死人。先是我們的遠親，然後是我們的鄰居格雷戈里跟他的太太亞莉珊德拉。

然後我們開始變得鼓鼓的，全部人都一樣。那是種很奇怪的感覺。

我比較走運，因為我當時在上幼稚園，那裡每天都能吃到一次沒什麼料的湯，我們叫「白奶湯」。那湯味道很可怕，卻頗重要。鬧饑荒的時候，一天能吃到一頓熱餐真的差很多。即使有那湯，我還是腫到無法走路。那時所有的孩子全變成這副模樣。正常來說，從我家到幼稚園用跑的只要十分鐘，而我當時單趟用走的就走了一個半小時。可是不去不行，因為有湯喝。我說我沒力氣，媽媽就趕著我出門，因為她心裡明白我沒這湯會死。

細細小小的兩條腿，細細小小的兩條胳膊，加上一個大過頭的肚子，那時候我們所有人都長這樣，人家叫我們是「佝僂兒」，說我們營養不良。

我認識的、會一起玩的孩子陸續消失，不再來幼稚園。沒有人問發生什麼事，問了也沒有意義。大家心裡有數。

幼稚園裡也不再有孩子們玩遊戲。我們來上課，老師說些話，然後大家就自己找個角落坐。你想像一下，三十個小孩，沒人在玩，因為都沒力氣玩，都餓著肚子。我們就這麼坐著，身子晃呀晃，有一會兒沒一會兒地睡，有的孩子睡著後就再也沒抬起頭了。這種事發生過幾次，我記得很清楚。

接著發生各種可怕的事。

我們家再過去的第二間房子裡住著一位太太，人家都叫她馬鈴薯漢娜，那是她的綽號，因為她臉圓圓的，就像馬鈴薯。一天，我聽人家說漢娜把自己的孩子全給吃了。她餓瘋了。你知道嗎？那對我們來說一點也不奇怪，這才是可怕的地方。大家都知道最後會變成這樣，因為她本來有孩子，然後孩子一個接著一個不見，但都沒有屍體。媽媽只是跟我們說，「不管馬鈴薯漢娜給你們再好的東西，你們也絕對不能去她那裡。不管她跟你們說什麼、答應什麼，絕對不准你們去她家。」

真的，有一次我跟姐姐瑪麗卡從學校回來經過漢娜家，她就站在籬笆前叫我們。「來呀，」她招手，「來這裡，我給你們好東西。」我們那時逃得跟什麼一樣！我不知道我們打哪來的力氣，因為我們那時已經餓了好幾個月，不過最後順利跑到家。話說回來，她那時根本沒出來追我們，她一定也沒力氣了。

馬鈴薯漢娜後來死了，房子從那時候起就一直空到現在，沒有人想搬進去。就連後來蓋了集體農場，從烏克蘭別的地方來了人，那間屋子也還是空著，因為那屋裡的母親吃掉自己孩子的事在村裡傳開了。不過我想再說一次，她不是壞女人，只不過饑荒害她腦子出問題。

到了春天，我們進入最糟的時期。當時死的人最多，就好像大家把所有力氣都用來撐到冬天，之後就沒力氣繼續活下去了。

我們那時又交了好運：學校校長換人，新來的女校長叫施佩提絲卡，得知媽媽一個人帶六個小孩，就跟她說「胡提雅，」那是我媽媽的名字，「你一個人要餵飽這些孩子一定很辛苦，來學校工作吧。」「可是用什麼名義呢？」「當廚娘啊。」

媽媽連想都沒想就答應了。之前她都在集體農場當擠奶女工，不過你也知道那是怎麼回事。當廚娘就能接觸到食物——大饑荒期間，沒有比這更好的工作了。

學校的廚房是在一棟獨門獨院的屋子裡。這間屋子的主人在幾年前遭指控為富農，被人沒收財產，送去西伯利亞。學校把食材都送去媽媽那裡，好讓她可以煮出之前在幼稚園喝到的那種白奶湯。有時他們給她送甜菜根，有時是些穀子，有時是一點馬鈴薯——反正就是手頭上有的東西。大饑荒期間，我對肉類一點印象都沒有，一次也沒吃過。媽媽把那些食材做成麵疙瘩、馬鈴薯疙瘩和自製的麵條。雖然我當時只有六歲，校長卻同意讓我上學，而我記得自己一整天就是在等媽媽煮的食物。每次時間一到，我就會把煮過麵疙瘩或麵條的油膩膩湯水喝下肚，然後把剩下的帶回去給姐姐們。

我們就靠著這種方式活了下來。

一九三三年，村子裡有個特殊的委員會，到處檢查有沒有人偷藏食物，只要找到就是徵收。我們的鄰居先生也是這種委員會的成員，他把所有能吃的東西都拿走。酸模、樺樹皮，甚至連蠟燭都收走，因為大家太過絕望，連蠟燭都想試著拿來煮湯喝。也有些人把亞麻做的衣服拿來煮湯。我記得這種委員會來過家裡好幾次，每個地方都要照順序搜過，閣樓、每個箱子、每個鍋子，甚至連爐灶都要檢查。

然後，這位鄰居跟我們住到了同一條街上，他叫席德，見到媽媽就像沒事那樣鞠躬問好，說「早安、早安」，問「你們過得怎麼樣，孩子們好嗎」，好像壞事從來沒發生過。媽媽呢？媽媽又能跟他說什麼？對方是傑出共產黨員，想必認為自己做的都只是該做的事。

那些打死我爸爸的壞人後來也跟我們住到同一條街上，但他們是坐完牢才過來，因為布爾什維克黨後來把他們一個個全抓了起來。我們這條街成了這個樣子，但我們又能怎麼辦呢？要媽媽一個人帶著六個孩子去跟他們討公道嗎？

當時整個村裡都有人死孩子，不過我們家撐了過去。媽媽的孩子一個也沒少，我們全都活了下來。

4.

漢娜女士對我和羅曼有個請求。羅斯第夫卡的另一邊住著薇拉．摩特科，是她的表姐，也是她唸書時最好的朋友。她們兩人都已超過九十歲，誰也沒力氣從村子的一邊走到另一邊，而雙方家族裡也沒人有車子。

「我想在其中一人走掉前見她一面，你們可以開車載我去嗎？一下子也好。」漢娜說。

當然可以，任君吩咐。

薇拉女士住在一間四面爬滿葡萄藤的屋子裡。她大多時間都躺在火爐邊，全身裹著幾條被子，彷彿隨著年紀增長，身子裡的暖度也跟著流失。隔著厚厚的鏡片，讓人幾乎看不見她的眼睛，她花了點時間才看清楚是誰來拜訪。不過薇拉女士在看清表妹漢娜的輪廓後，就馬上將她抱個死緊，分都分不開。終於薇拉女士放開手，掉了幾滴眼淚，又馬上把漢娜抱住。

漢娜女士也很感動。

「阿薇，我們這是經歷了多少事啊？光用想的就叫人害怕。」

「不過我們都還活著。」薇拉女士說。

「對，我們還活著。跟這兩個孩子說說妳的事吧。」

薇拉・摩特科的故事

孩子們，我不知道該怎麼跟你們說，沒經過大饑荒的人是不可能明白的。不過我會試試看。

這一切發生時我才六歲，跟漢娜一模一樣。我爸爸也跟漢娜的爸爸一樣不在了，因為他也被人從集體農場抓進監獄，在審問的時候給人打死。媽媽整天都忙著收割，但我跟弟弟妹妹卻沒東西可吃。

幸好媽媽跟街口鄰居談了條件。他們有兩個孩子，男孩半歲，女孩一歲半。鄰居每天要上工，無法照顧孩子，就由我來看顧，他們則會給我帶一點從集體農場領到的湯。弟弟妹妹則靠幫他們餵牛，每人每天換一杯牛奶。

我們在大饑荒開始的時候本來也有頭乳牛，可是這牛有天就不見了。

媽媽知道後就開始哭，那樣子我到今天都還記得，因為小孩子最在意的就是媽媽掉眼淚的時候。有人跟她說牛是被一個叫薩克的農場主人偷了，於是媽媽就找上門去。她進到對方的院子裡往牛棚一看，地上全是血，薩克跟他的幾個兒子正把我們家的乳牛大卸八塊。薩克看著媽媽，媽媽也看著薩克。她能怎麼辦呢？她能拿出什麼證據？就算她拿得出來好了，接著又能怎麼辦呢？對方可是為了賺買肉錢，隨時都能丟下妻子和三個孩子，讓他們活活餓死的人，她要怎麼跟這樣的人對抗呢？

所有人都窮得苦哈哈，我們吃牛蒡根和樺樹皮，冬天就去森林裡挖點植物的根來吃，只求能墊墊肚子。

「跟他們說一下你們是怎麼撐過來的吧，」漢娜女士說，「畢竟你媽跟我媽一樣，在大饑荒的時候也成了廚娘。」

「沒錯，他們僱她到科候斯普，也就是集體農場的廚房裡做事。主任可憐她一個女人家帶著幾個孩子。」

「跟我們家的情況一模一樣。」漢娜點點頭。「我們都是廚娘的女兒，所以我們都活了下來。」

「媽媽每天都給那些在田裡工作的人煮午餐。在集體農場裡工作的大部分人之所以能活下來，都要感謝媽媽的湯。可是媽媽家裡還有孩子，她也得為我們想個辦法。她有一天跟我說：『小薇啊，晚上大家準備收工回家的時候，妳就來找我，帶薩妮亞一起來。』於是我帶著妹妹一起去找媽媽，媽媽要我們兩個藏在門後，等沒人看的時候，她給了我們三顆甜菜。『孩子們，把這些拿回家，我也給你們煮湯喝。』」

「我跟薩妮亞就這樣回去了，路上經過一片田。我跟薩妮亞在田裡坐下，誰都沒出聲，就這麼默默地把三顆甜菜吃光了。這件事說起來讓我覺得很丟臉，可是我們那時太餓了，而三顆甜菜在大饑荒時可是叫人想都不敢想的寶物。」

「媽媽從集體農場回來，問我們有沒有把甜菜帶回家，知道我們沒有照做後，沒朝我們大吼，也沒打我們，只是開始痛哭。她一直哭、一直哭，我當時真怕她永遠都不會停下來了……」薇拉女士說完，自己也開始哭，就好像她又成了當年的那個小女孩，眼睜睜看著半個村子的人餓死。而另一個小女孩——漢娜女士——則開始安慰她。

「阿薇，別哭了。這不是妳的錯，當時妳只是個孩子……」說著說著，她拿一條褪色的毛衣摟住表姐。

「我知道，阿娜，我知道。可是我今天只要一想起自己吃掉了一顆半的甜菜，心裡就還是很難受。我讓我媽媽失望了，而沒了那三顆甜菜，她更辛苦了。」薇拉說完繼續掉眼淚。

「可是我們挺過來了呀，阿薇，而且我們現在還活著。」漢娜把她摟得更緊。

「對，我們挺過來了。我們能活過那段時間真是不可思議。」薇拉拿白手帕擦擦鼻子，稍微冷靜了些，臉上寫滿思緒。她接著說：「大饑荒以前，在我這條街上有十六間屋子，每間都住了十個、十二個，甚至十五個人，有一大堆孩子。我記得大饑荒的前一年，我們老是在街上玩。大饑荒之後呢？那裡成了墓地，只有六間屋子裡還有活人。孩子幾乎都沒了，就算有，也沒力氣活下去。小娜，妳記得那些載屍體的車子嗎？我們當時只是小孩，而小孩不該看這種東西，可是那種車一個禮拜都會來兩次，有時甚至是三次，然後那些男人會把死掉的人丟到車上。沒人有力氣把屍體送到墓園，沒人有力氣為他們禱告。我記得媽媽警告我：妳要是下課了，不要在路上逗留，而且絕對不准坐下。只要是坐著或躺著的人，都會被他們搬走，他們不會看你是活著還死的。」

我們看過的那些東西，不管是哪個孩子都不該看。

5.

我們還有一個地方要跑。

羅斯第夫卡被一條小小的溪水分成兩半，而在隔著溪水的另外半邊，住著瑪莉卡・科雷紐克，她是羅曼的遠房親戚，比漢娜女士和薇拉女士大一歲。我們只能去拜訪她一下子，因為她已經病得很重，我們不想讓打擾她太久。

我們進到蓋著波浪板的屋子，在玄關裡看見兒童版的工作服，顯然這家人的孩子會到田裡上工。瑪莉卡小姐裹著被子坐著，時而清醒，時而迷糊。

幸好在我們來的時候她人是清醒的。

瑪莉卡・科雷紐克的故事

壞事從去富農化，也就是沒收富農的土地與財產的行動就開始了。蘇聯人想出一個餿主意，只要有哪個農場主人比其他人富有，即使只有一丁點，都該把他送去西伯利亞。在我們這條街上就住著這麼一個人和他的一家子，大家都叫他伊凡叔。他有錢的地方就只是有頭公牛能租給人家配種。人家有需要的時候，他就會帶著公牛過去找母牛。他有的就只是這樣，只有一點點土地跟那頭公牛，而蘇聯人單單因為這樣就判定他是富農，把他跟妻子和三個孩子一起送去西伯利亞。

伊凡叔死在那西伯利亞，而他的妻子在流放結束後沒錢回來，就把最小的八歲兒子費多夾在胳肢窩底下，兩個比較大的孩子拽在身邊，試圖徒步走回來。他們走了一個禮拜、兩個禮拜，精疲力盡。小的一路哭、一路生病，可憐的媽媽得一直抱著他。最後她眼看這樣下去大家再活沒幾天，於是邊哭邊找了塊布把小的裹住，三個人一起挖了洞，把小的放進去，然後繼續往前走。

興許是過了一個鐘頭，又或者不到一個鐘頭，這女人——人家叫她卡麗娜——突然大叫：「上帝呀，我們到底是犯了什麼罪啊？」接著她一把衝回那個洞，把小的挖出來，幸好他還活著。她給他撥掉頭髮裡的沙，「如果我們要死，那我們就一起死。」他們坐下來大哭一場，接著繼續上路。

奇蹟似地，他們當中一個人也沒死。

他們走回羅斯第夫卡這裡。才剛回來沒幾個禮拜，大饑荒就開始了。我之所以記得，是因為我們所有人都跑去看他們，聽他們講故事。最讓人覺得特別的地方是，跟著卡麗娜從西伯利亞一路走回來的三個孩子裡，只有小兒子費多挺過了大饑荒。他後來住在這裡，跟我家只隔了幾間屋子，兩年前才過世。

我們的屋子在村子邊緣，緊挨著水邊。我繼父——我父親在我出生後沒多久就過世了——很害怕，因為常有強盜在附近幾座村子出沒，不僅會跑進人家裡找吃的，還會把屋子主人給殺掉。這樣一間處在村邊的屋子他們不闖，要闖哪裡？繼父有成功藏下一點穀子，可是他太怕那些強盜，以至於把穀子藏到了閣樓的稻草底下。那些穀子還沒給人發現，就被烏鴉聞到味道，把我們的儲糧全吃光了。

所以我們跟其他人一樣，吃結冰的馬鈴薯，吃牛蒡。成功撐過冬天的人只要一見樹上長新芽，就馬上摘來吃。印象中那年連一顆蘋果都沒有，因為還沒來得及好好成長就全被吃光。

不是所有人都活了下來。我弟弟利荷科有天起床走去院子，跌了一跤，就再也沒爬起來。那時候大家都沒力氣送他去墓園，更不用說那當時是在羅斯第夫卡盡頭的另一邊。可憐的利荷科就這麼躺在原地，直到掘墳的人來了才把他送去墓園。

6.

載漢娜女士回家前，我們還跟她去了羅斯第夫卡的墓園。

我和羅曼一人一邊攙扶她，慢慢走向幾百名村民長眠的地方。

右手邊是正常的墓園，在整個烏克蘭都能看見。灰色墳墓上常有蓄鬍子的男人照片，或有著裹頭巾的女人照片，周圍則是草坪，有時會圍著金屬矮欄。鍍金碑文和花雕都是當今流行的樣式，至於十字架上則通常會釘上烏克蘭的傳統繡巾——這繡巾不只會送給新婚夫婦，也會送給亡者。

與法西斯抗戰犧牲的紅軍兄弟墓立在墓園正中央，這也是當地常見的景象。墓是錐狀的，有點像要升空的火箭，只不過點綴在這火箭底部的是顆金色的蘇聯星。人們在墓碑旁擺了長椅，好坐在親人身邊思考永恆，也想著（越是上了年紀的人越會這麼想）自己也會被搬來這片沒有戰爭、沒人挨餓的安靜地方。

令人不安的是墓園的左手邊，油綠樹叢恣意生長，部分甚至與林木交錯。牛蒡、蕁麻、車前草、天竺葵、三葉草和羊茅，這裡全都有長，簡直無法通行。話說回來，誰會想進到那裡面呢？那裡是亡者的國度，沒能好好安葬的亡者。

「車子載來的人全埋在這裡。」漢娜女士說。「馬鈴薯漢娜跟我們的鄰居格雷戈里，還有他妻子亞莉珊德拉也在這裡。這裡埋了幾十個小孩，都是跟我上過同一間幼稚園或在街上玩過的孩子。還有因為偷了幾穗黑麥給家裡的孩子而被抓去關的漢娜．特尼屈哈，甚至是把我媽媽薇拉的乳牛給偷走的薩克和他的幾個兒子。薩克也沒能挺過饑荒。」

「還有我曾祖母、曾祖父。」羅曼應聲。

「還有瑪莉卡的小弟利荷科。孩子們啊，我也差一點就要跟他們一起躺在這裡呀。」

我們靜靜站了一會兒。

這樣一個地方，叫人不知能說什麼。

7.

離開羅曼的家鄉羅斯第夫卡前，我們先把漢娜女士送回家，還在她家喝了杯咖啡。這回我們不是坐在前廳，而是坐在夏天用的廚房，跟主屋隔了幾公尺遠。

坐在桌前的我們還沒來得及回神，桌上就來了包肉餡的烏克蘭餃，來了起司火腿三明治，來了「鴨飼料」沙拉、蛋糕與魚，還有某種醃肉。這桌子就像童話故事裡的那張，會自己張羅，自己擺滿盤子與菜餚，所以沒幾分鐘桌面就不夠用。我們跟漢娜開車在村子裡繞的時候，她女兒歐拉獨力準備了一切。

我覺得很不好意思。我說其實不需要這麼客氣，我們不想這麼打擾她。不過漢娜女士根本就沒把我的話聽進去，自顧自地數落羅曼，說他沒有預告我們會來，不然她跟女兒就能準備一頓像樣的飯。

如果這樣一頓飯還叫不像樣，那我都不敢想怎樣才叫像樣了。

羅曼乖乖聽著數落，然後在我耳邊說：

「我是故意不打電話的，因為我知道他們的為人。他們會想款待我們，然後不知道哪隻可憐的小雞就得遭殃，說不定還要拖上一隻小豬。這些人經歷過饑荒，所以絕不可能讓你空著肚子離開。」

菜單

一碗用松樹的針葉、樹皮及松果做出來的湯。這是烏克蘭學生在布魯塞爾請同學喝的湯，為的是讓世界別忘了烏克蘭大饑荒。喝下湯的學生眉頭一皺，紛紛吐了出來，不過他們還是拿了傳單，讀了這個由史達林為烏克蘭特調，卻不被世人所知的屠殺事件。那是二〇一九年，活動由烏克蘭領袖學院所策劃。話說回來，這樣的活動他們已辦過好幾場，因為每年他們都以這個方式，在烏克蘭街頭和歐洲各城市紀念烏克蘭大饑荒。烏克蘭境內還會有餐車巡迴，提供類似的餐點。

不過隔年因為COVID，沒辦法在街上供湯，烏克蘭的年輕人因此想出疫情時的折衷辦法——線上餐廳。在那線上餐廳的網頁裡，祖父輩在饑荒時為了存活所吃的東西，都化成設計精美的照片呈現。

用松果、樹枝、雜草、結冰的馬鈴薯或亞麻摻在一起所做成的食物，經過設計並搭配優雅餐具，透過專業手法拍攝，儼然出自高檔餐廳。照片與食物本身形成對比，在觀賞人心中激起兩極的矛盾情緒。

烏克蘭領袖學院院長瓦倫丁．霍連科將這個世上首見的發想命名為「線上紀念餐廳」*。進入網站後可看見幾道菜色，每道都有菜名、食材及一個寫著「價格」的按鈕。點擊價格後，可以聽記得大饑荒的人、吃過照片上那道菜的人述說故事。

過程看起來像這樣：第一道菜叫「草麵包」，是把搗爛的草加點亞麻，以燙麵的方式揉捏所烤出來的麵包。點擊價格，我們會讀到：「這一道菜的價格代表烏克蘭人的一個機會，可以平安度過冬天的饑荒。春天比較容易，因為還多了鼠尾草、木梨及三葉草。」

也可以聽一段瑪麗亞．古比屈的訪談，當年才十二歲的她就靠著這麵包度過大饑荒。

接著是「煎餅」——用刨絲馬鈴薯加穀皮煎成的餅。「這道菜的價格是幾千人靠著巧思，成功救下一把穀子才得以保命。當時人們常到嚙齒動物的洞穴裡挖穀子，因為偷摘穀穗會被槍決。」

還有用搗碎的麥稈、黍米和黃麻子烤出來的「麵包」。這道菜的「價格」是幾百萬倖存的烏克蘭人，靠著乾掉的麥稈、爛掉的西瓜和馬鈴薯皮等麵粉的替代品而活下來。可以說，他們真的是撿動物的食物來吃。

依此類推。

加入這項計畫的年輕人在網路上對照片和菜餚評論，常有人強調這是他們第一次有機會聽到家人在大饑荒的經歷。他們也很訝異，即使已經過了將近九十年，這饑荒對他們的家人和接下來的世代影響竟是如此之深。

「這件事已經跟著我們將近一百年。」我的烏克蘭朋友歐列說。「我家採買和儲備的數量向來多到荒謬，就好像另一場瘟疫隨時會來一樣。然後我妻子在懷孕的時候一直夢到沒東西能餵孩子，不過她最近才知道，那樣的惡夢她曾祖母可是真真實實體驗過。」

＊ 編注：網址為 https://en.uncounted.ual.ua/

廚房門外

在我們和漢娜女士去拜訪的兩週後，薇拉．摩特科小姐與世長辭。我們成了這對奇蹟活過大饑荒的姊妹，最後一次碰面的見證人。

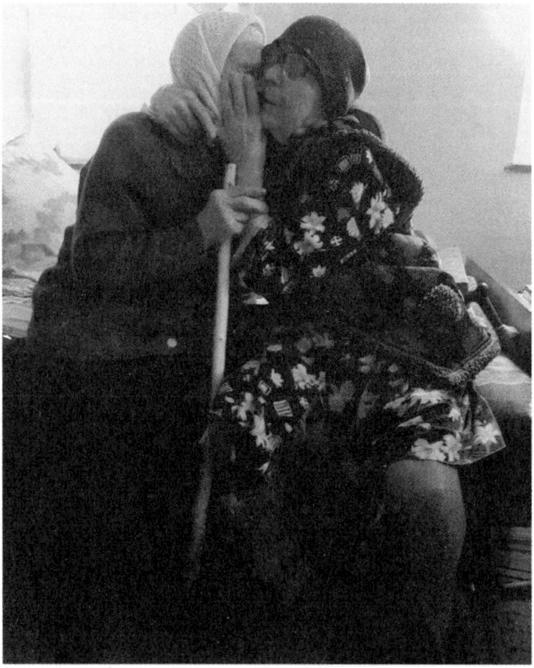

漢娜．巴薩拉巴（左）與薇拉．摩特科（右）

© Witold Szabłowski

第四盤　山裡的拜訪與史達林的廚房

1.

他把手放在我肩上，盯著我的雙眼。然後他別過頭，把視線轉往山頭，最後又轉向我。「維特多，我殺了人，你明白嗎？」他再度看向天空，顯然與我談話並不像他預期中的那樣輕鬆。「他當時站在我旁邊，差不多就像我弟現在站的位置。」他指著跟我們坐得頗近的弟弟。「而我朝他開槍，你明白嗎？」

他等著我回應。

我不知道能說什麼，也不知該怎麼把自己帶入這場談話的氛圍中。現在是二〇〇九年，我們所坐的地方一年前才經歷過俄羅斯入侵喬治亞的事件。我心裡想著該怎樣才能脫身。我就這麼一個人醉醺醺，跟一票如橡樹般魁武的喬治亞人坐在一起，處在不知名的群山中。剛才他們告訴我，他們是王公出身——但我現在已經知道，高加索這裡每隔一段時間就有人自封為王。

直到他們開始吹噓自己的叔公是史達林的弟弟，情況總算有趣起來，畢竟喬治亞人講到史達林都很驕傲，但我還真沒遇過史達林的親戚。

再說，史達林的手足都是一出生就沒能活下來。

這會兒他們講著自己在不久前的喬俄戰爭中宰殺俄羅斯士兵的事。四個彪形大漢，渾身肌肉，都分不出脖子和肩膀。

這對我來說已經太超過，我開始計畫逃亡。

不過我還沒開始動作，其中一個大漢已撲過來一把將我摟住，沒再放開了。

2.

他很討厭自己做飯。在他還小的時候，母親做過很多活，其中一份就是在廚房煮飯。大概就是因為這樣，史達林這輩子都很討厭煮飯的味道，不管是在哪間別墅或屋子，他總是要人把廚房蓋在很遠的地方。我到阿布哈茲的新阿豐造訪的那間別墅就是這樣。

史達林被沙皇流放到西伯利亞時，曾經跟同伴講好大家平分所有工作——煮飯、打掃及採買食物。不過眾人很快便發現史達林並不打算煮飯，也沒計畫打掃，只顧打獵和捕魚。

跟史達林一起被送去流放的人裡，有個叫雅科夫．斯維爾德洛夫的，特別不喜歡他這樣。「我們得自己做飯，」史達林在多年後回憶道，「我那時有養隻狗，我叫他阿科。雅科夫自是不喜歡這個名字，因為他叫阿科，狗也叫阿科，而且每次吃完飯都是雅科夫洗湯匙和盤子，我從來沒洗過。我每次吃完就把盤子放地上給狗舔，乾乾淨淨。」

流放尾聲，來了第三個共產黨黨員列夫．加米涅夫跟他們同住，每到洗碗時間，史達林就往屋外逃。

十月革命後，史達林與妻子阿利盧耶娃總是在克里姆林宮的食堂用餐，那食堂的評價在當時是數一數二的低。法國作家兼共產黨黨員巴布斯在阿利盧耶娃自殺後不久去探望史達林，他是這麼形容史達林的生活環境：「小小的前廳通往三個房間和一個餐廳。裝潢簡單，像高雅但低調的旅館。餐廳是橢圓形。這裡上的餐點不是出自克里姆林宮的廚房，就是由廚師做的家常菜。無論房子還是菜單，都絕對無法滿足資本主義國家裡的一般上班族。」

根據蘇聯外交部長莫洛托夫的回憶，當時史達林唯一奢侈的地方，就是有滿滿一整個浴缸的醃黃瓜。

3.

回到我在山裡的那場訪談吧。

開頭稀鬆平常，我來到史達林的出生地哥里，這是個位在喬治亞中部，被群山環繞的小鎮。我開車造訪一座又一座風景如畫的村落，想找到當年為克里姆林宮供應葡萄酒的廠商——不是喬治亞的葡萄酒，史達林不喝。

話說回來，「葡萄酒供應商」聽起來十分嚴肅，但其實在喬治亞，只要是有自尊心的主人家，都會種點葡萄釀酒，而且通常都非常好喝。除了葡萄酒，他們也常做酒精濃度百分之七十度的蒸餾酒，叫恰恰酒。我要找的正是這種家庭「工廠」。

要收集這種資料有兩個問題。首先是喬治亞人毫無節制的好客態度，讓人根本沒辦法工作——因為要是你每拜訪一個地方，對方還沒回答問題前就先把葡萄酒和恰恰酒擺上桌，這樣要怎麼工作？喬治亞人不款待客人可不行，而接受這樣的款待半個鐘頭後，你心裡就明白自己不可能再前往下個地點，因為你已經喝茫了。再說，這天還這麼亮，景色這麼美，主人家又熱情，何必滿腦子只想著工作？第二個問題是等我們都醉了，主人家就會說（真的每一個都這麼說）從莫斯科來的飛機都是飛到他這裡載他的葡萄酒。而且每兩個就有一個說他有文件能證明，甚至有兩個人真的給我看，不過一來那是喬治亞文，二來……我真的太醉，醉到根本沒辦法看懂那些文件或記住那上頭的內容。

我就這樣駕著車，開開心心在哥里一帶逗留了幾天，直到碰見塔卡尼什兄弟中的頭一人。他正好開著他的越野車出家門，後來我才知道那邊是他死去爺爺留給他的地。他有點小肚子，頭上戴有美國籃球隊標誌帽子。聽見我在村子裡找什麼後，用半吊子的俄文要我晚上打電話給他。

「你不會後悔的。我們家和史達林的關係，整個高爾基沒人比得上。」他說。

我二話不說便答應了。

4.

隔天晚上，這家兄弟就把我載進山。他們將一頭死羊丟進吉普車的後車廂，那是特別宰來做烤肉串用的。半路上，兄弟四人便已七嘴八舌地打開話匣子：

「史達林是真真正正從我們這塊土地出身的男兒，在俄羅斯自己做了個『小喬治亞』，想盡辦法讓身邊的人都來自喬治亞，最好來自同一家子。」

「一家子的人不會背叛你，因為他們知道要是這麼做，就沒地方可回去。」

「所以他的囉嘍，像莫洛托夫和赫魯雪夫，才會被他整家子全拴在身邊。他們知道只要一個做不好就砰！完蛋，偉大的人民委員大人。只有喬治亞人可以不出事。」
聊著聊著，旅程也就這麼打發掉了。路上，這幾位先生還告訴我他們在體育上的成就：一位是摔角教練，一位是舉重教練，他們的選手都是國際級的。
等車子開進山，我們也已經混熟了，甚至還有點交上心，因此幾個兄弟終於決定跟我講史達林的事。
「這些年來這一直是祕密，父親會跟我們說亞歷叔公故事，可是他每次都會特別交代我們不能講給其他人聽……」
「那完全沒道理，因為全喬治亞都知道叔公的事……」
「我們的叔公亞歷山大，也就是亞歷，是史達林的弟弟。你可別這樣看我！他是史達林的弟弟。兄弟們，他不相信……」
「等等他就信了。聽好了，維特多，史達林的母親在我們曾祖父底下當過廚娘。他跟她有過這麼一次、兩次，就是那個，漢子跟娘兒們一起的那檔事。曾祖父發現她懷孕後，就把她嫁給一個不會寫字的鞋匠維薩里奧。」
「維薩里奧會寫字！只是老是醉醺醺。」
「我聽說他醉到連用手指數一二三都不會。反正他根本不知道發生什麼事，後來想通了，就開始猛打那孩子，而且是往死裡打。」

「小小的史達林老逃出家，跑去亞歷叔公家裡待著。亞歷叔公跟他同年紀，也是曾祖父的兒子，兩人成了好朋友，而且很多年後，亞歷叔公還成了史達林在克里姆林宮的廚師和試菜人。你們看，他還是不信我們。」

的確，他們說的我一個字都不信。

5.

多年來，史達林追隨列寧的腳步，也不大重視飲食，顯然那些革命家靠的是別種東西過活。他的妻子阿利盧耶娃也對廚藝一竅不通，但話說回來，列寧的妻子好像也是這樣。史達林本人倒是挺會做烤肉串，而且還很不錯吃——這是他還在喬治亞時學會的。

不過阿利盧耶娃在一九三二年自殺後（她好像是發現丈夫故意餓死烏克蘭人後，從此犯了心病），史達林再也不吃烤肉串或任何美食，徹底封閉自我。按今天的精神科醫師說法，他是患了憂鬱症。他跟政府機關裡的員工一樣，在克里姆林宮的食堂用餐。至於妻子留給他的孩子，國家為他們僱了一個廚娘，廚藝據說非常普通。

蘇聯外長莫洛托夫在多年後回想廚房為史達林準備的食物，「都非常簡單，沒有任何擺盤裝飾。」冬天就是做加了醃高麗菜的肉湯，夏天則是用新鮮高麗菜做的懶人酸菜湯*，主餐是蕎麥拌奶油配一塊牛肉。如果有上點心，就是蔓越莓果凍或用乾燥水果煮的水果飲**。「這些全是一般蘇聯家庭夏日會吃的東西，只不過他是一整年都這麼吃。」

幾個兄弟接著跟我說他們叔公的故事，然後講到二〇〇八年的喬俄戰爭。年紀最大的拉提直接朝我撲過來，當下我還以為他要攻擊我，不過他只是想跟我抱一下，為波蘭總統列赫・卡臣斯基乾一杯——喬治亞人很愛他，因為他保衛國家不受俄國侵犯。四兄弟說，卡臣斯基對他們而言是史達林等級的英雄。

隔天早上，等我們稍微酒醒，起碼有一個人能開得了車後，他們就把我載回哥里。道別時我們都還在宿醉，彼此間不像昨天那麼熱情，但我們約好要當一輩子的好朋友。雖然我再也沒見過他們，每當想起那次訪談，仍會勾起我濃濃的愁思。至於那個他們說得繪聲繪影，曾替史達林煮過飯的叔公，那件事被我當成在旅行中有時會聽到別人閒聊的那種故事，放到腦中的鄉野傳聞與童話架上，而且一放就放了好幾年。

我這是錯的很離譜了。亞歷叔公是個真真實實存在過的人。更甚者，他在史達林的廚房裡進行了一場貨真價實的革命，把史達林從克里姆林宮讓人沮喪的食堂裡拉出來，讓他重新想起喬治亞菜有多麼美好又充滿活力，還有跟好友一起大啖喬治亞饗宴有多少好處。他給史達林上的這一課，讓史達林受用一輩子。

至於這人真是那天夜裡請我吃羊肉串的四兄弟的叔公嗎？我不知道，大概永遠也不會知道——我試過再去找他們，但都沒找到他們的下落。

亞歷叔公的故事，還是從頭開始講吧。

---

* 酸菜湯（kapuśniak），用醃過的酸高麗菜為基底，加入馬鈴薯丁和爆香過的五花肉所燉出來的湯。

** 水果飲（kompot），水果加糖煮成的飲品，冬季通常採用乾燥水果，夏季則為鮮果，可溫飲或冷飲，為共產時期的居家飲品，至今仍是波蘭平安夜餐桌上的經典甜飲。

第五盤　史達林的廚師

1.

頭髮後梳，穿著時髦的窄褲與漆皮鞋，一九二〇年代的亞歷山大·埃格納塔什維利，在喬治亞的提比里斯過著國王般的生活。只要有人不合他的意，劈頭就得挨一頓打——他當過很多年的摔角選手，甚至在莫斯科的馬戲團演過大力士。

不過要是有誰順了他的眼，他就會豪氣萬千，跟對方說笑喝酒。

在聖彼得堡爆發革命，向全國擴散，同時也蔓延到高加索這裡前，他的父親雅科夫擁有數家連鎖餐廳，幾間在哥里，幾間在提比里斯，另外還有一家雜貨店和一間葡萄酒批發店。其中一家餐廳雇了名來自哥里的女孩，名叫卡卡·朱加什維利，人很漂亮，但很窮。卡卡和丈夫維薩里奧生了兩個兒子，找了雅科夫當他們的教父，不過這兩個孩子都在出生後沒多久就死了，因此在卡卡生下第三個兒子約瑟夫後，夫妻倆便找了別人來當教父。話說回來，坊間流傳這三個男孩事實上都不是鞋匠維薩里奧的兒子，而是很有生意頭腦的酒館老闆雅科夫的。

然而在喬治亞成為蘇聯的一部分後，這些都不再有意義。像雅科夫這樣的人成了全民公敵，開始被政府視為資本主義的走狗，被認為是健全蘇聯社會體制中的潰瘍。雅科夫的店鋪全沒了。他派兒子亞歷山大，也就是亞歷，去亞塞拜然的巴庫開餐廳，試圖挽救部分生意。亞歷焚膏繼晷，學會怎麼說土耳其語和亞塞拜然語，卻於事無補，而且那邊的布爾什維克黨也開始把他當資本家看待。

因此，他回到了喬治亞。

幸好沒多久後，列寧引進「新經政」，也就是新經濟政策，讓他們能作點小本生意。不消說，有生意頭腦的亞歷很快便開始重建父親的帝國。

亞歷靠的主要是遊說，而他也的確有那本錢（他當時是喬治亞人眼中的在地巨頭）。很快地，他就開了四家餐廳和一間葡萄酒批發行，其中兩間店面緊挨著軍人市集。那市集裡不止有賣傢俱、鞋履、被套和各類手工藝品，也是各行師傅聚在一起等發工的地方。不過在委託找上門前，師傅們總是靠葡萄酒和酒保格里沙賣的恰恰酒來打發時間。格里沙的恰恰酒都是直接從酒桶倒，還會拿煎香肝、烤肉串、魚、醃製品、紅皮蘿蔔和麵包等讓客人配酒。格里沙的一杯伏特加配小菜要價五戈比（一盧布等於一百戈比）。

第二間店叫「金錨」，管店的人也叫格里沙，但這純屬巧合。「一天，格里沙在吃他的早餐番茄炒蛋，亞歷突然出現，問他炒蛋有沒有在菜單裡。菜單裡沒有炒蛋這一項，於是身為店東的亞歷抄起平底鍋，一把往格里沙的腦袋敲下去：『既然這炒蛋那麼好吃，就該放到菜單裡啊。』」小伊凡．阿里哈諾夫回憶道，而他所說的亞歷在那不久後成了他的繼父。

除了市集旁的兩間店面，亞歷還有另外兩間，尤其是開在市郊的「達里爾」，為客人提供豐富的娛樂。負責幫他掌店的是一個叫斯特科的，不但很喜歡開玩笑，而且還天賦「異稟」。「每當『塔馬達』（喬治亞語中的餐會主持人）想作弄新來的客人，就會請斯特科上『招牌菜』，而斯特科就會把他的那話兒擺上盤，拿菜蓋住。」小伊凡繼續寫道。

不過，這名喬治亞商業鉅子真正的金雞母是「庫拉河」這家餐廳，因為那裡除了賣酒，也提供計時休息，因此在那裡出入的除了醉醺醺的酒客，自然還有醉醺醺的娼妓。

二〇年代末期，亞歷幾乎一天比一天富有。他深深愛上當時與他同住一棟樓的莉莉安娜．阿里哈諾夫。莉莉安娜是德國人，也是當地富商老伊凡．阿里哈諾夫去圖林根度假帶回來的妻子。莉莉安娜在圖林根是打掃房間的女傭，但長得太漂亮，讓老伊凡一眼便愛得無法自拔。年僅十八的她拋下一切，跟老伊凡去了喬治亞。老伊凡為免家族反對自己和女傭結婚，便先把她送給德國一名家道中落的男爵，再馬上讓兩人離婚，那麼他帶回喬治亞的就是個男爵夫人。多虧此舉，當時的菁英圈很快便接受她，而兩人的家也成了提比里斯地圖上重要的沙龍。

莉莉安娜也喜歡幹練的亞歷，尤其是丈夫患上重病後，她一個人要拉拔三個孩子，而且還是在一個受布爾什維克黨統治，語言又老是學不通的國度。隨著生活變得越來越艱困，她對亞歷的感覺也變得更加明顯。亞歷邀她和孩子們去了趟海邊度假，然後又去了第二次與第三次，就為了博她青睞。當時的老伊凡還躺在床上，躺在兩人同住的家中，雖然病痛纏身，一對眼睛還是雪亮的。

隨著老伊凡過世，這奇怪的情況終於畫下了休止符。

不久，亞歷與莉莉安娜舉行婚禮，共度生命中的甜蜜歲月。想起亞歷的加入為他們家庭帶來多少活力，小伊凡．阿里哈諾夫便一臉的仰慕。亞歷老是買禮物給他母親，帶他們和自己的孩子到庫拉河看唐提兄弟馬戲團的摔角表演。小伊凡也因為與繼父去看這些表演，接下來的人生就此與摔角綁在一起：先是選手，後轉為教練。

亞歷當時四十歲，而莉莉安娜三十七歲，這段期間是他們生命中最美好的時光，加上兩人都喜歡下廚，因此這段歲月中總是充滿美食。「不管是魚、肉、香草還是起司，家裡從來都不缺。」小伊凡回憶。

亞歷只有一個缺點，就是他對莉莉安娜有極強的占有慾，甚至禁止她化妝，因而被以前的朋友笑話他是亞洲人。

他們一個禮拜採買一次，而那可是件大工程。亞歷總是東嫌西嫌，討價還價，不管是番茄、杏子還是魚都得一一挑過。即便如此，商家還是喜歡跟他做買賣，因為他每次走出市集都是帶著兩個幾乎裝滿的籐籃，要想不做他生意也難。

他們會把一個籐籃帶回家。

另一籃則由亞歷帶去給住在前高加索地區，最高行政官莊園裡的卡卡．朱加什維利，也就是史達林的母親。這是亞歷的父親雅科夫派給他的工作，要他好好照顧這位前管家。即便兩人的婚外情已過了許多年，如今的卡卡也已皺紋滿布，同哥里年長婦女習慣的那樣圍著頭巾，遮掉半張臉，她對亞歷的父親來說還是很重要。她雖貴為領導人的母親，但退休金只夠過上十分簡樸的日子。史達林會給她寫信，而且字字真情流露，卻已多年都沒來探望，因此亞歷買來的東西雖常讓她覺得難堪，對她卻很重要。

對當時年紀還小的小伊凡來說，卡卡就像是奶奶，常會來家裡和他母親莉莉安娜玩賓果。有時，如果史達林嫡親的兒子雅科夫．朱加什維利，也就是卡卡的孫子剛好在提比里斯，亞歷也會去探望他們。雅科夫．朱加什維利這個名字對提比里斯的長舌公和長舌婦來說，又是另一個證據，證明亞歷的父親雅科夫．埃格納塔什維利才是國家領導人的親生父親，因為按喬治亞的傳統，長男都要以爺爺來命名。

2.

隨著新經濟政策的結束，莉莉安娜與亞歷詩情畫意的生活也畫下了句點。

「豬養肥了就該宰。」小伊凡多年後如此描述政府對生意人的新政策。這政策的目的就是要讓私人企業的稅越繳越多。「企業家每繳完一筆稅，政府就會再加一筆，然後又是一筆，一直加到納稅人沒錢付為止，最後『耐普曼』*只得啷噹下獄。」

莉莉安娜為了救亞歷，便把前任丈夫留下來的銀器、金錶和珠寶等紀念品，全賣給家族裡的人。然而這些到頭來全是枉然。一回亞歷付不出稅金，便進了大牢。不久前還是耐普曼的這些人全給判了重刑。當時還沒人曉得，這些人一旦入獄，很多都再也沒重獲自由。

莉莉安娜沒有坐以待斃，而是跑去找卡卡出主意。兩人一起去找喬治亞的共產領導菲利普·馬哈拉澤，馬哈拉澤則同意放了亞歷，但得有人頂替。史達林的母親立刻自告奮勇，馬哈拉澤雙手一攤：「我總不能逮捕史達林的母親。」不過他看兩人心意堅決，便同意讓亞歷的弟弟瓦西里（用喬治亞話說是瓦索）去頂替他坐牢。

亞歷出獄後沒有浪費時間，馬上動身前往莫斯科。他透過喬治亞的人脈（很可能是透過史達林的長子雅科夫·朱加什維利），找上了史達林。兩人在深夜談過話後，史達林不只下令免去他欠稅的刑責，還給了他一份只有史達林的親信才能做的工作——亞歷成了位於克里米亞的福羅斯鎮，黨中央委員會首座避暑別墅的總管。史達林也寫信給當時外高加索的共產黨領導拉夫連季·貝利亞，要他撤銷對亞歷的所有控訴。

從那之後，亞歷所報效的對象就變成了黨、國家及內務人民委員部，而具備生意頭腦和組織能力的他，也直接成為內務人民委員部裡的官員。

「我繼父用這種讓人跌破眼鏡的方式，以一名提弗里斯**失敗的餐廳老闆之姿，突然攀上克里姆林宮的官場巔峰，進入史達林集團的核心。」小伊凡寫道。

只不過這顆甜滋滋的糖果裡卻包藏了一顆禍心，而這顆禍心的名字就叫貝利亞。

3.

他喜歡親自折磨礙事的人，給他們抽指甲，讓手下當這些人的面強暴他們的妻子。拉夫連季·貝利亞是歷史罕見的惡劣人物。他為史達林組織了各種清洗及槍決行動，更是古拉格集中營的策劃人。因他而死的人數以百萬計。

---

* 指新經濟政策期間的私人企業經營者。

** 提弗里斯（Tiflis）是提比里斯在一八四五年至一九三六年間的舊稱。

此人為達目的不擇手段，而這點從涅斯托爾．拉科巴的故事便可驗證。拉科巴是阿布哈茲的共產黨領導，也是史達林的多年好友，更是貝利亞一路走來的精神導師。不過在這名喬治亞人與史達林走近後，貝利亞便開始有計畫地破壞他的地位。貝利亞布局緩慢，但鍥而不捨，直到一九三六年，史達林才總算點頭讓他暗殺拉科巴。貝利亞親自找拉科巴共進晚餐，藉機給他餵毒，然後冷眼看著好友嚥下最後一口氣。之後他又親手刑求拉科巴的妻子，並殺害拉科巴一對正值青春期的子女。

貝利亞一旦認定誰是敵人，不殲滅對方絕不罷手。亞歷被貝利亞的機關判定有罪，卻成功逃過牢獄之災，甚至上達史達林天聽，成功扭轉命運這件事，被貝利亞視為是對他個人的侮辱。

亞歷也因此成了他的眼中釘。

很難說亞歷是不是從一開始就知道自己的對手是哪號人物，但他鐵定知道一份能與史達林如此貼近的工作，絕非尋常。

在史達林身邊做事就像每天走一趟鬼門關。

然而在打理克里米亞避暑別墅的這件事上，亞歷想必是做出了成績，因為黨在一年半後就把他召回莫斯科，指派給他新任務：管理史達林在當時莫斯科近郊的孔策沃剛蓋好的別墅，以及包含擠奶場、菜園和雞舍在內的附屬農莊。史達林大概想像列寧那樣，確保他的食物來源衛生可靠並且有警衛把關。

這間別墅是史達林在妻子自殺後開始興建，設計者是梅爾扎諾夫——史達林的別墅幾乎都由他規劃，不管是莫斯科郊外，還是克里米亞，又或者是阿布哈茲新阿豐那間都一樣。屋子裡固定配有一百五十名警衛，安裝了六條電話線。外圍種了七萬棵樹，面向路的那邊還堆了幾座假山好掩住別墅，加強保全。在孔策沃這一大片土地上還有幾間給僕人用的房子，亞歷與莉莉安娜就住在其中一間。

喪妻後的史達林情緒沮喪，在這裡尋求安全的庇護。別墅裡有座玫瑰花園，他喜歡親手照料，另外還有果園、檸檬樹、蘋果樹和梨樹，甚至種了幾排西瓜。

亞歷僱了一名叫梅特列韋利的喬治亞人到廚房工作。這人來自拉恰，是個專出名廚的地方。「亞歷給他的薪水是一般主廚能領到最高金額的兩倍，只有一個條件：手腳不能不乾淨。」小伊凡寫道。「亞歷跟我們解釋廚師通常會偷食材，若是主管本身不老實，底下的人就會依樣畫葫蘆。用這種方式救下來的食材錢要比雙倍的主廚薪水多多了。」

他還雇用了一名十八歲的姑娘伊斯托米娜。這姑娘不久前還在首都一家工廠工作，不知怎地被國安組織相中，挑來當史達林的管家。伊斯托米娜成了日益年邁的獨裁者身邊的重要人物，不光給他做飯，也成了他的情人。

莉莉安娜的孩子們也搬到莫斯科上大學，每個禮拜都會到孔策沃探望她和亞歷，一家子得以共處片刻，回憶提比里斯的黃金歲月。即便亞歷和莉莉安娜如今過著截然不同的生活，他們依舊深愛彼此。在孩子們來探望的日子，莉莉安娜總會給他們煎沙朗牛排，煮馬鈴薯，準備一大堆用玻璃罐裝的醃漬品，有醃香菇、酸黃瓜、番茄和喬治亞的醬汁「特克馬里」（以黃李所製）與「阿吉卡」（以番茄及甜椒所製）。亞歷也總像以前那樣給她幫手。他們給孩子煮的東西都很簡單，跟當時史達林吃的沒什麼不同，比如史達林在五十五歲的生日宴上，給客人吃的就是酸菜湯和燉小牛肉。不過孔策沃裡的美味小吃就只能在孔策沃吃，亞歷在這方面可是個傑出的僕人，甚至連一罐醃漬品都不准孩子們帶去莫斯科。

亞歷將農場打理得有聲有色，不只為史達林和他的賓客提供食材，還出售部分農產品，主要是草莓，賣的對象則是鄰近的雜貨店。

他總是親力親為。小牛出生時，他是頭一個到牛棚。到了收割的季節，他就跟著底下的工人一起下田。他也會進廚房幫忙，不只一兩次和梅特列韋利一起在那邊待著，也會跟不斷擴編的別墅員工一起做事。

史達林吃的東西他常親手做，有時是在自己家裡和莉莉安娜一起做。領導人的母親卡卡他也沒給拋在腦後——亞歷會給她寫信，還要弟弟去照顧她。他在一九三五年寫道：「我精神上親愛的母親，我去看了索索*。我們聊了很久，他長胖了些，開了很多玩笑。」

亞歷是嚴格的總管，但處事應該也挺公平的。他的員工每天下班後都會聚在一起拉拉手風琴、唱唱歌，常常就這麼玩到天亮。「他在這座國家別墅裡所展現的創意、生意頭腦和才能，無人能比。」小伊凡在書中寫道，字裡行間在在透露他對繼父的能力與活力有著滿滿的欽佩。莉莉安娜與孩子多年來靠著認識史達林親信的這層關係獲益良多，也是不爭的事實。

亞歷同時也有軍官的身分，後來更成了蘇聯國家安全委員會（KGB）的將軍，只是亞歷的作風相對低調。他在組織裡的同事瓦希克，擔任史達林的護衛長，這人就老被指控強暴、濫權，甚至是偷竊食物，被史達林趕出組織好幾次。一回，史達林親自結算自己的開銷，算出來的結果是他每天吃掉十公斤鯡魚（這十公斤裡大部分都是瓦希克偷掉），還有一回是魚子醬的帳兜不攏。這類的指控從沒落到亞歷頭上——至少他從沒被抓包過。

可以確定的是，儘管亞歷一生都愛捻花惹草，他對妻子莉莉安娜的愛依舊勝過自己的性命。史達林身邊似乎有許多人都是這樣過日子。

4.

亞歷在史達林身邊站穩腳步後，有天突然問領導人想不想念喬治亞的食物。

* 史達林年輕時的綽號。

「弄一頓來讓我吃個夠吧。」史達林如是答道。

於是，亞歷就和莉莉安娜坐上火車前往提比里斯，裝了滿滿兩個車廂的食物：水果、火雞和桶裝的私釀葡萄酒（亞歷認為外頭賣的比不上農場主人自己釀的），甚至還帶了「投內」，也就是烤喬治亞麵包用的爐子。他還帶上了兩名以前的員工格里庫和帕維爾。格里庫之前是在他的酒類批發行做事，現在要負責打理史達林的地窖。帕維爾出身優秀的喬治亞家庭，和他認識最久，因為帕維爾家從上一代起便在亞歷父親的店裡賣葡萄酒。帕維爾一抵達孔策沃，大家便親切地喊他阿帕。阿帕先是進了警衛隊，不過亞歷看到他得在大冷天裡凍著身子開關柵欄，覺得可憐，就把他調去農場當屠夫，後來又改讓他當司機，負責把廚房備好的食物送去給人在克里姆林宮的史達林。

亞歷的喬治亞之行成了一場貨真價實的革命，先是改變了史達林的廚房，然後是全蘇聯的廚房。

史達林再度想起喬治亞的烹飪傳統和儀式，並且加以重視，將之移植到蘇聯的土地上。他的餐桌旁開始出現「塔馬達」，也就是喬治亞的餐會主持人，會帶賓客敬酒，請宴會嘉賓致詞，同時負責控管「蘇普」，也就是宴會流程。起初塔馬達皆由二線政客出任，不過史達林後來開始點名他喜歡的專業演員出馬。

史達林也注意到喬治亞人幾世紀來早就知道的事：廚房和喬治亞式的宴會是主人翁炫耀

財富與權力的時刻，是富人羞辱窮人的時刻，更是能把窮人整治得更加服貼的時刻。

如此不經意的反思在不久後化成了實際行動，被搬上克里姆林宮的餐桌：原本的簡樸不復存在，取而代之的是一如喬治亞富人家裡的那樣，過分豐盛的餐桌。克里姆林宮的餐桌即使在艱難時刻依舊過分豐盛，試圖展現出這個國家的地位、重要性及份量。

不過事情還不只這樣。當時農場裡的火雞寮姑且由莉莉安娜親手打理，沒人想得到這些火雞的用處竟是如此之大，因為一九三七年醫生給史達林開了飲食療程，菜單上的主要食材便是火雞肝。孔策沃的火雞不夠，因此亞歷便「開著他的凱迪拉克到莫斯科附近一帶找火雞。」小伊凡如是寫道。為了讓人相信史達林的孔策沃別墅總管是真有一台公務用的凱迪拉克，小伊凡（也就是亞歷的繼子）還附上一張母親與那台車子的合照當證據。那車亞歷有時自己開，不過更多時候是由他的司機納達耶夫駕駛。

小伊凡接著寫道：「當時我已在體育研究所讀書，在生理學唸到肝臟會儲存多餘的醣，便要母親在給火雞吃的玉米球裡加上一杯糖。火雞的肝臟在短時間內長成三倍。我向繼父打趣地說，要他提名我角逐史達林獎。」

廚房改做喬治亞菜後，史達林極為開心，跟亞歷的距離也拉得更近。亞歷當時是否已經知道如此親密的關係將有多危險？知道一個人若是長年與「民族太陽」處得這麼近，有可能會引火自焚？

他大概還不知道吧。

與此同時，由貝利亞組織的大清洗行動持續席捲全蘇聯。當時貝利亞已從高加索搬到莫斯科定居。一批又一批反政府人士不是被抓去情治單位總部盧比揚卡大樓裡的酷刑室，就是被關進勞改營，或帶到行刑隊的槍口前。遭到槍決的人士有作家、軍官、畫家，以及白俄羅斯、韃靼、烏克蘭和波蘭等各個民族出身的知識分子。所有曾經和史達林親近過的人，都知道這樣的命運隨時都可能會落到自己頭上。不過亞歷安慰自己，認為自己和領導的友誼（大概還有血緣羈絆）比政治力量要強上許多。

孔策沃的員工依舊在夜裡拉手風琴，美麗的莉莉安娜也照常在玉米球裡摻糖餵火雞。

5.

一九三八年九月，史達林的保安主任瓦希克成了國家安全總局第一局局長；順帶一提，這人也是亞歷的好朋友，常去拜訪他。亞歷被任命為副局長，負責經濟事務，獲頒少校軍階。他們隸屬內務人民委員部體制，但直接聽命於史達林。

貝利亞也同樣登上事業巔峰，在一九三八年成為內務人民委員。他負責將蘇聯占領土地內的各民族大規模驅逐出境，當中也包括波蘭人。二戰爆發後的一九四〇年，波蘭軍官在卡廷慘遭謀殺一事也是他所主使。

世局愈發嚴峻，甚至在和平的孔策沃裡也能感受得到。第二次世界大戰在歐洲持續進行。雖然史達林與希特勒在一九三九年簽了協議，劃分好勢力範圍，但緊繃的氛圍就連在領導人跟前都十分明顯。

亞歷的肩頭擔了更多責任，不再那麼常為史達林做飯，而是負責處理一項更重要的任務：戰事越近，領導越擔心自己的安危，亞歷得保證端上領導人餐桌的食物絕對安全。在這件事上他投入全心全意，最常採用的方式就是親自試菜，而這也讓他獲得了「小白兔」的綽號。

喬治亞的葡萄酒他親自去載，任何東西只要亞歷沒經手（或經口）就絕不可能進史達林的嘴。就連史達林餐桌上的魚，也都得從亞歷打理的農莊裡來，為此士兵們還挖了兩座池塘，放滿鯉魚。問題在於，史達林最喜歡吃的魚是鯡魚，而這種魚可不是池塘養得出來。

國際情勢每個月都更加緊繃。

亞歷看見在蘇聯的德國人處境日益艱難，一心想保護畢生摯愛的他，懷著沉重的心情勸說莉莉安娜返回德國，但這種話她根本聽不進去。一來，雙親已故的她沒地方好去，而遠房親戚也沒打算和她這個遠嫁喬治亞蠻子的親人重建關係。二來，她知道一旦離開，就會給自己和兩個兒子，還有她的親愛丈夫招來厄運。

於是，莉莉安娜給史達林寫了封信，坦承丈夫要她離開蘇聯，但她沒有同意。她想留在俄羅斯，盡其所能為這個接納她的國家效力。

史達林沒有回信，但莉莉安娜留了下來。然而亞歷知道自己得使出渾身解術救愛妻，更何況貝利亞也是當時史達林身邊的親信，想也知道這人還在記恨當初不得不把亞歷放出監獄的羞辱。

貝利亞這頭也知道亞歷與史達林頗為親近，不便與他正面交鋒。亞歷在每個重要場合都陪在史達林身邊，比如接見德國外長里賓特洛甫（也就是德蘇互不侵犯條約的德方簽署代表），又或者是在孔策沃舉辦重大會議時。

史達林時常利用他人的妻子來達到恐嚇和緊迫盯人的目的，但到了莉莉安娜頭上卻不是這麼回事。史達林祕書波斯克列貝舍夫的妻子在一九三九年遭到逮捕，蘇聯名義國家元首加里寧的妻子在勞改營裡過了八年，身兼蘇聯元帥及國防人民委員的伏羅希洛夫，在情治單位「契卡」上門時得靠手槍來保護妻子。只有亞歷成功守住愛妻，沒讓她被逮捕。

亞歷很清楚莉莉安娜隨時可能是下一個受害者，更何況史達林與希特勒的聯盟不可能永遠持續。雙方一旦鬧翻，她的德國身分就會顯得格外刺眼。

他也知道自己的對手是殘酷的貝利亞，明白自己沒辦法像伏羅希洛夫那樣保護愛妻。

6.

亞歷夫婦雖然住在史達林別墅的土地上，但史達林其實只去看過他們一次，那是一九三八年。史達林毫無預警地造訪嚇得莉莉安娜往窗簾後頭躲，史達林則半開玩笑半是訓誡地說：「女主人家不該躲起來。」

陪在史達林身邊的人，正是貝利亞。這人在提比里斯就已經很清楚莉莉安娜是哪號人物——當時他作為在地共產黨員，曾經徵用了她的房子。縱使貝利亞肯定記得莉莉安娜，他仍然當作兩人是初次見面那般自我介紹。

這可不是什麼好兆頭。

史達林之所以會去造訪亞歷和莉莉安娜，是因為亞歷一家來了位特別的客人，而且已經在家中住了十幾天。那是喬治亞來的鞋匠達特，多年前曾在史達林的父親維薩里奧底下當過學徒。亞歷在喬治亞遇到達特，便把他帶回來要給史達林一個驚喜。個性老實的鞋匠在孔策沃玩了幾天，備受史達林讚賞，因為他在被問到有沒有哪裡需要幫助的時候，只是請已經登上最高位的同鄉一同唱歌。「還好亞歷找到我，不然我到死都不知道你怎樣了。」他在午餐時這麼說，而這話可把大家都逗笑了——當時國內上上下下早已掛滿這名國家領導人的肖像。

一夥大男人又互相揶揄了番，直到在某個笑話之後，達特威脅要把史達林的褲子脫下來打屁股，「打得跟你的旗子一樣紅。」

奇的是，這句話讓史達林樂翻了天。老人的到訪讓他短暫回想起童年時光。國家領導人也跟莉莉安娜交談了一會兒，甚至找到喬治亞人和德國人間還有那麼點血緣關係，然後像是要驗證自己的這番話，把當時剛好在孔策沃的喬治亞人全叫到了亞歷家，開起一場小小的「蘇普」（宴會）。多虧有老鞋匠的造訪，亞歷和莉莉安娜頭上的烏雲似乎散開了。

「我想把史達林造訪我們家的這件事，看做是他想為繼父和貝利亞兩人緩頰，想對貝利亞展現他和我們一家人的友好關係。」小伊凡在多年後寫道，「不過按常理思考，他在那個動盪的時期來造訪我們家，也可能只是為了讓他身邊的人更加痛恨彼此。如果是這樣，那他的目的顯然達成了。那次造訪讓貝利亞更加痛恨我繼父，我們所有人都為此付出了極高代價，而犧牲最大的正是我的母親。」

7.

一九四一年六月，俄羅斯人透過收音機聽蘇聯外長發表談話，說希特勒的軍隊不宣而戰地入侵了他們的國家。大部分人心中都激起高昂的愛國情緒，篤定這場戰爭最多持續數月。鮮少有人思忖為何發表這番談話的是外長莫洛托夫，而不是國家領導史達林同志本人。

史達林在當時受了不小驚嚇，連話都說不出來。根據時任德國宣傳部長戈培爾的說法，整整數個月，史達林都像被蛇催眠的兔子。一開始所有的情報先機都掌握在他手中，但他遲遲不願相信希特勒確實計畫攻打他的國家，後來他又無法有效阻擋德意志國防軍的攻勢。

交戰第二天，蘇聯損失超過兩千架飛機，德軍只損失六十一架。交戰第五天，德國第五十六裝甲軍已在往列寧格勒的半路，所經之處幾乎沒遇上頑強抵抗。交戰頭三週，紅軍陣亡兩百萬人。幾支蘇聯部隊在斯摩棱斯克近郊遭德軍埋伏，三十萬俄羅斯人因此成為德國人新一批的階下囚。

蘇聯對這場戰爭一點準備也沒有，這是全國為史達林對軍官的大清洗行動所付出的代價——一九三七至一九三九年間，總共有四萬名軍官遭到逮捕，其中一萬五千名被射殺。一如作家安娜．里德寫道：「當中包含五名元帥中的三人，十六名軍團司令中的十五人，六十七名軍長中的六十人，一百六十九名師長中的一百三十六人，以及二十五名上將中的十五人。」

史達林身邊的人開始為親人保命。亞歷把莉莉安娜送去蘇聯人為預防希特勒占領莫斯科而設的備用首都古比雪夫，自己則留在史達林身邊陪他度過整場戰爭。他會選擇古比雪夫也不是沒有道理，那裡不管離前線或貝利亞都很遙遠。

更何況戰事爆發後，全國開始搜索俄羅斯內的德國人。有些人從凱薩琳大帝時就住在俄羅斯，有些人是從國外來侍奉歷屆沙皇。光是從聖彼得堡被流放的德裔俄國人便超過三萬人。

莉莉安娜也進了監獄。

亞歷相信自己能把她救出來。

戰爭如火如荼，俄羅斯人損失不斷。只靠少數幾個橋頭堡保衛的史達林格勒被德國人逼近，北方的列寧格勒也被德國人包圍，希特勒決定不強攻城池，而是用切斷城內糧食供應的方式將之拿下。德軍也逼近莫斯科，不過這座城他們怎麼樣也打不下來。

這段期間裡，亞歷一個人當兩個人用，冀望能在如此艱難的時刻向史達林證明自己有多忠心，藉此拯救自己和莉莉安娜的性命。

菜單

喬治亞酸菜湯

- 醃高麗菜800克
- 牛肉200克
- 小牛肉200克
- 雞胸肉200克
- 紅蘿蔔100克
- 香芹根一條
- 奶油50克
- 番茄泥2湯匙
- 麵粉2湯匙
- 洋蔥1顆
- 蒜頭1大瓣
- 鹽、胡椒

小牛肉及牛肉放在一起煮，然後等份切開。把三公升的水淋在煮過的肉上，用中火煮開，高湯滾後把火轉到最小，加鹽調味，慢火續煮兩個半小時。

熬湯的同時，另起一鍋水煮雞胸肉。高麗菜切過後放入高湯煮十分鐘。

蔬菜切成小丁。把奶油放進熱好的鑄鐵深鍋或單柄鍋化開，加入切好的蔬菜拌炒至洋蔥及香芹根呈金黃色。灑入麵粉，快速攪拌一分鐘，加入純番茄汁拌勻，續煮兩分鐘。

加入煮過的雞肉與高湯。所有的材料一起再煮三十分鐘。

堅果醬

- 糖1公斤
- 水600毫升
- 新鮮核桃1公斤
- 檸檬酸3克（或檸檬汁1湯匙）
- 香草粉1克

首先你得將核桃泡水，要泡兩天，記得每三到四個小時就要換水。兩天後將水瀝乾，核桃放到水龍頭下沖洗，接著泡水再放兩天。

第五天將核桃放入滾水煮十分鐘，接著倒進濾勺。糖加兩杯水煮並用湯匙撈掉泡沫。加入檸檬汁、香草粉，再放入核桃。果醬放涼後再煮一次，接著重複兩次放涼續煮的步驟。

這就是史達林的母親卡卡透過亞歷．埃格納塔什維利，直送克里姆林宮給兒子的果醬。

烤小羊肉

- 小羊肉1公斤
- 洋蔥2至3顆
- 喬治亞乾葡萄酒
- 克非爾*——每1公斤的肉兌0.5公升的克非爾

將肉切塊，與切成丁的洋蔥拌在一起。接著倒入葡萄酒將肉覆蓋。靜置醃幾個小時。烤前一小時倒入克非爾，烤前半小時依個人喜好加入鹽、胡椒及調味料。

史達林自己為他的孩子和最親密的夥伴準備烤肉時，就是用這個手法醃肉。

亞歷山大・雅科夫列維奇・埃格納塔什維利©Alikhanov family archive

莉莉安娜・阿里哈諾夫©Alikhanov family archive

* 克非爾（kefir），牛奶發酵後的飲品，質地濃稠，味酸，微帶氣泡。

第六盤　列寧格列圍城下的麵包師傅

塔瑪拉．安德烈耶芙娜是名九十出頭的女性，身材豐腴，充滿活力。像她這樣的老婆婆如今大概只在世界的這一端才能找到。她果斷堅強，經歷過戰爭與饑荒，對這世界已無所畏懼，卻仍保有一顆溫暖善良、對人友好的心。我們共同的友人給我們在市中心設了個約會。我們才握手寒暄，我預先叫的計程車便開過來了。坐在方向盤後頭的是個來自高加索的年輕男孩，他們整個俄國到處跑，哪裡有工作就往哪裡去，因為在他們國內找工作不大容易。司機的膚色有點深，鬍子修剪得很整齊。他的後照鏡下方不像大多數司機那樣吊著芳香劑，而是本袖珍的可蘭經。

「平安[**]，兄弟。」安德烈耶芙娜與他打招呼。「你從哪來的？印古什？你們那裡有種叫楚雷克的麵包，用玉米粉跟克非爾做的，很好吃。現在把計程錶關掉吧，因為這趟你要跑

** 原文是色蘭（Salam Alaykum），穆斯林問候語，意指「願真主賜你平安」，此處借用「平安」之意。

免錢的。衛星導航也關掉，你現在是在我的地盤，我來幫你帶路。」

印古什人一頭霧水地望著她，又轉頭看看我，貌似對免費載客這事不大開心。我也覺得該付錢，但安德烈耶芙娜卻警告我不要多事：

「至於維特多你呢，別出聲，我們現在在列寧格勒，而我可是當年圍城活下來的人，所以我有我的特權。」

抵達目的地前，這名我剛認識的九十歲女性，就已經從印古什人口中問出他家族確切的發源地（還要他在地圖上指出來），也問出我的祖宗八代（指認地圖當然也少不了），然後她指給我們兩個看，列寧格勒圍城期間餓死的人屍體都被丟在哪兒，最後則是她工作的麵包店：多虧有那份工，她才能活了下來。

「怎樣？兄弟，你應該不打算收我錢了吧？」她最後還問了司機這麼一句。

對方的確沒這打算，而且還說不管她什麼時候、要去哪裡，都只要給他一通電話就行。

1.

踩著樓梯，我們一路爬上第五層。不過這棟樓蓋於戰前，樓層偏高，使我覺得好像已經爬了七層樓。安德烈耶芙娜腳痛，每兩三階就得停一下，但她的好心情可是一刻也沒變差。

「我到八十歲都還在爬這階梯上五樓。」她說。「後來我想通了，只要每天爬這樓梯，就能長命百歲。我這輩子都閒不得，又是聽歌劇，又是看戲劇，也參加閱讀俱樂部，這樓梯每天甚至得爬上個五次，所以我手腳一直很靈活。如果我住的是一樓，我恐怕早斷氣了。」

我們總算爬上頂樓的安德烈耶芙娜家，再上去就只剩屋頂，屋頂上頭只有天空，而在天空裡的是我們的造物者，也是塔瑪拉女士深信不疑的崇拜對象。主人家先是燒了水煮茶，接著娓娓道出那段歲月——無論是對這座曾叫列寧格勒的城市，對她的家人，或是對整個俄羅斯來說，都是一段最為艱難的歲月。

「維特多，一九四一年剛進入六月的時候，一切感覺都很不真實。什麼戰爭？我們這裡當時可是永晝啊，大家都在街上，姑娘們都在和水手們吃嘴巴。這些是當時十二歲的我注意到的事情，所以我記得很清楚。」安德烈耶芙娜一邊說一邊盯著我看，像是要檢查我知不知道一個十二歲的女孩能注意到什麼。我毫無頭緒，但我相信她的話，她則用滾水替我們沖了茶包，繼續說：「我也記得自己認真想過，這一切是不是到了八月底就會結束，我們也會正常去上課。我爸爸跟芬蘭打過仗，大概是在當時的一年多以前，離家也不過四個月。不過我不知自己當時為什麼那麼篤定。來啊，維特多．米洛斯瓦沃維奇，茶在這裡，糖在這裡，草莓果醬在這裡，來。你別問我為什麼覺得我們解決德國人會比解決芬蘭人還快。」

2.

當時的氛圍好極了。大家都想對抗希特勒，所有的人，真的是所有人都確定德國人跟我們打是一點機會都沒有。

天哪，我們當時是有多蠢啊。

不過我們當時也無從得知德國人深入俄國領土的速度有多快，畢竟廣播對此隻字未提。即使哪座城市快要失守，他們也只說我們「遇上十分難打的硬仗」，但不會說我們最後還是丟了城。直到過了一段時間，大家才學會怎麼聽那些消息。「遇上硬仗」代表我們正在撤退，「遇上十分難打的硬仗」則代表我們輸了，而且通常是好幾天前就已經輸了。

接著到了七月，然後八月，戰爭還是一點都沒有要結束的跡象。男人都應召入伍，連同孩子在內的部分人民被迫撤離。德國人作風殘忍的消息不斷傳來，聽說他們在某個地方開槍掃射手無寸鐵的市民，又在某個地方虐待民眾。「硬仗」離列寧格勒越來越近。

從七月開始，麵包得憑券購買，不過當時還沒人想到會發生饑荒，所以有些人根本沒去買。倒是有些人已開始起疑。蘇聯時期，一棟大樓裡會住很多家庭，叫公共住宅。我們住的公共住宅裡有個鄰居是烏克蘭來的，我們都管他叫歐斯塔普叔叔，而歐斯塔普叔叔跟他太太在那時候就已經盡可能把麵包都買起來。當時的麵包還很便宜，他們把麵包放到火爐上烤成麵包乾，大家都笑話他們。不過歐斯塔普叔叔說他們從烏克蘭大饑荒活下來都還沒過十個年頭，不想再經歷一次同樣的事。我們的警衛費多叔叔甚至要他別再這麼做，因為祕密警察可能會找上門，說他宣傳失敗主義，會把他抓走。不過歐斯塔普叔叔堅持己見，而祕密警察也沒有找上門。

維特多，如果這是一齣劇，那我會說恐懼堆疊得很慢很慢。

我跟媽媽被叫去城外挖壕溝，說是要擋坦克車用的。即使到了那時候，我們都還覺得情況很不真實。什麼坦克車？什麼德國人？紅軍怎麼可能放他們通過！不過我們還是挖了。大家都得出一份力來保衛祖國不受法西斯染指。我哥哥彼得聽說德意志國防軍在哪裡把一個年輕女孩射成馬蜂窩，就自願加入紅軍效力。他還得偽造文件，因為他當時太過年輕，只有十六歲。我記得自己他在出門前還跟他說過話。我當時覺得很驕傲，他要去為祖國打仗。我這哥哥真讓我覺得太了不起了。

我再也沒見過他。

我爸爸在市政處工作。一九四一年以前，他手下管了一票負責掃街的男人。他是頭一個明白戰爭不會那麼快結束的人。某天他下班回來，沮喪地跟媽媽說：「列寧格勒沒有儲備糧食，現在的份量只夠用兩個月，也許一個半月。要是德國人把我們圍住，這裡會鬧饑荒。」

也就是說，我們的鄰居歐斯塔普叔叔可能是對的？也許我們也該來做麵包乾？不過沒人想到這點。當時大家都在傳德國人想盡快拿下這座城，沒人想到他們會把我們團團圍住，讓我們受困兩年半。

我父母早年（內戰期間和布爾什維克黨剛上臺的頭幾年）就知道饑荒是怎麼回事。媽媽以前跟我講過，當時的人會吃烏鴉，而她自己之所以能活下來，就是因為有人送他們四塊馬蹄，被外婆煮成了黏糊糊的湯。不過呢，維特多，你也知道，當你的父母或祖父母跟你講他們遇過饑荒，而你卻是在每天有白麵包當早餐，學校有兩道菜當午餐還配水果飲的國家裡長大，你就不會把他們的話當真。你會想：「這種事太荒謬，我這輩子都不可能會遇到。」

唉，我也是這麼想的。一直到八月，列寧格勒裡還是沒有人覺得會鬧饑荒。

不過那幾個月裡所發生的大事，大家是在戰爭過後才知道。比如我們都已經被包圍，列寧格勒的食物卻還一直往莫斯科送。又比如史達林想趁局勢還允許，派火車來援助我們，卻被咱們當地的共產領導日丹諾夫拒絕了，因為他想展現列寧之城能自力更生。就連德國人都已經來到城外，他還是滿腦子只想著自己的政治生涯，沒把人民死活放在心上。

我還記得他們頭一次進攻的時候，我們那棟樓的孩子全擠到窗邊。我們當時住在離尤蘇波夫宮不遠的公宅，廁所在走廊，廚房共用，到處都是小孩。父母跟我們說這樣很危險，會被碎片打到。當然我們是該跑去避難所，不過一開始沒什麼人這麼做，我爸爸甚至繼續吃他的午飯，就好像所有人都想讓德國人知道他們有多懶得理會。

那時還能在商店裡買到食物，不過價錢變貴了，而且漲價漲得很快。我記得媽媽打算買五公升玻璃罐裝的黑魚子醬，價錢卻貴到相當於她一個月的薪水。我記得我們走出商店後，媽媽說價錢不該這麼波動，魚子醬不能賣這種價。不過後來我們從市區走過，其他商店的貨架都已經空了。

那天我們沒來得及回頭去買那罐魚子醬，所以我們隔天一早就去，還好那罐魚子醬還在。媽媽付了錢，我們兩人一起搬回家，深怕路上會砸了。

然後我跟你說，維特多先生，那罐魚子醬後來可是救了我們的命啊。

德國人的攻擊越來越頻繁，而政府就連在九月十月情況明顯已很糟的時候，還跟大家講列寧格勒有兩年存糧。要是大家當時知道實情，有多少人能逃出城，有多少條命能獲救啊！

不過人命總是不值錢，只要城沒丟就好。因為史達林跟政治局自個兒想了一套劇本：不管發生什麼事，史達林格勒和列寧格勒都絕對棄不得。

3.

九月八日，德國人封鎖整座城。同一天，巴達耶夫商行被燒掉，那是城裡最大的糧倉。空氣中散發焦肉味。我開始哭，那大概是我頭一回意識到戰爭不會結束，而我們接下來的幾個禮拜、幾個月會很辛苦。不過媽媽很堅強，叫我別只顧著哭，說我們四個人（哥哥在前線，但我們當時還不知道他已經死了）肯定有辦法撐過去。

差不多同一時間，媽媽加入自願隊清理掉在屋頂上著火的炸彈。那可是很辛苦又很危險的任務。炸彈落在屋頂後，媽媽有十到十二秒的時間，用一根尖端磨利的特製鐵棍把炸彈戳下地，不然炸彈會在屋頂爆炸，整棟樓都可能燒掉。

舊城區的每棟樓都有一隊這樣的人。我很驕傲我媽媽能做這麼勇敢的事。再一次地，這是傻孩子的胡思亂想，不過我一直等著有天炸彈真落到我們屋頂，讓媽媽給戳下地，然後大家都會誇她，給她頒獎牌，這樣我就能更為她驕傲了。

我父母都在工作，哥哥在前線，所以就由我負責採買，而糧票差不多就是在那個時候開始發行。我記得東西一天比一天難買。人們相互推擠，想盡辦法插隊，還大打出手。當時大夥兒還有力氣打架，幾個月後就沒人有力氣打了。

就在那時候，十月底，我的學校竟然開學了。能再看到同學是件多開心的事啊！我們的課幾乎每天都被德國的空襲打斷——現在大家都會老老實實進防空洞，不過我們的班導師安娜．特羅菲莫娜就連在那裡頭都繼續給我們上課。我還記得這樣不真實的場景：空襲警報響起，炸彈落下的哨音就在不遠處，而安娜．特羅菲莫娜卻在跟我們講義大利的文藝復興。我當時心想，這也是一種死法——一邊聽米開朗基羅的故事一邊死去。

不過我們沒人送命，至少不是那天。學校一路開門到圍城結束，但我後來已經沒去上課。學校裡每天都能領到一盤暖暖的湯，那可是意義重大，因為政府在十一月限縮了糧食配給。有工作的人在這之前每天都能領到兩百五十克的麵包，沒有工作的人和小孩，也就是我，只有一百二十五克。維特多，請看一下，我來給你切塊麵包，讓你知道那是多少。你看到了嗎？薄薄的三片，而且還是摻了一半纖維素的麵包。至於他們是加了什麼進麵包呢，我等等說給你聽。

話說回來，當年有時連這種麵包也領不到。

大饑荒開始了，而我認識的人也開始死去。樓下的小姐，爸爸的哥哥，最後連歐斯塔普叔叔也死了——他是準備了麵包乾沒錯，卻患上痢疾，麵包乾根本派不上用場。

我是給學校的湯救了，另外家裡那罐媽媽不知怎買到手的魚子醬也救了我們。還有我父親買的一盒漿糊，那是盒好漿糊，用魚油做的，現在已經沒人做了。那東西吃起來很奇怪，不過餓個幾天後，吃什麼都一樣了。我把能找到的東西都往肚裡頭塞。媽媽每天給我們兩匙魚子醬配麵包，還把漿糊做成果凍。離我們最近的商店是在格里博耶多夫運河附近，不知道為什麼還有芥末醬賣。只要我們忘掉果凍其實是漿糊做的，配這芥末醬就還能嚥得下去。

當時大家越來越絕望。有些人拿桶子去巴達耶夫商行的遺址裝土，摻水進去想把糖分離，以獲取些許熱量。

市政府給我父親派了新任務。他得帶著底下的四個人去每棟樓，問警衛哪間屋子可能死人，要是找到了，就得送去墓園。一開始他們有馬拉車，但是後來馬不見了——肯定被人吃了——他們只得自己拉車。入冬後，他們把馬車換成了雪橇。

不過到了冬天，他們已經不用挨家挨戶找，路上就有死人——這些人出門辦事，就沒再回家了。離我們家不遠的格里博耶多夫運河裡飄著小小的屍首，大概是個八歲男孩。也許他是下去取水，然後就沒力氣爬回來了？我不知道，不過我知道我們很快便習慣這樣的景象。

4.

新工作讓爸爸感覺糟透了。他工作的很努力也很吃力，回到家則是又累又沮喪。我想我們當中只有他知道事情到底有多嚴重，而他認真以為接下來就會輪到我們，整個列寧格勒的人都會死絕。

那些日子裡，我記得自己有天在排隊買麵包，我想確認是不是所有人都買得到，就往前再走幾十公尺一路去到了店門口。結果德國轟炸機飛過，原本排在我前面的女人當場死亡。怎麼我沒事呢？

為什麼走運的是我，不是她？我不知道。我每天都問自己，問上帝這個問題。

無論如何，我們一天比一天確定這個冬是活不過了。我感覺自己每天都更加虛弱一些。最難熬的月份是二月，最冷的一個月。我們家早就把能燒的都丟進「布主卡」，也就是家裡的火爐燒，就連一部分的地板和大部分的傢俱都丟了進去。沒人有力氣出門。我不再去學校，而爸爸下班回來後，幾乎沒力氣上二樓看我們。

後來，我在一週內接連沒了父母。

起先是父親被徵召上前線，五天後便出門了。又過了幾天，媽媽在樓梯上跌倒摔傷骨盆，得送去醫院。奇的是醫院一直都沒關門，醫院裡甚至還有食物。很多人因為進了醫院而保住一條命。

於是，家裡剩我一個，沒有父母，沒有柴火，沒有食物，外頭氣溫零下十五度。我沒力氣去看媽媽，她自己一個躺在病床上，也辦法為我做什麼。我記得有一天我就這麼坐在窗臺上，動都動不了，只有等死。

我當時發高燒，意識混亂，夢到有個女人帶我上我們那棟樓的屋頂。我跟在她後頭，她很溫柔地著對我微笑，直到我倆站到了屋頂邊緣。我本來想，這是我媽媽。我看了她一眼。

「我們要跳嗎？」我問。

她卻對我露出一個溫柔的笑容，我看見那不是我媽媽，而是聖母；我在一個信天主教的女同學那裡看過一幅畫，她就是那畫裡的樣子。

「不，孩子。妳會活下來。」她回答。

我跟她抗議：

「我根本沒東西吃，沒有柴火，周圍的人一個個死去，我一定撐不過去！」

她又笑了一下。

「妳會活下來的。」她又說了一次。

我知道，維特多，這故事很難叫人相信，不過當時周圍有那麼多人死，要不發生這種超自然現象也難。不一會兒，我被托菈阿姨叫醒，她是警衛費多叔叔的妻子。費多叔叔要她來看看我是不是還活著。阿姨給我帶來一小塊麵包。她從罐子裡挖出剩下的魚子醬，在麵包上抹兩匙，甚至可能是三匙——不會再多了，她說「不然妳的腸子會打結」。然後她拖著腳步回去找先生，討論該拿我怎麼辦。他們是好人，費多叔叔跟我媽媽同是一個炸彈清理小隊，他們有兩個兒子，一個在戰前就死了，另一個叫伊格爾，小我兩歲，是他們的心肝寶貝。

費多叔叔有親戚在城裡麵包店做事。他跑去找那親戚談，說有這麼個小女孩，哥哥和父親都上戰場，母親在醫院。麵包店的人聽了原本不以為意，因為在饑荒的時候，人人都想進麵包店工作。不過費多叔叔自有一套辦法：他們給我兩天時間恢復力氣，然後就得上工去。

我於是去了。我記得自己綁不了鞋帶，起先我很驚訝自己的雙腳在老是餓得受不了的情況下竟然還會長大——後來我才恍然大悟自己根本沒長大，而是整個人餓到發腫。

我得在半夜兩點出門，麵包店的工作就是這樣。我走了很遠的路。我住在涅瓦大街附近，從我家走去麵包店正常大概需要一刻鐘的時間，不過當時花了我超過一小時。當我進到店裡後，真是進了天堂。奇的是，那裡頭沒有麵包香，而是引擎油的味道，因為他們沒有東西能拿來抹烤箱，但烤箱沒潤滑可不行。不過光是看到麵粉，看到麵包店的白色圍裙，看到烤盤，這一切都讓人覺得安心。有麵包？那就表示這個世界還在轉，也許我們有辦法度過。

資深的麵包師傅來歡迎我。他頭髮灰灰的，梳著油頭；他圍裙也灰灰的，沾滿麵粉。

「我是維亞切斯拉夫．伊萬諾維奇。」他自我介紹。

「我是塔瑪拉．安德烈耶芙娜。」

「怎樣，小塔？我們開始吧？」

「開始吧。」

伊萬諾維奇帶我去其他麵包師傅工作的地方。我領到一套跟大家一模一樣的白色制服和帽子，並且被告知不能偷東西（每條麵包都是數過的，麵粉也是），還說偷東西會被槍決。我向在場的人自我介紹，跟他們握手，然後就開始做事。

我要把準備好的麵糊倒進金屬烤模，這是份無趣的工作，一做就是好幾個小時，不斷重複。

不過啊，維特多，有件事你得知道。圍城期間，列寧格勒的麵包不是你所熟悉的那種。

我已經跟你講過城裡的儲糧只有一個月，政府在冬天試著透過結冰的拉多加湖（那是我們跟外界聯絡的唯一管道）運進各種補給，不過德國人把物資炸掉，大部分都沒送達，因此我們的專家把能找到的東西都拿來做麵包。麵粉的材料是燕麥和裸麥，還加了松樹的針葉粉、亞麻碾壓完的殘渣、絞碎的樹皮與纖維，以及所有中央給我們運來的東西。這種麵包的味道不好聞，我也已經跟你說過我們甚至連烤箱用的食用油都沒有。不過我還是很歡喜。麵包代表生命，維特多，在像被圍住的列寧格勒這種地方，你的感受會很明顯。打從在麵包店工作開始，我就覺得自己從原本的面向死亡，轉身面向了生存。

頭幾天，工作上的同志——我們都這樣稱呼彼此——會給我提點，在我跟不上的時候睜一隻眼閉一隻眼。不過一個禮拜過後，我就跟上他們了。我們知道大夥兒能不能活全靠我們，因此所有人真的是全心投入工作。

在那麵包店裡，我真是如魚得水，一點都不想離開。話說回來，何必平白消耗力氣？一段日子後，走去麵包店的時間變成半小時，回去又是半小時，而大夥反正沒精神做其他事，沒必要白費力氣。只有有家室的人才回去睡。

我睡在麵包店裡。

有時我在城裡走動，看到有人出門後就死在路上。有時親人會把他們用雪橇運去墓園，不過有這等力氣的人是很少見了。那些人大概就這麼躺在原地，等市政府來收。我走在路上，看到人們排隊等領他們的一小塊麵包，心裡便想著為什麼自己會那麼幸運。為什麼可以在溫暖麵包店裡工作的人是我？為什麼能分到多一丁點麵包的人是我？是怎樣的法則運行，讓這好運落到了我頭上？

直到有一天，春天突然來了。整個列寧格勒都讓我認不出了！活下來的人開始走出家門。一天過一天，每一塊土地，是真的每一塊土地都有人種東西。紅蘿蔔、白蘿蔔、高麗菜、蕪菁、大頭菜、甜菜、香芹、生菜，每塊土地都種了菜，就連聖以撒主教座堂前的小公園、夏園和戰神廣場也不例外。大一點的田地裡都蓋有瞭望塔，就像獵人打獵時設置的那種，常有警察帶槍站在裡頭。東正教主教座堂旁邊的整個區塊也種滿了高麗菜。

植苗與種子是從莫斯科和其他城市特別用飛機載過來，再分送到城裡的各個區域。民眾也可以去植物博物館領，那邊還會開課教人民野菜如何吃才安全。

我感覺體內開始有生氣回流。要是我們撐過了這冬天，那麼下一個冬天就會準備得更好！

城市裡已沒有半根雜草，偃麥草、牛蒡、蕁麻等早已不見蹤跡，鳥、狗及貓也沒剩半隻。所有能吃的東西全被人們在冬天吃光了。

五月一日勞動節（共產黨月曆上的大節日），跟我一起工作的家長們把孩子帶來麵包店，每個孩子都拿到一塊甜甜的小麵包。那是我們天還沒亮就特地用白麵粉烤出來的，白麵粉在當時可是讓人想像不到的珍稀，是伊萬諾維奇特別從城市的另一端開車載過來的。

只不過這甜甜的小麵包我沒領到。維特多，我當時哭得可慘了！那些孩子有些年紀都還比我大！不過我在那邊的身分是員工，不是員工的小孩，沒人想到我。

伊萬諾維奇看到我在哭，就帶著孫子帕沙走過來，要他把麵包分給我。帕沙不願意，但被爺爺逼著，所以就掰了一半給我。我實在不好意思吃，但還是硬著頭皮吞下去。這麼好吃的東西，從戰爭開打以來就沒吃過了。

5.

不久前，兒子給我看了張在列寧格勒的芬蘭麵包師傅照片。那人叫基第寧，工作很賣力（當時我們所有人都工作得很賣力），不過他連一點麵包屑都沒放進嘴裡。一九四二年，他死在麵包店裡，是餓死的。兒子問我記不記得他。我說兒啊，那段時間一起工作的夥伴我都記不得了，更何況是在其他麵包店工作的人！他在工作的時候死的？也許因為他是芬蘭人，大家特別盯著他？畢竟當時包圍列寧格勒的，除了德軍，還有芬蘭的軍隊，他當時的日子一定很不好過。又或者他的個性就是那樣？人家說不准拿，他就真的沒拿。我沒聽說有哪個麵包師傅是餓死的。

的確，有些人是連麵包屑都沒放進口中，但也有些人靠著圍城發財。戰爭結束後，我去看我的同班同學伊麗娜。我們在學校坐同一張桌子，感情很好，所以她與她媽媽很熱情地招待我去她們家，還問「小塔，妳好嗎？」「小塔，妳媽媽怎麼樣？」之類的話。我坐在客廳，看著她家的牆，上頭掛著好幾幅昂貴的畫。我看著她們的手指，上頭帶著金戒指。這讓我不禁納悶，一個單親媽媽如何能在圍城解除不到一年的時間，就擁有這麼多昂貴的東西。不光是她，就連她女兒都帶著金戒指。不過在我明白事情的真相後，只能用震驚來形容。

伊麗娜的媽媽在幼稚園當老師，而幼稚園也和我的學校差不多，就連在最困難的日子裡都還是每天有湯可分派。當你有獲取食物的管道時，會偷一點也是無可厚非。每個孩子少給一匙湯，這樣就整整多了一碗出來。那時候大家都到處去市集想買食物，一條麵包或一盤湯可值上一顆寶石或一只金戒指。為了取得食物，眾人寧可散盡家財。

我同學和她媽也有一模一樣的金戒指。我飛也似地離開她家，推說自己偏頭痛，得趕快去外頭呼吸新鮮空氣。

伊麗娜到今天都還在。我們有時會碰到面，但我已經不想和她說話。她雖然只是一個在工廠上班的會計，卻老是出國度假，買新皮草，而且她的三個兒子都蓋了房子。他們在圍城時靠湯所賺到的錢就連第三代都有得花。

對，維特多，圍城期間不是人人都活得像個人，這事我想忘卻忘不了。麵包店裡也有些女人被我在戰後看到指頭上戴了很多戒指。負責到麵包店載麵包的司機，商店裡的售貨員，我後來看到他們很多人都鑲了金牙，穿珍貴的皮草。他們是哪時把麵包夾帶出門的？用什麼方式？從哪邊走？我一點頭緒也沒有，不過他們肯定有門路。後來基於共產主義，大家就只能說列寧格勒裡的人全都有多勇敢，又是怎樣互相幫助。

我只能說，不是所有人都這樣。

這讓人感到更加悲哀，因為有些日子裡，我們的麵粉不夠，得把石頭磨成粉摻著做。我再跟你說一次，這樣的麵包重量是一百二十五

一九四一年九月底圍城內發行的糧票© RIA Novosti archive /Wikimedia

公克。

不過也有像那個芬蘭麵包師傅那樣的人。

我們的政府過的則是另一種生活。我父親還在工作的時候，有時得去斯莫爾尼宮，市政府的所在地，也是安德烈・日丹諾夫（就是不懂得為城市準備面對饑荒的那個人）管理城市的地方。父親說斯莫爾尼宮的餐廳裡什麼都有，就好像沒圍城這件事一樣。豬排、馬鈴薯、雞肉。那邊的東西都不能帶走，但是可以在裡頭吃。當時列寧格勒裡的人都說，莫斯科那邊有專機給日丹諾夫送干邑白蘭地和香腸。

6.

我們的士兵直到一九四四年才打破圍在列寧格勒外的德軍陣線。我媽媽也差不多是那時間出院。她知道我還活著，因為我一直有託認識的人給她帶消息。她抱我入懷，親了又親。我們倆當時已經知道爸爸陣亡前線的消息——我們收到一封信，說他在被徵召後的一個半月死了。我們一起哭，然後回家，在這樣破碎的家庭裡過了幾年。

維特多啊，最讓人悲哀的是當時的我已回不去童年。在我十二歲那年，在我得為自己打理一切的時候，我就已不再是孩子了。德國人被打敗時，我已將近十五歲，完完全全就是個大人。我曾夢想自己會上大學，當醫生，但我當時沒這樣的機會。我去商店工作，當了很多年的收銀員，然後去食品合作社坐辦公室，每天碰的也是麵包，不過已經跟當年很不一樣了。

當年我在麵包店工作的時候，技術人員的任務有多困難，如今的我是更加明白了。畢竟我們的麵包裡要加什麼，可是有一整個團隊負責。比如說，您知道為什麼我們要加用松樹針葉熬的湯嗎？因為那對預防壞血病很有效，而我們在餓肚子的時候也的確沒人得到壞血病。

不過呢，維特多，我也有很多疑問。比如為什麼在整個列寧格勒圍城期間，動物園一直都在運作？大夥兒一個個餓死，動物園裡的河馬卻是每天固定吃足幾公斤的份量。河馬在那個時期真是最重要的嗎？

我到今天都還留著當年救了我一命的那個魚子醬玻璃罐。您想看嗎？在這，我拿來裝線了，還有針啊、鈕扣啊、碎布等等，這些想必都已經派不上用場了，不過我捨不得丟。

我跟媽媽一直沒找到彼得哥哥。不過三年前我看一個電視節目，裡頭有個教授在研究蘇聯戰俘的際遇。教授說他有一份清單，完整記載了在列寧格勒郊外被俘虜的囚犯名單，而他很願意跟有興趣的家庭分享。

我請兒子去找他，發現他那份清單上有我哥哥的名字。我只知道他被抓去當奴隸，跟其他戰俘一樣在礦坑工作。他大概是死在那礦坑裡了。我當時真是心如刀割，因為有那麼一刻我以為他可能活了下來，我們死前可能還會相聚。不過沒有。這種例子當然也是有，卻是少數中的少數。

有些夜裡，我的腦袋轉個不停，沒法入睡。我會想我爸爸，想我們那棟公宅裡的孩子，想麵包師傅伊萬諾維奇，想對我那麼好的托菈阿姨。想那段可怕的圍城日子裡，死在列寧格勒的所有人，我們現在每天都是踩在他們的屍骸上行走。這種時候我只能悶在枕頭裡哭啊，維特多，不然還能怎麼辦呢？有次我幾乎哭到早上，等我終於睡著，卻夢見我哥。那夢很奇怪，因為我知道自己在作夢，但我還是像對著真人那樣跟他說話：「彼得，我一想到你們所有人，心情就很沉重。我一想到你們都不在了，心裡就好難過。」而他說：「小塔別哭，妳可不是為了要掉眼淚才活下來，而是要連我們所有人的份一起，好好過日子。」

所以我的日子繼續過了下去。

到今天，我每年還是會夢到一兩次自己變回十二歲，在屋頂上走，而前頭是聖母。我每次都會問：「時候到了嗎？」而她總是搖搖頭說沒有，那是時機還沒成熟。我知道她總有一天會點頭。到那時候，我們會手牽手，一起飛到列寧格勒上方，飛向那些我日日思念的親人。

菜單

每年為了紀念列寧格勒的犧牲者，全俄羅斯的麵包店都會舉辦一項活動，名為「我們來烤圍城期間做的麵包」。其中一家遠在東西伯利亞烏蘭烏德的麵包店在網上放了一份，據說是直接從列寧格勒一家麵包店取得的食譜：

- 粗磨麥粉或裸麥粉150克
- 飼料用燕麥麩50克（這跟我們所熟知的燕麥麩一點關係都沒有；列寧格勒裡頭一次出現時是來自城外的馬廄）
- 葵花油餅（渣）50克
- 玉米粉（列寧格勒烘焙廠的員工甚至會去工廠拍打包裝袋，蒐集剩下的玉米粉）
- 松樹皮磨成的粉50克
- 用廢木材做成的酵母5克

一開始當然要先把酵母靜置發酵，接著把所有材料和酵母拌在一起揉成麵團，以大約兩百二十度烤三十至四十分鐘。

列寧格勒遭圍城整整超過九百天。寫出不朽巨作《列寧格勒》的作家安娜．里德曾寫過，那是「人類史上最可怕的圍城行動」，列寧格勒是「頭一座希特勒拿不下的城市」。

在一九四一年這個最難過的冬天裡，一位叫做瓦倫蒂娜．切普科的十六歲女孩，在一張小紙片寫下「如果我能活過饑荒，我要吃的菜單」，成了悲哀的圍城證明。這張紙片至今仍收藏在列寧格勒保衛戰博物館。紙片上寫著：

頭盤：馬鈴薯香菇湯或酸菜豬肉湯。

第二道菜：燕麥飯或蕎麥飯拌奶油。肉配馬鈴薯泥，香腸配馬鈴薯泥或燕麥飯。

瓦倫蒂娜在菜單末了還寫著：「沒什麼好寫的，因為我應該活不了。」她死於一九四二年二月。

維特多・沙博爾夫斯基與塔瑪拉・安德烈耶芙娜© Witold Szabłowski

第七盤　掘屍人與戰場上的廚房

1.

大清早，太陽一抵達適當高度我們就碰頭。

每個人都拿了把鏟子和水桶，壯一點的，比如像安德烈這樣的，還扛了抽水機和馬達。他挺著一個大肚腩，穿著一條吊帶褲，也因此被朋友戲稱是奧勃利（法國漫畫《高盧英雄傳》裡的主要角色），而且我等等就會知道他是在挪威的製鞋業工作，現在只是來這裡度假。帶抽水機是有用處的，因為我們今天要進水池工作。

我們總共十五人——十四個俄羅斯人和我，在愛沙尼亞距離俄羅斯邊境五六公里的地方。我拿著斧頭，也是有用處，因為我們得在森林裡開路；其他兩人拿電鋸，也是基於相同原因。帕維爾．瓦魯寧——朋友都叫他帕沙——也就是我們的領隊，拿的則是金屬探測器。

「我們要靠獎章、褲子的鈕扣或皮帶扣來找。」他說。

我跟著他們進森林去挖掘二次大戰的紅軍屍骸，但也同時試圖去理解當前的情況。畢竟當年把愛沙尼亞，隔壁的拉脫維亞及立陶宛，或是連帶波蘭在內的半個歐洲都搞得天翻地覆的，不就是這些紅軍嗎？我國家的人對他們最主要的記憶就是強暴婦女和四處偷竊。

喔，還有他們打進來後，就把我們的國家占領超過四十個年頭。

為了公平起見，我也得說他們雖然是軍人，卻也只是年紀不過十來歲，最多二十幾歲的孩子，所以不管蘇聯政治宣傳跟「民族太陽」史達林說什麼，他們只懂得照單全收，一個個有如蒼蠅般輕易送命，畢竟史達林當年打的算盤是稱霸全世界的長期計畫，至於倒下五名、十五名或兩千五百萬名士兵，對他來說都沒什麼差別。因此在這裡的某處，在這片土地下，大夥兒全躺在一起。不管是什麼彼得、尤里、安德烈還是謝爾蓋，全都在這，而且沒人記得，因為他們死得太年輕，還沒能給誰留下深刻印象。就算這些年來有人想找，也無從找起。

在愛沙尼亞的納爾瓦與塔林之間這段兩百公里長的地帶，也就是我們目前的所在地，埋了超過一萬名這樣的士兵。

相當於每一公里就有五百具屍體，每兩公尺就一個。當年憑著倔強與勇氣戰勝法西斯的就是這些年輕男孩。我可沒忘了他們所做過的那些壞事。

但我也試著去記住這項貢獻。

之所以跟著帕沙的小隊走，是因為我想知道這些士兵當年奮戰和殞落的地方長什麼樣子。當然，我也想知道他們當年吃了什麼。我想到現場看看他們吃飯的環境怎樣，野戰廚房的位置在哪，也想從帕沙這樣的人口中，盡可能瞭解包含飲食在內的紅軍日常生活。

我們來到一個叫庫寧加古拉的小村落附近，這裡以前被俄國人稱做王公村。如果我們往左邊走，就會走到庫雷梅，那裡有座修道院叫普赫蒂薩，是屬於蘇聯解體後，留在愛沙尼亞的三萬名俄國人的一小塊俄羅斯土地。修道院是由木材堆立而成，形狀鼓鼓的，像俄羅斯娃娃。我之所以會知道，是因為我幾天前才去過那裡。

如果我們往右走，就會走到納爾瓦河，也就是愛沙尼亞與俄國的交界。

然而我們是筆直前進，往樹叢最茂密的地方而去。

帕沙是當地俄羅斯組織「同志」的負責人。這個組織多年來專門挖掘二戰各戰線蘇聯士兵（也有其他士兵）的遺體，為其舉辦喪禮：從流行音樂、鮮花、包頭巾的老奶奶、掛滿勳章的退役軍人，到音韻悠長的樂曲都有，就跟真的喪禮一樣。這個組織的辦公室在納爾瓦，那裡是愛沙尼亞的俄羅斯人（也就是講俄文的愛沙尼亞人）的首都。

「這裡在一九四四年發生激戰，因為納爾瓦是愛沙尼亞的門戶，而愛沙尼亞是斯堪地納維亞半島的入口，掌控整個北歐。」被朋友稱作帕沙的帕維爾說。事實上，只要有人跟他一起挖掘，馬上就會變成他的朋友。「史達林以為他能在兩週內拿下納爾瓦，不過德國人頑強抵禦，結果紅軍都已經開進波蘭和羅馬尼亞，距離列寧格勒只有一百五十公里的納爾瓦卻依舊打不下來。」

不過帕沙還沒來得及打開話匣子，我們便已拿出斧頭和電鋸，因為這裡的自然環境真的很原始，得自己開路。林木的後頭有條小溪，我們也得砍下幾棵樹搭便橋通行。

2.

我跟謝爾蓋一起砍樹，他是納爾瓦市郊的工程師，就在不遠的頁岩礦坑工作。帕沙要我們倆一起走，因為謝爾蓋的爺爺安東諾維奇於大戰期間曾在烏克蘭前線作戰並負責補給。

「德國人不願意放棄納爾瓦的其中一個原因，就是我們的頁岩礦床。」謝爾蓋一邊把斧頭遞給我，一邊喘著氣解釋。「他們拿來做坦克車和潛水艇的燃料。礦區從城外十公里處開始，跟我們目前的位置距離八公里。不過我聽說你是對食物有興趣，那就跟我一樣。我爺爺是我這輩子最重要的人，我可是一天到晚都在聽他說故事。」

「那就把前線的飲食狀況說給我聽吧！」

「每個紅軍的配備裡都有一個餐盒和一個裝菸草或菸盒的小袋子，有湯匙但沒有叉子——只有德國人才有精良設計的雙頭叉勺，一頭是叉子，另一頭是湯匙。紅軍非常喜歡這種餐具，常在戰死的德意志國防軍身上搜刮。」

「他們用偷的啊？」我追問。

「不是偷，是拿。」謝爾蓋不高興地說。「你不能把我們平常的規矩放到在前線打仗的士兵身上。我們在德國人身上也找到過蘇聯的武器或餐盒，他們也從我們的人身上拿東西。不過餐盒還是德國人的比較好，是橢圓形的，比較好攜帶。不管哪一方，都會在戰死的人身上找吃的，因為他們常餓著肚子行軍。」

「為什麼？」

「有時是補給沒運到，有時是村子已經沒東西能上繳部隊。爺爺曾提過，德國人從一開始，也就是一九四一年六月起就採用焦土戰術，把農民的儲糧搜刮一空。如果他們的閃電戰成功，這招原本是可行的——而他們也確實在秋天抵達莫斯科，不過戰事拉長了三年，因此這個戰術就反噬在他們身上，使他們每次撤退，碰到的都是貧脊的土地。不過這一區的戰線剛好不一樣。在這裡挨餓的是我們的人，而不是德國人。」

「那麼士兵每天都吃什麼？」

「他們基本吃的菜叫庫列什，是一種湯，放了黍米下去煮並加了肉或豬油。另外還有甜菜湯、酸菜湯，甚至是燉肉——用通常煮比較爛的蕎麥飯配肉。不過主要的糧食是麵包，只不過材料是部隊裡的麵包師傅收到什麼，就用什麼來烤。通常是裸麥粉，不過有時是美國人送的玉米粉，那麼廚師們就得大傷腦筋好物盡其用。根據國防部的準則，士兵得有足夠的麵包，也就是暖月每日八百克，冷月則每日九百克。士兵也該得到一磅的馬鈴薯，三百克的其他蔬菜，一百七十克的麵和穀物，一百五十克的肉，五十克的油脂及三十五克的糖。」

「他們有領到這麼多嗎？」

「沒有。實務上，食物的份量取決於士兵作戰的前線補給狀況。紅軍常有人餓死，起碼在剛開戰的時候是這樣，因為他們一直在撤退。他們當時領的配給是每日由野地烘焙坊烤的麵包兩百至三百克，還有湯，最常見的是魚湯或蔬菜湯。若是他們運氣好，剛好身在接收美國罐頭的部隊作戰，還會得到一罐牛肉，通常是三個人分。軍官會領到奶油或豬油四十克，餅乾二十克，魚罐頭五十克。當然這又是理論上的情況，不過我們總得有所根據。將軍則是不同的階級，送來的補給品是香腸和葡萄酒。你知道真正救了普通士兵的是什麼嗎？」

「不知道。」

「森林。就像這裡。爺爺跟我說他教士兵煮蕁麻湯——只要有兩顆馬鈴薯跟一個小火堆，不管是誰都能用餐盒煮出蕁麻湯。他還教他們在行軍蝸牛多的地段時，可以生火把蝸牛烤來吃。這蕁麻湯我用爺爺的食譜煮過。那天我們在像現在要去的水池待了一整天，大夥兒都餓了，沒人帶三明治，不過兄弟們帶了幾顆馬鈴薯來烤。當時我說：『你們把馬鈴薯給我，等我半個鐘頭。』然後我就照爺爺說的去煮。大家可訝異了！從那時候起，我都會固定給他們煮爺爺跟我說的菜。我會用羊角芹做沙拉，也做過幾次庫列什。因為嘗過他們當年吃的東西，我感覺跟他們的距離更近了。」

3.

我們穿過兩條小溪和樹叢，我的兩條腿滿是傷。最後帕沙帶我們來到水池邊。俄國人不用人多說便知道該做什麼，顯然早有經驗。一人負責生火，兩人打開幫浦將池水排到幾公尺外，其他人則準備挖掘。

我也跟他們一起。我拿起鏟子，一公尺一公尺地往下挖，越挖越深，要找在二戰戰死的士兵骨骸。我跟帕沙幾乎是肩並肩一起挖，聽他一邊喘氣一邊把這地方的祕辛說給我聽。

「前線拉到過這裡幾次，所以我們每次都不曉得找到的會是德國人，還是俄國人。再說當初在這裡作戰的還有許多國家，因為全歐洲的志願納粹德國親衛隊都來了愛沙尼亞。我們不看國籍，所有的屍骸都鄭重入殮。我們每次都不知會挖到什麼。有時在這樣的井裡會找到幾十人的遺骸，因為這是戰時最容易的埋葬方式，把弟兄往水裡丟就好。有時我們挖上一整天，什麼也沒挖到。最重要的是我們肯試。如果是我遇上那樣的情況，我也會想知道有沒有人起碼試著找過我，為我安葬。」

突然，我的鏟子卡到一個黑黑長長的東西，看起來像截被切斷的腳踏車內胎。

「這是什麼？」我問，因為我知道這一定不是內胎。

「鞋底，毛氈鞋的。」帕沙說，然後又補充：「這下我們知道埋在這裡的是自家人了，因為德國人不穿毛氈鞋。小心點，其他的你馬上會挖到。」

的確，鏟子多挖了兩下，我又找到另一塊毛氈鞋的鞋底。又過一會兒，已經是一整堆。我試圖花點時間追思這些男孩。套著破鞋在這片林木之下長眠的他們，當年想必比我年輕。然而事情進展太快，就在帕沙從水池起身往我這邊拿鞋底時，扛幫浦的胖子安德烈卻突然拖長了音大喊：

「骨——頭！帕沙，我找到骨頭了！」

我跟帕沙兩人趕緊跑過去。

他找到一小塊鎖骨。

4.

我們休息片刻好消化安德烈的發現。大家都很感動。我趁這短暫的休息回頭繼續問謝爾蓋：「戰時都是誰負責炊事？」

「經過特殊訓練的廚師。」他說。「我爺爺的任務之一就是要教這些廚師就地取材。國防部甚至出書指導哪些草本植物、葉片甚或雜草能夠食用，比如那書裡就有用羊角芹做沙拉的食譜。羊角芹雖然是雜草，卻對健康很好，而且到處都有。書裡還有教怎麼找酸模跟熊蔥來用，甚至是怎麼把栗子磨碎做咖啡。還有如何利用蓼、酢漿草、牛蒡、錦葵乃至於小雀瓜。重點全在於要廚師別乾等補給，因為補給有時會遲，有時根本送不到。」

「那他們怎麼做菜？」

「野戰廚房。我跟兄弟們挖過一個。一口爐，架著兩個大鍋，裡頭甚至還保存了當年的鍋具，被我們送給當地的博物館，展示前線士兵吃什麼、怎麼吃。不過我告訴你，說到這野戰廚房呢，我們跟德國人比起來有一個極大優勢：他們的廚車還在用木輪，跑不快。這對步兵來說還可以，因為他們走不快，不過對機械化部隊來說就是個問題。而我們的野戰廚房按一九三六年伏羅希洛夫元帥的命令，用的早就是橡皮輪了。」

「那他們吃東西的情況呢？」

「用餐時間最常見的是黎明和黃昏，這樣炊煙才不會洩漏廚房的位置。德國人會轟炸廚房，因為他們知道人要是沒得吃，士氣馬上會降低。」

5.

安德烈挖到第一塊骨頭後，大家下手便加倍小心。我們已經知道這水池裡滿是人骨。在這集體墳塚中，我們所有人都跟滿滿的骨頭泡在一起。

這帶給我很深刻的感受，但我發現就連參與這類行動已經二十五年的帕沙也同樣動容。他們搬來一塊白布，上頭畫了顆骷髏，或者該說人體骨架圖。帕沙跟他的兄弟把大大小小所有找到的骨頭全擺上去。

兩個鐘頭後，我們還挖出了幾根肋骨、幾塊頸椎、幾根脛骨，幾塊足部和骨盆的骨頭，似乎還有肩胛骨。

我的鏟子突然戳到某塊硬物。即便我知道自己在哪，知道我們在找什麼，雙手還是開始發抖。我看到一個白色物體，上頭還黏了十幾個更小的白色物體。看起來就像一串排列不平整的小珍珠。

我找到的是人類的顎骨，精確來說，是顎骨的上半部。

我馬上喊帕沙來看。他捧著水桶過來，小心將我找到的東西放進水裡清洗，每顆牙都得分開洗。這副齒顎的狀態保存良好，顯示這名士兵沒有缺牙。而按那些牙齒的使用情況，帕沙估計這人的年紀約在二十五歲左右。

他把齒顎交給我，要我排在人體骨架圖那塊白布的最上方。動手之前，我把這副齒顎牢牢握了一會兒。你是誰？你叫什麼名字？你幾歲？你怎麼會在這裡？這顆子彈打中你的時候，你有時間去想任何事嗎？還是你根本沒注意到自己的死亡？

我把齒顎放到了白布上。

過了一會兒，帕沙在同一個地方找到了幾塊顱骨碎片。

6.

帕沙跟他的小組在接下來的幾天，找到超過八十副紅軍士兵的遺骸。二〇二〇年七月，他們把這些骸骨全埋在一座軍人塚，離我跟他們一起挖掘的那座森林不遠。這些骸骨就這樣分裝在三副棺材裡，長眠於無名塚內。

只有一名士兵他們成功辨別。那是伊萬·札哈羅維奇·阿爾特米耶夫，身上掛有英勇勳章，編號一二二五四五四，還有黨證。勳章是一九四四年六月頒的——那人一個月後就死了，死時正好二十歲。他的家人住在斯摩棱斯克近郊的德米多夫，那也是他的出生地。手續辦好後，他便回到家鄉的村子長眠。

菜單

羊角芹沙拉

・黍米1杯　・洋蔥1顆　・水2杯　・油2匙
・羊角芹葉（3根量）　・鹽

洋蔥切碎拌油炒，同時另起一鍋煮黍米。將兩者拌勻，加入羊角芹和鹽。

蕁麻湯

・蕁麻的嫩葉（3株的量）　・馬鈴薯丁（3顆的量）　・洋蔥1顆
・大蒜1瓣　・蛋1顆　・紅蘿蔔及芹菜根各1條
・鹽及調味料　・水1.5公升

蒜頭用壓蒜器壓碎（前線士兵通常用湯匙）並放一點油炒。馬鈴薯、紅蘿蔔及芹菜根丟進滾水煮十五至二十分鐘，然後加入切碎的蕁麻。將大蒜連油倒入，最後把蛋打散放入。

紅蘿蔔白樺茸茶

紅蘿蔔刨絲後放進平底鍋烤乾，不要放油。接著當作普通茶葉沖泡。你可以加入一小撮白樺茸粉。白樺茸是一種長在樺樹上的菌類，在波蘭屬有毒類，不過紅軍士兵認為白樺茸能為他們提神，有助於抵抗寄生蟲。

白樺茸會給紅蘿蔔茶添點酸澀味。請記住，飲用這茶的風險全由你個人承擔。

第八盤　雅爾達的盛宴

1.

載著美國總統小羅斯福及英國首相邱吉爾的飛機，雙雙降落在薩基的軍用機場。在那裡等著他們的是蘇聯外交部長莫洛托夫，就是他在六年前跟德國外長里賓特洛甫簽訂互不侵犯條約、確保德蘇瓜分歐洲。

如今是一九四五年二月，莫洛托夫與史達林又要再次瓜分歐洲。

德意志國防軍在每條戰線上都不斷退守。柏林一次又一次遭到轟炸，而西方盟軍已經跨越萊茵河，東方的紅軍十幾天前才剛拿下波蘭羅茲，解放奧斯威辛的集中營。於此同時，七百人的三國代表團前往設在機場旁的帳篷用茶點，桌面都被黑白魚子醬、煙燻鱘魚及沙皇御膳出名的甜點給壓凹了。身體抱恙的羅斯福先行就寢，邱吉爾則十分樂意品嘗魚子醬及克里米亞的香檳。

一切才正要開始。

史達林已經知道一字排開的豐盛餐桌能給賓客製造怎樣的印象，因此非常重視精心安排的餐點在外交場合的作用。德黑蘭會議後，他送給羅斯福一條超過一公尺長的鱘魚，非常壯觀。儘管受贈人不知該拿這禮物怎麼辦，在場的見證者卻是多年後仍記憶猶新。

羅斯福在這裡，也就是雅爾達，則會收到一隻巨大的蘇聯火雞，那是亞歷・埃格納塔什維利從三〇年代起就為史達林圈養的其中一隻火雞。接下來幾天出現在餐桌上的一切，都是出自他這個克里姆林宮的不可能任務專家之手。這一切大概不難預料，畢竟就是他讓史達林想起喬治亞人若想炫富，就要大肆宴客這檔事。這會兒，在這七個月前還握在德國人手中，兩天前內務人民委員部才驅逐二十萬名韃靼人的克里米亞，亞歷每天都為數百人策劃特別宴會：菜餚總是準時上，溫度總是適中，擺盤總是完美。

能從飲食面將雅爾達會議籌劃到這般水準的，大概就只有他一人了。然而，如此漂亮呈現的餐點背後，卻埋藏著慘痛的代價。亞歷這頭在雅爾達料理，另一頭還得持續為愛妻莉莉安娜的性命奮戰。

2.

各國元首的主要談判地點是里瓦幾亞宮，也就是沙皇亞歷山大三世逝世，以及尼古拉二世得知自己成為俄國沙皇（而這也是他的不幸）的地方。

舉辦雅爾達會議的里瓦幾亞宮附近，有家餐廳的廚師團隊重現了那些特別日子裡所用的菜單。當年的每張餐桌上都有甜橙木梨火雞，有產自克赤的香煎白海鮭魚配馬鈴薯、野菇梅花肉、各式野味、鱘魚凍等等，而滿滿一大桶的魚子醬更是少不了。

「人們進入里瓦幾亞宮的宴會廳，看到桌上淨是亮閃閃的銀器與瓷器，擺滿各色佳餚及上等美酒後，就連經驗最老到的政治家溫斯頓・邱吉爾爵士，當下想必也明白他早已察覺的一件事：蘇聯是打不倒的，而且經過戰爭焠鍊後變得更加強大。」這段話出自俄羅斯的餐飲史學者威廉・波赫列布金與他的著作《百年廚房》。要不認可他這話也難：史達林確實在雅爾達成功交涉到所有想要的條件。

現場甚至有專為會議而設的數座烘焙坊。送入會場的刀、叉、匙各三萬副，其中至少四百副是銀製的。

亞歷的表現值得嘉獎（他的確也因為這份付出而獲得獎章，連帶獎金一併入袋）。這名從提比里斯發跡，為了炒蛋而拿平底鍋敲員工腦袋的酒館老闆，靠著運籌帷幄的能力一路上爬，為全世界最重要的那群人規劃了飲食相關的一切。雅爾達會議讓他攀上事業顛峰，並在七個月後官拜將軍，獲得漂亮的新軍服。

但也就是從這一刻起，他的人生就開始走下坡了。

很難說亞歷是什麼時候得知愛妻去世。貝利亞在戰爭一開打時便謀害了她——列寧格勒圍城還沒開始，她便已遭到射殺。

亞歷想必是在雅爾達會議後沒多久收到消息。從那一刻起，他便失去活下去的動力。

這名前摔角選手輸掉了這輩子最重要的一場比賽。

3.

對貝利亞來說，殺掉亞歷的妻子，並不等同於拔除這根眼中釘。諷刺的是，亞歷在雅爾達會議上的卓越表現，最終也不一定對自己有利。

報復心強的內務人民委員部首長，決意將束在亞歷脖子上的繩圈越收越緊。

一九四八年，雅爾達會議過後三年，小伊凡·阿里哈諾夫趁著到莫斯科參加摔角大賽時拜訪了繼父，卻發現他狀況很差。亞歷成了一個瘦巴巴的人，被高血壓和糖尿病拴在床上。他躺在病床上，穿著他的將軍服，領子與袖口都塞滿棉花。屋裡的每個房間都有溫度計，他像著了魔似地把溫度維持在二十一與二十二度之間。

他住的地方是莫斯科市中心，面對市議會，樓下是喬治亞餐廳阿拉格維，這可是這座城市美食地圖上的特別地點，因為以貝利亞為首的KGB特務很喜歡上門。其他的特務也會在這裡辦離職送別會，而外國情報人員則是想破頭要說服這裡的特務常客與之合作。這餐廳也供應亞歷這個勞苦功高的KGB將軍午餐。

史達林從克里姆林宮陸續給亞歷派了醫生，但亞歷這輩子看過的事太多，無法相信那些醫生。他只聽自己暗地找的私人醫生的話，買藥也是在普通的藥局買，就怕在政府官員專用的藥局裡會拿到毒藥。

亞歷自己下廚。他甚至不相信為自己工作超過十年，並且是個文盲的俄羅斯人努莉亞，而那女人從莉莉安娜還在世的時候就是他的管家。

「我去的那一天，繼父給自己準備的午餐是水煮火雞肝。」阿里哈諾夫記錄道，並接著解釋亞歷的怪異行徑：「在盧比揚卡做事超過十七年的他，顯然知道很多關於實驗室的事，知道裡頭不僅開發各式毒藥，也真的會加以使用。舉凡飲食、藥品、溫度或瓦斯等，下毒手法變化萬千。這也是為什麼他得讓屋內的每個空間都保持在一定溫度，也是他需要棉花的原因。我繼父是真的被貝利亞嚇破膽了。」

一個為史達林付出一生，而且可能還是他親兄弟，為他看照廚房裡的每個細節，為他侍奉母親，為他試菜以免他中毒的人，先是失去了心愛的女人，然後又在可悲的環境裡逐步邁向死亡，就連自己的影子都怕。

貝利亞把亞歷從史達林身邊隔開，從孔策沃隔開，他很可能就是在等一個適當的時機，好讓自己的報復戲碼完整落幕。亞歷則是很想念莉莉安娜，一看到繼子便大聊他母親幾個小時，好像這能讓亞歷舒緩心情。

每當憶起她，他便會唱起俄羅斯情歌：「回來吧，我什麼都原諒妳。」

一九四八年秋天，在繼子造訪不久後，亞歷・埃格納塔什維利不再進食。

小伊凡認為繼父是想要用最後一分力氣引起史達林注意。就好像他希望能倒轉時光，好像史達林一旦得知被他喊做兄弟的人發生了什麼事，就會把他帶回古比雪夫照顧。

然而這種事壓根兒也沒發生。亞歷在一九四八年的最後一天走了。

家人把他的遺體帶回故鄉哥里。小伊凡看著躺在棺材裡的亞歷，無法相信那副身軀屬於他繼父，那位昔日的喬治亞壯漢。

躺在棺材裡的是一個乾扁瘦小的老人。

兩天後，蘇聯公民會在《真理報》上讀到：

布爾什維克黨的忠臣、祖國蘇聯的中將，亞歷山大・雅科夫列維奇・埃格納塔什維利同志，經歷長期重病，於一九四八年十二月三十一日與世長辭。各公安機關皆對失去埃格納塔什維利同志感到痛心，他能力卓越、勤奮不倦，畢生都奉獻給祖國。所有認識他的人，都永遠記得他是布爾什維克黨黨員和契卡，是我們忠貞的民族之子，是我們謙卑的同志。*

4.

蘇聯打贏了戰爭，損失的人民卻是所有參戰國中最多的——超過兩千五百萬人。

史達林在戰後覺得自己越來越衰老，越來越虛脫。光靠火雞肝已經不夠，他得吃非常大量的食物才能補足力氣。直白地說，他像瘋了似地猛吃東西。

這是這位喬治亞人還在奉行苦行生活的時候，根本無法想像的事。而大戰過後，「他竟拿起深盤，把兩種湯混在一起，接著把麵包掰進熱騰騰的湯，再拿另一個盤子蓋上——我的村裡也有這種習慣——然後把盤裡的東西吃個精光。再下來還有前菜、主菜和許許多多的肉。」大元帥史達林的近身同僚阿納斯塔斯・米高揚回憶。

不過他牙齒損壞的程度讓他只能吃最細嫩的肉，或是熟透的果肉。儘管肚子一天大過一

* 《真理報》，一九一四年一月二日，第四版，訃聞，署名為「一群同志」。

天，他卻老是笑人貪嘴。

國家的未來與數百萬人的命運都在這樣的午餐時刻決定，而這樣的午餐常常轉成豪飲。史達林要一同用餐的人全喝到不醒人事——這又是另一項喬治亞傳統。不過他自己卻喝得少，只是不斷觀察其他人。要是有人躲酒，他就會加以責罵。他還逼所有人跳舞，這也是他踐踏身邊同事的手法之一。

史達林在戰後八年過世，死前還先尿了一褲子。那天，一名叫維塔利·阿列克謝耶維奇的年輕廚師到別墅上早班，對裡頭的情況一無所知。他在門口被當年亞歷所僱，已在史達林身邊工作多年的管家伊斯托米娜攔下。管家告訴他領導已經過世，而貝利亞開始槍斃所有為領導工作的人。她帶小廚子走小路來到一扇門，外頭停了輛車。小廚子成功逃命。

史達林死後，權力實際落到了貝利亞手中，而讓跌破眾人眼鏡的是，他竟是個比他的政治偶像更為開明的領導人。他放走政治犯，也準備好與西方國家談德國統一。

然而以前的同志並沒有忘記他帶領蘇聯恐怖機關的歲月。一百日後，他被控叛國，遭到謀殺，而尼基塔·赫魯雪夫則是共謀之一。這位個頭矮小、身材臃腫，而且同樣也得為烏克蘭大饑荒負責的共產黨員接掌了權力之舵，搖身一變成了改革先鋒。他向黨員發表祕密報告，條列史達林主義的錯誤。

赫魯雪夫有專屬廚師，多年來一直是同一人，叫阿列克謝耶維奇·薩爾尼科夫，官拜

ＫＧＢ中校（從亞歷開始，所有蘇聯最高領導人的專廚都有ＫＧＢ軍階，我在後面幾章會更詳細描述）。根據薩爾尼科夫的回憶，赫魯雪夫早餐大概都在六點左右吃，通常是兩片用平底鍋加熱過的黑麵包，還有一小個玻璃罐裝的優格（有時會跟奶渣拌在一起）。

正餐之間他會喝天然果汁：柳橙汁、葡萄汁、黑醋栗汁或李子汁。

他午餐喜歡吃烏克蘭甜菜湯配沒餡的包子。不管是他或他的家人，都很喜歡在正餐之間吃把麵包烤乾做成的麵包乾，這是他們從烏克蘭帶過來的習慣。至於在正式的酒會上，赫魯雪夫喜歡喝酒，但隨著年紀增長，他也盡量少喝。克里姆林宮為他在一間冶煉廠特製了一組酒杯，底部加厚，外觀看來有五十克重，實際上卻只有三十克。

薩爾尼科夫中校是許多歷史場合的見證人，就好比赫魯雪夫在紐約聯合國大會發表談話，作為蘇聯領導人卻拿鞋子敲講桌的那個著名時刻。又或者是他在阿布哈茲得知自己的心頭肉——太空船計畫終於得以實現的那一刻。薩爾尼科夫中校也見證了尤里．加加林少校成功飛入太空並安全返家的歷史瞬間。

菜單

一九四五年二月十日，英、美、蘇三國領袖在雅爾達會議的告別晚宴上吃的有鹹鯡魚、鱘魚凍、香檳海鱸及野生山羊腿等等。他們也吃了烤黑琴雞、烤鷓鴣、乳豬排佐嫩蘿蔔醬，以及會議上最令人食指大動的甜橙木梨火雞。

當時波蘭還沒有人知道我們的命運已被烙印，將在蘇聯勢力範圍內生活至少四十年。

雅爾達會議上的甜點是冰淇淋與花色小蛋糕——用海綿蛋糕和杏仁糕製作，並且有華麗裝飾的法式小西點。

木梨火雞

・火雞肉250克（可以像史達林吃的那樣，只使用肝臟）　・木梨半公斤
・鹽　・咖哩　・天然柳橙汁100毫升　・核桃2顆

木梨切片，拿平底鍋用油將兩面煎過後取出。以同樣一鍋油將火雞肉稍微煎一下，加少許鹽，撒入咖哩。五分鐘後加入木梨，接著加入所有的柳橙汁並加以攪拌，以中火續煮六至七分鐘。出菜前撒上切碎的核桃。

鱘魚凍

・鱘魚1公斤　・吉利丁30克　・紅蘿蔔1條　・防風草1條

・洋蔥1顆　・小龍蝦4隻　・續隨子　・芹菜葉
・辣根醬、醋、美乃滋

魚連蔬菜一起煮到紅蘿蔔、防風草及洋蔥熟透。用魚湯做出三至四杯清澈的凍。過濾、放涼。煮好的魚切成薄片放進烤盤或大型器皿，魚片之間要留空。以芹菜葉、紅蘿蔔或小黃瓜片、蟹肉或小龍蝦肉，以及隨續子裝飾魚身。用湯匙將放涼的魚凍仔細淋在魚上。待第一層魚凍凝固後，將剩下的魚凍也倒下以營造光滑表面。待魚凍完成後，以刀尖小心切下魚肉擺盤。用煮熟的紅蘿蔔、防風草、馬鈴薯及豌豆（可省略）在單側或每側裝飾。搭配辣根醬、醋及美乃滋上菜。

香檳海鱸

・海鱸排700克（海鱸可改用大西洋鱈或金頭鯛）
・含脂量20%的甜奶油1／2杯　・無甜度香檳1.5杯　・洋蔥葉（2顆量）
・小黃瓜1條　・鹽1.5茶匙

魚切片。香檳倒入平底鍋慢火加熱。加入鹽、切碎的洋蔥葉，最後加入切好的魚排。火轉小，煮五分鐘。小黃瓜切成小片加入，續煮五分鐘至魚變軟。把魚和小黃瓜放入盤中，封上保鍚箔紙放置溫暖處。留在平底鍋中的醬汁煮開，將鍋子拿離火源，倒入甜奶油。將魚和小黃瓜擺盤，淋上醬汁便可出菜。

第九盤　第一位太空人與他的廚娘

科羅廖夫：你的食物都是管裝的，早餐、午餐和晚餐都是。

加加林：瞭解。

科羅廖夫：收到請回答。

加加林：收到。

科羅廖夫：有香腸、糖果球，還有配茶用的果醬。收到請回答。

加加林：收到。

科羅廖夫：你的食物總共有六十三管，回來一定胖死……。

加加林：只要有香腸可以配我的私釀酒就好。

科羅廖夫：搞什麼，這裡都有錄音耶，你這傢伙……哈哈。

這是一九六一年四月十二日，人類首次太空之旅「東方一號計畫」啟動前幾分鐘所記錄的對話。

謝爾蓋・科羅廖夫是這計畫的首席工程師，也是蘇聯太空科學之父，他的身分在當時是極機密。

尤里・加加林在片刻後將成為史上第一位太空人。

＊＊＊

「我像平常一樣去上班，老闆打開收音機，我們一起聽。廣播說頭一個人類飛上太空了，叫尤里・加加林，正在繞行地球。」

說話的人是瓦倫蒂娜・包里索夫娜，一畢業就在當時蘇聯首都莫斯科頂級的餐廳當食品技師。

「然後呢？」我追問。

「我整個人呆住了。那真的是太棒了！我作夢也沒想到會發生這種事！又過了一會兒，我們看到窗外有群人拿布條往紅場去，要慶祝這次的成功。我當時還很年輕，老闆看我坐不住，就讓我去加入那群年輕人。當時誰能想得到我在短短兩年後就親自替太空人備餐？」

「至於我呢，加加林上太空的時候我還在念大學，常去集體農場幫工人。」在場的另一名女性路德蜜娃・瓦西里耶芙娜・穆基亞諾夫回憶道。「當時我正好在馬鈴薯田裡忙，共青團團長跑過來大叫：『有人上太空了！是加加林！我們的衛星升空了！』那一天是我生日，就好像那是特別為我設計的驚喜。」

只有我的第三個訪談對象維托．法蘭切維奇．多布羅沃斯基，沒有說載著加加林的太空船消失天際的那一刻，自己正在做些什麼。他不能說。多布羅沃斯基這輩子做的事不是機密，就是絕對機密。我們只能自行想像他那天在哪裡做了什麼，不過有一點是肯定的，那就是他當時所做的事跟太空食物有關。

之所以會這麼說，是因為我們訪談的地點就在比留列夫實驗工廠。這裡從一九六〇年代起就開始生產要送上太空的食物。

為了跟這三個人見面，我和同事瑪莎．皮斯圖諾娃花了將近兩年的時間寫信給各層機關。

這工廠很多年來一直是個祕密，就連許多蘇聯檔案都已經解密的現在，太空人的飲食依舊是個很大的謎，因此我們在各個機關間兜來轉去。

就在我們以為我這個外國人壓根兒沒機會踏進這工廠時，俄羅斯的官僚體系突然動了起來（我們自己也不是很清楚到底是發生什麼事），我們這會兒才能坐在這裡，喝著咖啡，吃著巧克力糖閒聊。

同一時間，隔著牆的另一邊有六名女性正把食物裝袋，不久就要送上地心軌道。

1.

對一名正率領部隊在蘇屬白俄羅斯與德國人奮戰的領導來說，眼前的情況真是傷透腦筋。因為有個女人背著幼子來找他，要求把母子二人納入部隊。

「妳在部隊裡能做什麼？」部隊領導問。

「我可以給你們煮飯。」女人回應。「我廚藝很好，跟我外婆學的。」

「可是這孩子……」領導皺起眉，「部隊裡可容不下一個一歲半的孩子！」

女人回答：「我丈夫根本不管現在在打仗，拋棄了我，而我受夠了到處求人幫忙。要是你不幫我，我就把孩子綁在身上去臥軌。」

領導見女人已走投無路，擺擺手，就讓他們留下來吧，給手下嚐點女人做的飯菜也好。反正大家隨時都可能會死，這裡多個孩子也不會有什麼差別。

於是，這名白俄羅斯女子就成了部隊的廚娘。她名叫菲娜・加里沃芙娜・卡澤茨卡亞，來自離波蘭邊境不遠的波多里亞，背著兒子從烏克蘭一路走到柯尼斯堡（現今的加里寧格勒）。男孩的名字取為青共，寓意是向共產主義青年與青年共產國際致敬。

即使是不用做菜的時候，菲娜也閒不住。她學會修車、轉電話，甚至是大範圍面積的油漆。她不怕做事，而且都是帶著幼小的兒子一起。當她在柯尼斯堡外受重傷的時候，小青共也成了野戰醫院裡的開心果。

戰爭結束後，菲娜沒什麼地方可去。當初拋棄她的丈夫在白俄羅斯組了新家庭，而她的父母也已經不在。

幸好軍隊裡一個相熟的女性在莫斯科附近的莫尼諾拿到工作，那裡是蘇聯空軍部隊的駐紮地，菲娜便跟著她一起去，也幸運得到工作。做什麼呢？廚娘。

她大概是做出了成績，因為她在一九六〇年得到一個轉調機會，可以去當時叫做「四十一公里」的地方做事。那是個剛成立的軍事菁英單位，非常神祕。

「那是個很漂亮的地方，附近還有一小片樺樹林。」她在多年後如是回憶。「那裡的草地很遼闊，放眼望去都是原野。那裡後來發展成一個小鎮，叫做星城。」

就這樣，菲娜成了剛成立的蘇聯首支太空部隊的廚娘。

2.

蘇聯太空工程的先驅是康斯坦丁・齊奧爾科夫斯基。他是一位無師自通的俄國學者，卻有著波蘭血統——他的曾祖父甚至是波蘭選王制的普沃茨克貴族代表，而當年的選王結果是由齊格蒙特三世出任波蘭立陶宛聯邦的國王。發起人類上太空屯墾這項主張的人，就是齊奧爾科夫斯基。他在伊隆・馬斯克出生前的一百多年，就提出在其他星球建城的想法。

多年來，他一直是典型的科學家，有著滿腔熱情，老是穿著破了洞的鞋子，三餐不定時，周遭的人也無法徹底理解他。不過在一九二〇及三〇年代，他的工作開始吸引全蘇聯民眾（與夢想家）的注意力，其中就有烏克蘭日托米爾一名叫做科羅廖夫的一個男孩。自從十歲那年頭一次看到飛機，科羅廖夫便做起航空夢；自從讀過齊奧爾科夫斯基的書，他便想著要飛上太空。

進入科技大學後，科羅廖夫很快便展露優秀的建造能力，沒多久就加入一個由圖哈切夫斯基元帥指揮的現代武器研發團隊。

不過圖哈切夫斯基在一九三七年被控犯下間諜罪，在史達林的大清洗行動中遭到槍決。當時所有與他共事的人都被判刑。科羅廖夫在勞改營待了六年，後來在安德烈・圖波列夫的奔走下才重獲自由。圖波列夫也是一個傳奇，由他獨立或與他人合力設計的飛機不下百架。他同樣也是在毫無根據的情況下，遭到史達林的大清洗整肅。

兩人在戰後都擁有屬於自己的太空時光，共事過幾年。科羅廖夫後來轉去做洲際飛彈計畫，並在五〇年代中期成為絕對機密的蘇聯太空探索計畫負責人。

3.

第一批上太空的生命體（至少是我們所知的第一批）是一九四七年被美國人送上一百零七公里高空的果蠅。

第一批更複雜的有機體，則是俄國人送上去的狗。

「科羅廖夫認為在太空技術達到能送人類上太空的程度前，得先試驗看看這想法到底可不可行。」莫斯科航天博物館的拉麗莎・菲利娜說。我們在一個非常特別的地方見面——科羅廖夫的家，那是蘇聯政府在六〇年代初期，為了表揚他的傑出表現而送給他的。「當時他們考量的對象有狗和猴子，」菲利娜接著說，「猴子跟人比較相近，不過狗更聽話。最後他們決定用狗。」

跟科羅廖夫一起研究送狗上太空的還有另一名學者——生物學家瓦迪米爾・亞茲多夫斯基，同樣也是蘇聯太空科學的先鋒，具波蘭血統。

一如預期，他們透過這些狗學到了許多知識，而且從中得出的結論還常常超出科技與生物觀察的範疇。

「他們第一個注意到的，就是雜種狗比純種狗要好很多。」菲利娜說。「流浪狗一般很強壯，世世代代都要懂得自我料理才能存活，而且什麼都能吃，不會出問題。養尊處優的家犬在太空上應付不來。」

科羅廖夫在選擇第一個太空人時，就是以這些經驗為基礎。在進展到這一步前，這些學者工作所在的部隊都會定期到莫斯科斯巴達體育場附近抓狗。那邊常有許多流浪狗徘徊。

這些狗兒從原本的無家可歸，變成要飛上太空。

「這衍生出許多有趣的事。」菲利娜說。「有人被這些狗咬進了醫院。有人帶回來一隻母狗，餵飽後就關進籠子，而母狗竟在半夜生了小狗，結果原本該將心思花在太空候選狗身上的基地，反倒全體動員照顧起母狗的寶寶來。」

頭一批狗兒飛上太空是一九五一年的事，一隻叫吉普賽，另一隻叫德茲克。然後是海鷗和小狐狸、小蜜蜂和小蒼蠅，這些四條腿的動物總共有七十一隻。其中最出名的就是萊卡，飛得最高，是第一個被送上地心軌道的生物。不幸的是，太空艙內的溫度在飛行後的幾個小時逐漸升高，這隻小母狗也活活被烤死。

「萊卡的任務從一開始就注定不會有好結果，」拉麗莎．菲利娜坦言。「牠有餵食器，每幾個小時就會自動配給，最後一份，也就是第十份配給裡摻了毒藥。」

不管是對蘇聯太空科技，還是對人類來說，意義最重大的還是小松鼠和小箭頭：這兩隻母狗搭火箭繞行地球一圈後，平安返回。

「多虧了這些狗，我們的工程師才確認可以把人類送上地心軌道。」菲利娜說。

4.

這些飛行犬的冒險讓科羅廖夫獲益良多，於是太空人的候選人也是從……我們就說是從背景比較複雜的家庭挑選，不是養尊處優的軍官小孩，而是飽經世故，得自力更生的農家子弟。

「起初總共有二十人。」安東．皮魯辛跟我說，他是加加林的傳記作者，同時也是一部活百科，瞭解有關蘇聯太空探險的一切。「那些全都是當時最優秀的飛行員，獲選條件是體態良好，身高低於一百八十公分，因為太高火箭會坐不進去，體重最多七十公斤，而且相貌要好。簡單說，頭一個太空人要長得英俊才行。」

「為什麼這點那麼重要？」

「這點也是科學家也是從狗身上學到的。」皮魯辛說。「頭一批回來的狗兒小松鼠和小箭頭後來成了明星。小箭頭生了狗崽後，赫魯雪夫還把一隻載去送給甘迺迪總統的女兒當禮物。大家都看見太空探險在宣傳國力上有多大的潛力。」

雇用菲娜．卡澤茨卡亞的軍事單位在轉眼間大幅擴充。

「起初的食堂只是一間小木屋，」菲娜在多年後說。「廚房的爐子是燒木材的。頭幾個月那裡只有五個飛行員，沒什麼工作好做。不過後來人數變成十幾二十個，所以我們就有了一個現代化的餐飲空間。」

菲娜也有了兩個人幫手。

她兒子在成長的過程中，身邊淨是傑出的軍人、科學家和未來的英雄，讓他也開始夢想追隨這些人的腳步。母親不想讓他失望，便沒把關於父親的真相告訴他——父親在最艱難的時刻拋下了母子二人。她跟兒子說，父親也像這些年輕男孩一樣，是個英雄。她編出一則故事，說父親是在前線與法西斯對抗的時候，為了拯救他人而犧牲。男孩上了鉤，畢業後便去莫尼諾上空軍學校。

此時開始接受太空飛行訓練的那群年輕飛行員，都把他們的廚娘暱稱做「菲娜媽媽」。「他們都還只是孩子，沒人超過三十歲。」菲娜媽媽在多年後回憶道。「而我是一九一八年生的，當時已經過四十歲了。平均起來，我可是老他們每個人二十歲。」

飛官們確實將她像母親一樣看待。在他們當中領頭的是中尉加加林，他不管做任何事都出類拔萃。他出身於斯摩棱斯克附近，對廚師十分尊重。他妻子瓦倫蒂娜的父親伊凡·戈亞切夫，原本在家鄉奧倫堡的療養院和餐廳也是煮飯的。

「加加林這輩子都是當帶頭的。」他的傳記作者安東·皮魯辛說。「有一張他念技術學校的照片，是籃球隊的合照。大家都又高又壯，只有一個人特別矮，那當然就是加加林，而且隊長就是他。」

「他是個很有趣的人，不過必要時也可以很正經。」菲娜回憶道。「有一次瓦列里・貝科夫斯基在吃早飯的時候進來，不過沒坐下來用餐，反倒去打撞球。我看到後便走去問他：『孩子啊，你怎麼不想吃飯？東西不合胃口嗎？跟我說你想吃什麼，我給你煮。』而他回答：『我沒胃口，什麼都不想吃。』加加林在這時候走過來把他訓了一頓，然後說：『菲娜媽媽叫你吃，你就吃。快去坐好！』貝科夫斯基有聽加加林的話嗎？當然有！」

菲娜媽媽有時會去列寧格勒的大都會餐廳進修，因為她不是廚藝學校出身的專業廚師。不過她跟她的上司們很快便注意到，她不是專業廚師這點對這群離鄉背井的年輕男孩來說反而是件好事。他們不想她煮得像餐廳，而是寧可吃家常菜。

隨著時間過去，部隊開始有自己的支援農場——他們養了豬、雞、乳牛，還有自家菜園種的蔬菜，宛如當年的列寧和史達林。

「洋蔥、香芹、高麗菜、紅蘿蔔，我們全都自己種。」菲娜媽媽在多年後回憶道。「我們的蔬菜多到走廊上總會擺上好幾碗沙拉，想吃的人就可以拿來吃，愛吃多少就吃多少。」

當時的候選太空人並不多，因此菲娜媽媽試著為每個人煮他們愛吃的菜。

「帕維爾・波波維奇喜歡吃烏克蘭的甜菜湯，這我會煮，我是波多里亞出身的。我給他做過一次後，所有人都要我把這湯固定放到菜單裡。加加林則是非常喜歡鮮奶，可以一口氣喝掉一公升。問題是鮮奶可能導致胃病，這對飛行員來說非常危險。我跟姐妹們不得不想辦法讓煮過的牛奶還能保持風味。」

楚瓦什共和國出身、後來成了太空人的安德里揚・尼古拉耶夫，喜歡他們共和國的家鄉菜「呼普魯」，那是一種麵團用酵母下去揉，包了馬鈴薯和肉餡的圓派。所以菲娜媽媽便熬了幾個晚上學，一直做到大家都滿意為止。

「我沒印象有誰特別愛抱怨，我只記得他們要是有進加壓艙上課，在裡頭實際上就是長時間坐著，一動也不動，我就會為他們多煮一些蔬菜。紅蘿蔔、高麗菜餅、歐姆蛋，或是以蔬菜為基底的湯：甜菜湯、雜拌湯、酸菜湯，還有很多醬菜。」

儘管太空人都愛極了菲娜媽媽的手藝，她做的菜卻上不了太空，因為當時還沒人知道人體在無重力狀態下會如何反應。太空人拿到的食物都是裝在特殊的管子裡，而且絞成糊狀，以免食物碎屑或殘渣在機艙中亂飛。

「他們在訓練中心練習時，莫斯科那邊就已經給他們配送食物包，要讓他們習慣。」菲娜媽媽回憶道。「他們不愛，都會等訓練後再開車來廚房偷東西吃。他們要我給他們留吃的，什麼都可以，只要不是用管子裝的就好。他們會說：『菲娜媽媽，給我們留點馬鈴薯吧。就算是昨天剩下的也好，不過要是我們自己種的。』他們沒吃的那些食物也不是不好，比如麵包吧，味道很好，像我外婆烤的一樣，我沒想到他們可以做出這麼好的麵包。不過管裝的肉跟馬鈴薯，要他們覺得好吃也是很難了。」

太空人的訓練讓人筋疲力盡。他們會在一個機器裡旋轉並承受飛行期間可能產生的重力變化。他們在夜裡、在雨中練習跳傘，學習如何處理傘面太晚打開的情況。不過他們說最難受的，還是自己一個人關在完全隔音的艙室裡，整整十天。

「那些訓練都很辛苦。」菲娜說。「他們老是在壓力下工作，因為每個人都想成為最頂尖的，每個人都想第一個上太空。訓練完他們會開車來我這，我就盡我所能給他們吃最好的。」

5.

加加林似乎是靠笑容取勝。

不過也可能是別種更平凡無奇的原因。

「他的主要競爭對手，同時也是他最好的朋友，叫日爾曼．季托夫。聽說他的每項測試成績都比加加林好，生理上的適應也非常良好。」加加林的傳記作者皮魯辛說。「不過蘇聯戰勝德國還不到二十年，就派一個叫日爾曼的上太空，這像話嗎？」

這一點似乎成了決定性因素。

再說，德國入侵俄國期間，加加林的日子過得很不容易。他的村子在斯摩棱斯克附近，戰線波及他們時，發生了很嚴重的饑荒，年紀小小的加加林得去德軍的垃圾桶翻廚餘。他跟弟弟回想當年，說他們從裡頭翻出乾掉的老麵包邊。他媽媽是擠奶女工，父親是木匠，親手給一家人蓋了屋子。只不過在戰爭期間，他們的房子給一個德國軍官占了，加加林一家子在屋外的地窖裡住了兩年。

人類首次飛航的幾個月前，加加林與季托夫去了哈薩克的拜科努爾。蘇聯就是從那個地方將狗兒送上太空，也會從那裡將第一個太空人送上去。他們的廚娘也由菲娜媽媽換成了瑪麗亞·克里蒂尼娜。她在頓河一帶長大，當時才二十五歲，接下來將會負責照料發射前兩代蘇聯太空人的飲食，而她未來也將成為拜科努爾飲食界的活傳奇。

加加林與季托夫一起看新一批狗兒的火箭發射，而火箭就這麼在他們眼前爆炸。

當時他們已經知道，下一個上火箭的會是兩人中的一個。

發射的前一天，他們終於知道是加加林要飛，但兩人都還是保持氣度。季托夫在許多年後才承認自己當時的情緒有多激動，內心又有多痛苦。

發射前一小時，瑪麗亞·克里蒂尼娜試著給加加林再塞幾顆洋蔥帶上太空。

「這是我們自己種的，比較健康。」她偷偷地說。「裝在軟管裡的那些東西誰曉得是什麼……」

不過加加林只對她報以微笑。他知道在發射前自己會被徹底搜身——畢竟他要帶上太空的東西都有政治或科學上的意義，連一顆洋蔥都不可能有機會夾帶上去。

6.

我們把話題轉回比留列夫實驗工廠一下吧，給太空人吃的管裝食物都是在這裡生產。

「我是從航空業過來的，」廠長多布羅沃斯基說，「在那邊也是做飛行員飲食相關的事。我的碩士論文還是拿這個當題目，這對我來說是條很自然的路。你對強大重力下的人類飲食有概念嗎？來吧。太空可是最高榮耀，各種津貼、海外出差、火箭發射之旅。我們當時是蘇聯食品技術的菁英。」

「以前是這樣，不過現在沒人想來我們這裡工作。」瓦倫蒂娜・包里索夫娜雙手一攤，接著說：「所以我們這些早該退休的人還留在這裡。」

桌前坐的幾個人不是七十幾歲，就是八十好幾，這個事實的確叫人很難忽略。

「現在的年輕人都很嬌氣，」廠長評論。「我們當年可是刻苦耐勞，全心奉獻。我們看重的不是錢，而是理念。當年的蘇聯就是這樣，理念高於一切。我們負責規劃頭一批被我們送上月球的人該吃什麼。我們用非常嚴肅的態度討論什麼東西要怎樣才能在其他星球生長，頭一批送出去的應該是哪些植物才不會壞了火星的土壤。」

「我可是為了火星才來這裡！要做送上火星的食物這件事讓我非常開心。但現在來面試的女孩，對自己做的東西會送上太空給人吃這件事都一臉無所謂的樣子。如果只是想多賺一千盧布，去賣中東烤肉或俄式煎餅布利尼*的攤子工作也賺得到。」穆基亞諾夫女士難過地補充道。

「我們在這裡拿自己的問題煩您，差點忘了您可是想盡量瞭解首批太空人的事。」廠長將話題拉回正軌。「所以呢，您請聽了。加加林的飛行當然是人類創舉，不過就飲食的角度來看其實是件很無趣的事。畢竟加加林在太空只待了一個小時又四十分鐘……」

「就像齊奧爾科夫斯基預料的那樣……」穆基亞諾夫插嘴。

「沒錯，」廠長點點頭，「不過齊奧爾科夫斯基根本沒提到食物。其實加加林在外太空根本不需要吃東西，因為兩個小時的時間應該還不至於讓他餓肚子。只不過科羅廖夫想盡可能瞭解人體器官在太空中的反應，畢竟他們在那之前完全沒有任何資訊，所以他們才特別命令加加林要在無重力的狀態下用餐。至於他到底吃了什麼，就讓我這兩位可敬的女同事來解說吧。穆基亞諾夫女士是我們當中第一個來這裡工作的——」

穆基亞諾夫女士理所當然地接手話題：「——加加林食物管裡裝的東西，跟他之前的戰鬥機飛行員得到的一樣。他們給他六十幾份，因為科羅廖夫不確定能不能馬上將他導回地球。那些是我們當時所有測試過要給飛行員食用的餐點。」

「如今我們的餐點有超過三百種。」廠長多布羅沃斯基笑著說，畢竟這很大程度上是他的功勞。「當時我們只有幾十種。那天他選的組合裡有蔬菜湯、肝抹醬和黑醋栗汁。」

「有些消息指出他還吃了巧克力醬，」我插嘴道，畢竟這是我所讀到的。「這是真的嗎？」

「這點我們不能百分之百確定，」廠長回答，「不過他確實有帶巧克力醬，所以天知道，也許他真的有嚐過。那巧克力醬在當時是新產品，是我們這些食品技師送給第一位太空人的禮物，好讓他的旅程更溫馨。那種巧克力醬如今在每家商店都能買到，不過在當時可是打著燈籠也找不到的。」

「加加林在無重力的狀態下吃飯，那是人類在地球之外吃的第一頓餐。」穆基亞諾夫女士說。「您對加加林還有任何問題嗎？不然我們就進到下一個話題吧。」

我的問題有兩個。

＊ 俄式煎餅布利尼（Bliny），是以酵母為基底，採用蕎麥粉做成的煎餅，有做法會混合麵粉或裸麥粉。成品類似可麗餅。

我先問了加加林在發射不久前跟科羅廖夫那段著名的對話。他提到香腸，還說會拿來當配菜。所以我的問題是：那香腸是要拿來配什麼？

不過多布羅沃斯基廠長說那些都是玩笑話，根本就沒有什麼香腸，也沒有東西什麼好配。

「他們在酒這件事上真的很嚴格，」他說，「那可是史上首次人類飛太空，不可能會有人拿酒給他或允許他帶酒上去。香腸也一樣。」

因此我提出了第二個問題：如果地面上的人沒辦法成功將加加林送回地球，那麼他的最後一包食物，也就是第六十三包，是不是也像小狗萊卡的那樣，摻了毒藥？

「請不要在這麼嚴肅的事情上開玩笑。」多布羅沃斯基廠長斷然表示。不過我一點都沒有在開玩笑。

7.

加加林在薩拉托夫不遠處，一個叫烏茲莫里的村莊附近著陸。據說他打開艙門頭一樣看到的東西，就是乳牛的屁股。當地集體農場的人一見到他，拔腿就跑。頭一個鼓起勇氣跟這怪人說話的，是當時才五歲的露米亞・努斯卡諾娃。

「我奶奶嚇死了，說是美國人打過來了。」露米亞在二〇二一年的時候回憶。不過等這個外來者開口說俄文後，露米亞的奶奶便從桶子裡分了點牛奶給他喝。

加加林婉拒對方，說自己在太空裡吃了一堆管裝的食物。直到他跟太空人的醫生聯絡上，醫生才建議他要吃蘋果。

「同一時間，我父親跑來告訴加加林，說他降落的這片土地上長的馬鈴薯是最棒的。」露米亞說。「他們你一言我一句，講好等馬鈴薯收成，加加林會回來吃，我們也會招待他到家裡。他那時答應我跟奶奶，會來我們家吃馬鈴薯配酸奶油和醃黃瓜。從那時候起，每次我們在那塊地種馬鈴薯，都會說是要『種給尤里』吃的。」

加加林剩下的太空食物管都給當地人拆開了去。

8.

加加林很快便成為眾人的偶像，以及蘇聯的「出口品」。不管去到哪，都有幾十萬人歡迎他。波蘭華沙有五十萬人歡迎他，西里西亞城鄉區則有將近兩百萬人。

在他訪問日本後，蘇聯與櫻花之國間的貿易金額成長了……十五倍。

不過這名人類史上的首位太空人開始覺得自己像關在籠裡的猴子，所以只要逮到機會就開溜。跟著他跑了大半個地球的攝影師，同時也是他朋友的鮑里斯·戈洛尼亞，回憶他們如何在東京甩掉貼身跟隨的ＫＧＢ特務，先是去了電子展，然後又去喝啤酒。（這些特務固然是要保護加加林，但同時也是要防範他做出任何預期外的舉動。）

「就在我們以為已經成功把他們都甩開的時候，一台黑色轎車開到酒吧前，車窗降了下來，然後一個穿便服的男人向我們敬禮。那人苦苦哀求加加林上車回飯店，因為他的值班要結束了，而他想在第二天上工前睡個飽。」

加加林的另一次冒險，是在倫敦和英國女王用早餐的時候。

「伊麗莎白女王二世邀請他到白金漢宮。」人類史上首位太空人的傳記作者皮魯辛寫道。「他們走進宮，在桌前坐下，桌上擺滿了餐具：叉子、湯匙、刀子，什麼都有，各十五支，就是王宮該有的排場。不過這種事嚇唬不了加加林。他告訴女王自己只是鄉下來的平凡農家子弟，這輩子吃什麼都是用同一根湯匙，說他一點也不知道怎麼用那些叉子。女王聽了開懷大笑。聽說女王告訴他，雖然她是在王宮長大，也不是每件餐具都知道怎麼用。加加林完完全全就是盡了他的本分，做他自己，尤里．加加林，一個單純的農家子弟，成了飛上太空的頭一人。他現在掛起大大的笑容，希望地球上能充滿和平。」

不過加加林頂著首位太空人的頭銜一久，便開始昏頭。他原本真的是個鄉下來的羞澀農家子弟，夢想遨翔天際，而不是待在金籠子環遊世界。他因此躲到了酒精和……羅曼史去。他在克里米亞時見了一名年輕的女醫師，結果敲門聲突然響起，原來是他太太找上門，而給她指路的人單純只是一片好心。加加林從二樓一躍而下，摔破了腦袋。

隔天整個蘇聯報紙報導的，都是英勇太空人為救溺水的孩子而受傷。

9.

在加加林之後，他那名字沒取好的朋友季托夫也終於飛上太空。

「加加林奉命在太空吃的份量有多少，季托夫就吃的一樣多，因為他是真的餓了。」皮魯辛繼續寫道。「他吃了三份午餐：蔬菜湯、抹肉醬、黑醋栗汁。第二天的午餐吃了傳統的俄式甜菜湯。他拿到的都是頗大的份量，超過兩千卡路里，不過他在降落後還是抱怨自己沒吃飽。後來人們才知道，太空的重力大到讓太空人必須吃到三千卡路里才行。因此季托夫是頭一個真正在太空吃到午餐的人，也是頭一個在上頭小便的人。有傳言說他其實「事情」沒辦完，但不想被人記住是頭一個在太空上大號的，就此忍到降落。」

因此，這份殊榮落到了瓦列里・貝科夫斯基頭上，也就是在太空人食堂不想吃菲娜早餐的那個人。一九六三年六月，貝科夫斯基在孤單的宇宙空間裡待了五個晝夜。就算他想忍到降落，也是一點機會都沒有。

在他出任務的同時，飛上太空的還有史上第一位女太空人范倫蒂娜・泰勒斯可娃。她是雅羅斯拉夫一名普通的紡織女工，下班後的興趣是學跳降落傘。在聽說加加林的飛行後，她便寫信給赫魯雪夫，說自己想當史上首位女太空人的候選人。

「她的堅持讓赫魯雪夫印象深刻，所以要人給她一個機會。」安東‧皮魯辛說。而五名女性候選人中最後獲選的正是她。

就在貝科夫斯基進行太空史上首次「方便」的時候，泰勒斯可娃則成了史上第一個在地心軌道上嘔吐的人——他們的飛行在同一時間進行。

「我食物中毒，」泰勒斯可娃在返程後滿懷歉意地說。「麵包太乾了，我想吃黑麥麵包、馬鈴薯和洋蔥。」

著陸後，泰勒斯可娃打破所有太空人的規定，埋頭猛吃。

「她吃得非常誇張，那邊的人給她吃了一堆她心心念念的馬鈴薯和洋蔥，也給她喝了馬奶酒，而她則把『太空』食物管分送給他們以示感謝。」皮魯辛說。「這完全違反醫囑，因為太空人必須等醫師檢查後才能進食。科羅廖夫大發雷霆，因為就研究的角度來說，她這趟飛行變得完全沒有用處。可是這趟飛行只能有一種結論，所以還是被定調成極大的成功。不過由於泰勒斯可娃的不守規矩，在後來的二十年間都沒有任何一名女性飛上太空。

10.

加加林的死亡雖然有官方解釋，到今天依舊眾說紛紜。他最愛的廚娘是否在當中摻了一手？

菲娜·卡澤茨卡亞最後一次見到史上首位太空人是一九六八年三月二十七日，也就是意外發生的前一晚。當時星城已經發展成中型城市，食堂不分晝夜都有十幾名廚娘工作，不過掌管食堂、負責太空人餐食的依舊是她，而太空人也一直都把她當母親看待。

「加加林死之前我上的是夜班。」她在三十多年後回憶道。「大概是一點的時候，值星官大喊：『菲娜，等一下馬上有四個人來，尤里也跟他們一起。』幾分鐘後，一輛車停在食堂前，而尤里的確也在車上。他跟我打招呼，但一看到我在張羅桌子，就跟我抗議：『媽媽，不用張羅了，做三明治就好。我們早上五點來拿。』我說：『孩子們，為什麼？你們吃點暖和的東西啊！』『媽媽，謝謝妳，不過我們沒時間。』」

加加林隔天還有跟教官弗拉基米爾·謝廖金一起飛的行程。臨上機前，我們的太空人突然想起他最愛的飲料。

「媽媽，你有牛奶嗎？」他問菲娜。

菲娜從冰箱裡拿了一瓶出來打算加熱，但加加林笑著一口氣喝掉整杯冰牛奶。兩名飛官吃過三明治後便離開了。

幫他們準備餐桌的女服務生日後回憶，加加林當時忘記跟她拿餐券，她便跑去拿給他。

「我的班在中午結束，原本打算回家，」菲娜解釋，「不過檢查站那邊要我回去。我就是在那時頭一次聽到『加加林跟謝廖金死了』，於是我得在食堂等待偵訊。」

沒多久，幾名軍人進來太空人食堂。

「他們把每樣東西都扣押，甚至連垃圾桶裡的東西都被包走。」菲娜回憶道。「我們被偵訊：『加加林吃了什麼、喝了什麼……』我幾乎說不出話，不是因為害怕，而是因為我無法相信尤里死了。怎麼會？這麼一個活生生的人，一個好人，就這麼沒了？飛官殉職是常有的事，但不會是加加林！大家都哭了。』」

多次被告誡不要給飛官鮮奶的菲娜媽媽，有因為這樣而惹禍上身嗎？調查首位太空人之死的委員會究竟有沒有考慮過，加加林的死很可能只是因為一口氣喝下整杯牛奶這麼普通的原因？這聽起來很不可思議，但換個角度想，飛行員常碰到得快速下決定的生死瞬間。這是否就是當時的情況？

實情已無可考。尤里・加加林的死亡紀錄和菲娜・卡澤茨卡亞的偵訊紀錄都是機密。

菲娜本人這輩子只接受過一次訪談。

11.

太空飛行的時間越長，比留列夫實驗工廠團隊的任務便越有挑戰性。「我們現在的經驗是綜合了幾百趟的太空飛行，」廠長多布羅沃斯基自豪地說，「自從冷戰結束，我們就跟美國人對照經驗，互相交流，不再競爭。我不想讓人感覺自大，不過在太空食品這塊俄國才是世界第一。俄羅斯人每次飛上國際太空站都要多帶幾罐食物，因為其他人會來要。」

「我們的太空人會收到裝了十六天份食物的配給櫃，」資深專員穆基亞諾夫女士解釋，「而這十六天的份量裡，不管是早餐、午餐還是晚餐都不會重複。我們也不用管裝的了，太不實用，而且長時間使用後，太空人反而得重新學習咀嚼。現在他們收到的都是罐頭，用管裝送上去的只有芥末醬和蜂蜜。」

「我們盡可能讓太空人收到最健康的食物，」廠長補充，「我們跟工廠及農場簽約，由他們專門生產無農藥蔬果。太空中有時一個小細節就能定生死，所以我們不想把化學物質送上去。我們的控管很嚴格，就連我們自己都嚴加管制。這方式很有效，因為六十年來我們連一隻微生物或寄生蟲都沒送上太空。上面要是有人鬧肚子，那可是會出大事。我們得從下面就防治好。」

「除了主要的配給櫃，他們也會收到一個備用櫃。」包里索夫娜補充道。「他們收到的第一櫃食物是按我們的知識與準則準備的。第二個櫃子則可以自訂最想吃的食物，可以選擇核桃奶渣、各種果汁和果凍糊*，甚至可以訂巧克力或酸乳。」

「科技發展日新月異，」穆基亞諾夫再度插嘴，「現在太空人收到的食物都是罐裝，不然就是真空乾包裝。這種乾包裝只要倒熱水進去就可以吃了。」

「六十年來，我們的程序都沒變。我們跟每個太空人見面，給他們試各種食物，」廠長說，「從一到五，他們會給每樣餐點評分。我們盡量讓他們收到評價最高的食物，但有時太空人跟我們訂這種，幾天後卻改訂別種完全不同的食物。這點很有趣，人的口味在太空上會改變。我們不知道原因，但事實就是如此。在地球上連看都不想看蛋的人，在太空上就偏偏想吃蛋，等回到了地球，經過幾天，有時是幾個禮拜，口味就會恢復正常。這是為什麼呢？我們無法解釋，目前還沒辦法。」

「幾乎所有人在太空上都覺得洋蔥好吃，這點我們同樣不明白。」穆基亞諾夫一臉苦思。「不過太空人待的空間都很狹窄，吃洋蔥可能不是個好主意，所以我們在研究怎麼讓洋蔥不發出味道。頭一批試做品已經飛上地心軌道了。」

「太空人最愛的食物是俄式燉牛肉，」多布羅沃斯基廠長總結，「還有魚，波式鼓眼魚，加了蛋、奶油和檸檬的口味。至於為什麼叫『波式鼓眼魚』，我也不知道。不過太空人也很喜歡吃豆泥、雜拌湯、醬漬番茄、魚子醬、用酸高麗菜做的白菜湯、雞湯、喬治亞燉肉湯和甜菜湯。自從兄弟國的太空人也飛上去後，我們的菜單新增了很多選項。我們盡量給每個人都準備他們國家的料理當驚喜。因為匈牙利，我們有了燉肉；因為保加利亞，我們有了茄子番茄肉醬焗烤，我們叫做菜肉焗烤。只有做給你們米羅斯瓦夫・赫爾曼謝夫斯基吃的波蘭燉菜**沒能納入菜單。」

12.

露米亞一家人是加加林著陸後頭一個說話的對象，他們到今天都還在種馬鈴薯等著史上首位太空人來吃。

「我們知道他已經不會來了，不過我們種慣了。說話要算話，我們說了會種，就會種。」露米亞對俄羅斯塔斯社的記者說。

國家因為科羅廖夫的功績在莫斯科郊區給了他一棟小屋，而小屋所在的位置如今已成為市中心的一部分，也就是現在的航天博物館分館。我們就是在這裡跟拉麗莎・菲利娜碰面。

* 果凍糊（kisiel），類似果凍，但質地較稀稠。

** 波蘭燉菜（bigos），又稱野人燉肉，以醃高麗菜為基底，加入五花肉或波蘭香腸，以及泡過的乾香菇和李子乾燉製而成，口味極酸，通常配麵包吃，為波蘭家常菜。

訪談結束後，菲利娜帶我在這棟別墅裡逛。

「太空人在發射前會來這裡，就像是朝聖。」菲利娜說。「日爾曼・季托夫還在世的時候，會來這裡冥想，每次都是穿著襪子在屋裡到處走。比較年長的女同事跟他說這裡沒有這種規矩，但他每次都是微笑以對。」

廚房裡保留了當時的設備——爐子與水槽，甚至連窗簾都是。

「季托夫喜歡吃包櫛瓜的高麗菜捲配酸奶油，也喜歡吃穀粒飯配新鮮洋蔥和醃豬肥*，」菲利娜說，「而他最愛的零嘴是黑麵包，只要抹上一層薄薄芥末醬，再配上一片烏克蘭的『薩洛』，也就是豬肥，他可以吃個不停。」

科羅廖夫比加加林早死兩年，死因是心臟病。在勞改營的那幾年實實在在地毀了他的健康，而這份工作的壓力總是很大，毀了他的心臟。

拜科努爾的廚師瑪麗亞・克里蒂尼娜說服後來的太空人帶洋蔥上太空，最後白俄羅斯的彼得・克里謬克還真的帶了上去，不過他沒有吃，而是種到水裡。他待在太空的那個禮拜，洋蔥長出了幾公分高的綠葉，克里謬克也得以開開心心加菜。在那之後，太空人開始跟克里蒂尼娜拿洋蔥夾帶上去。她自己從太空狗飛行開始便在拜科努爾工作，一直做到戈巴契夫和

---

* 豬肥（Salo），由豬後背肥油透過鹽漬、煙燻或其他手法加工製成，可帶皮或不帶皮。

太空人吃的食物就是這樣製造的© Witold Szabłowski

太空人吃的甜菜湯© Witold Szabłowski

改革開放的時代。一九八六年，她回到家鄉頓河的小村子，在二〇一三年加加林飛航紀念日的前幾天過世。

比留列夫實驗工廠的資深專員穆基亞諾夫已年近八十，仍想在有生之年為火星計畫設計菜單。

「我們得研發出全新科技。」她說。「現在我們的乾式包裝食物只有一年的保存期限。要去火星，就得想出可以維持三年，甚至是四年的食物。那會是個很棒的過程，我很想參與其中。」

菜單

甜菜湯

共青團真理報的記者奧爾嘉．戈拉諾，在二〇一三年拜訪瑪麗亞．克里蒂尼娜，紀錄了拜科努爾的獨門甜菜湯食譜：

- 豬肉及小牛肉300至400克
- 馬鈴薯3至4顆
- 高麗菜300至400克
- 紅蘿蔔1根
- 甜椒2顆
- 洋蔥2顆

・番茄糊2湯匙

・月桂葉2片

奶油放平底鍋化開。將肉、馬鈴薯、洋蔥、紅蘿蔔、月桂葉和一顆甜椒放入湯鍋，用小火煮到湯變濁。

同一時間將洋蔥、紅蘿蔔、另一顆甜椒、月桂葉和番茄放到平底鍋裡炒一下，加入一茶匙糖。

先放炒料（炒過的馬鈴薯和紅蘿蔔），然後是高麗菜、蒔蘿及香芹葉。湯滾後關火，等湯涼後再上蓋，不然蓋面聚集的水蒸氣會壞了味道。

廚房門外

加加林還在世的時候，克里姆林宮曾經發生政變：赫魯雪夫被黨內同志移除政權，強迫退休，改由年紀更輕，個性樂天，而且百分之百飲酒過度的列昂尼德・布里茲涅夫接替。

首位太空人之死引發了各種傳說。其中一個說加加林惹惱了布里茲涅夫，被下令暗殺。最大膽的臆測是加加林根本沒上過太空，所以得死，才不會洩了密。

比較有邏輯的說法，是有架戰鬥機違反各種規定，在能見度很差且沒跟塔臺聯絡的情況下降低高度，從距離加加林所控制的飛機不過十幾公尺的地方低空飛過，把他撞離航道。這件事牽涉到違反眾多程序，與航空控制塔臺聯繫不良，壞天氣和雷達故障。

二〇一一年俄羅斯的航太總署正式結束調查，把事故原因完全推到加加林身上，直指他錯誤操作。不過許多俄國人都認為太空人之死的真實情況並沒有獲得解釋。哪些情況呢？至少拿調查結束快得驚人這點來說吧，還有事件調查委員會要人將加加林跟他教官飛的那架飛機大卸八塊，裝在桶子裡焊死。就好像他們想要摧毀殘骸，讓人沒辦法挖掘這場災難的真正原因。

後來人們才知道，在飛機撞擊地面之後，加加林的雙手依舊緊握著操控桿。除了兩名飛官的屍骸外，那裡還找到他們的個人物品：加加林的皮夾，裡頭有他的駕照及科羅廖夫的照片。在他外套口袋裡則找到了起飛前食堂女服務生給他的午餐券。

與此同時，布里茲涅夫的克里姆林宮餐廳在奢華程度上也來到新的巔峰，克里姆林宮裡的食物再也沒有那麼奢侈、那麼豐盛了。那些盛宴的豪華程度讓人聯想到沙皇時代。

讓人覺得有點諷刺的是，克里姆林宮的主人並沒有特別喜歡那些盛宴上的食物。這是為什麼呢？這個問題最好由他的廚師來告訴我們。

第十盤　克里姆林宮的廚師

我第一次看到布里茲涅夫的時候還是個年輕的小廚子，被送進克里姆林宮，在戰勝法西斯三十週年紀念酒會上當幫手。我看著他，心裡覺得自己在看電視。難以置信，我，維克特·別瓦耶夫，一個伊茲麥沃夫來的小伙子，在給國家元首和他的客人煮飯。

在那之後還有戈巴契夫、葉爾欽和普丁，我給他們所有人全煮過飯。我跟你說，他們之中有人就喜歡大半夜叫人起來煮飯。理查·尼克森來訪問戈巴契夫的時候，要人把我做的菜全都拍照，而且每天晚上都會來跟我打招呼。瑪格麗特·柴契爾夫人不知道點了多少我做的煎餅*。而你們波蘭的總書記愛德華·吉瑞克每次都會給我帶波蘭香腸，因為整個蘇聯裡沒人會做這麼棒的香腸。

---

* 煎餅（Naleśniki），用麵粉及牛奶調製的麵糊下平底鍋煎成的薄餅，厚度同可麗餅或更薄，餅皮極軟，外層多加鮮奶油搭配，內餡通常包白糖、果醬、巧克力醬等甜餡，夏季會加上新鮮草莓或藍莓等水果，也可加起司、火腿、香腸等鹹餡。這是波蘭常見的早餐，視餡料多寡也可當正餐。

維特多，我們要從哪裡開始？應該是從頭開始吧。從我是個伊茲麥沃夫來的年輕小伙子，滿腦子遠大夢想開始說吧。

1.

伊茲麥沃夫現在屬於莫斯科，幾乎是市中心的一部分，不過在我還是個孩子的時候，那裡只是郊區，因為當年沙皇彼得大帝在此度過童年而赫赫有名。那邊有幾間很漂亮的東正教教堂、修道院和他的紀念碑，有他玩過水的那條河，他走過的那些街道。要是你住在這種地方，就會像塊海綿一樣吸收滿滿的歷史，就連我一個年紀輕輕的小伙子，也想在這輩子做點跟歷史沾上邊的事。

我決定去上教檔案學的專科技術學校。有一間離我家不遠，也在伊茲麥沃夫。我當時是這樣想的：我以後會去調查舊檔案，閱讀書籍，還有做其他跟這些一樣有趣的事。

你要知道，我從小就沒有父親，只有母親、外婆和外公。父親在我四歲的時候因為耍流氓被抓去關，好像是偷了什麼人的東西，又揍了什麼人。我不知道詳情，也沒有去追究——後來媽媽不想再跟他有瓜葛，所以他跟我也成了陌生人。我們的一家之主是外公，他個子很高，頭髮像烏鴉的羽毛一般黑。他是退休軍人，多當了兩年兵，因為這是軍隊同意招他入伍的條件。他靠著一隻腳走到去柏林——斯摩棱斯克戰役讓他丟了一條腿。

就連在英雄百出的戰爭時期，外公也是個不平凡的人。某個軍醫——而且還是波蘭人——用某種樹給他做了義肢。他們原本想把外公送回莫斯科，因為瘸了腿的人要怎麼跟著部隊移動？不過他硬是不肯，說他才不要回什麼莫斯科，而且學會用單腳走路，走得可靈活了，沒說都不知道他一條腿是假的。他回來的時候帶了一整排的勳章，甚至有亞歷山大·涅夫斯基勳章和三個為國作戰的勳章。勳章多到都可以背在背上了。

然後我這個性格實際的外公有一天問我：

「阿特啊，你打算去哪上學？」

「去技術學校，外公，去學檔案學。」我答。

「阿特啊，那你從那所技術學校畢業後要做什麼？」

「嗯……我會坐在檔案室裡，拿放大鏡看各種舊檔案。」

外公看了看我，點點頭：

「那不是正經的工作，男人就該有個正經的職業才能養家糊口。」

我們的對話就這麼結束了，最起碼當時是這樣。外公有個習慣，每個禮拜都會把他所有勳章掛在西裝外套的衣領上，然後自己去村裡的酒吧喝一兩杯啤酒。我們這段對話過後沒多久，附近剛好開了間新酒吧，爺爺就去喝了兩杯啤酒，臨出門看到正對面寫著「廚藝學校觀摩日」。

外公心裡想：「唉唷，這挺有趣的。」便走到學校門口，剛好有個叫瓦倫蒂娜・彼得羅芙娜的女老師（我未來的老師之一）經過。她打量著我外公，又看了眼他的勳章，然後問：

「您有什麼事呢？是想要進修上課嗎？」

「不是我，是我孫子。」外公回答。

這答案讓女老師給外公做了個校園導覽，帶他走遍學校裡的各個角落。

外公離開學校後去了商店，買了兩瓶零點二五的，也就是兩百五十毫升裝的伏特加。回到家，他把兩瓶零點二五放桌上，打開來喝了一口，對著孫子開口：

「阿特啊，我今天去了廚藝學校。兩年的課程，一個禮拜學理論，一個禮拜實際操作，然後你就可以當廚師，一輩子都能吃飽飽，鼻子埋煙草。這是我們俄羅斯的俗語，意思是你會過得又好又有錢。」

我媽媽開始哭：「做什麼都好，就是不要做生意！他們會教他偷東西，他會被關起來！」

而外公只用了另一句俗語來回答：「跟有錢人揩一點油不算偷，這叫公平分享。」然後對我眨眨眼。

我喜歡這句俗語。至於我喜不喜歡外公的想法，這點我就不是那麼肯定了。不過跟他通常沒得討價還價，所以我把文件從技術學校那邊拿回來，然後送去廚藝學校。

這間學校很棒，程度非常好，我當初學的到今天都還派得上用場，因為他們什麼都教：分切豬雞，甚至是分切野味，還有一點會計，一點食品技術。我學到許多知識，學校老師都很棒，然後也真的像外公說的那樣，我們從一開始就一個禮拜在學校裡實習，一個禮拜在餐廳中實作。

只不過上了一個月後，餐廳實習就讓我沮喪到不想念了。他們把我跟一個同學送去切尤穆什基餐廳，頭兩個禮拜我們做的只有把煮好的蛋擦乾淨。真不知道做這是為了什麼，讓這些蛋的賣相比較好嗎？他們大概不知道該拿我們怎麼辦，就給我們一人一千顆蛋去刷乾淨。

兩個禮拜後，我跟同學終於鼓起勇氣去找大廚：「我們有一件事想報告，我們來這裡是要學怎麼做菜……」

結果大廚叫我們也去洗餐具和鍋子。那些平底鍋裡的油都是沾了半鍋，湯鍋都是幾百升的大鍋。這種工作真是太可怕了。

我們回學校告狀。瓦倫蒂娜·彼得羅芙娜老師就來餐廳看我們實習的狀況。她一看到我們面前的那堆平底鍋、湯鍋和水煮蛋——我們還是得繼續刷蛋——就跑去跟餐廳主管投訴，威脅餐廳要是不教我們技術，學校就會跟他們解除合作。

於是，主管把我們調去沙拉組。

那是我頭一次真真正正接觸到做菜，可是也說不上立刻就愛上這個行業。那肯定是比刷雞蛋和鍋子來得好，可是切生菜、小黃瓜和番茄，也不像是我可以做一輩子的事。

2.

上了一年課後，學校開始送我們去其他餐廳實習，真的都是些好地方。當時莫斯科的飲食地圖還不像今天這麼複雜，最好的餐廳有五家：大都會餐廳、烏克蘭餐廳、莫斯科餐廳、布拉格餐廳和國家餐廳，就這樣。

我去了布拉格餐廳。

那可是間別緻的餐廳，有白色的桌巾、非常優雅的服務生和極為出色的廚房，地點在莫斯科市中心著名的阿爾巴特街上。就連我們的服務生都是傳奇，領班是個叫格里戈里耶夫的，一個晚上只服務三桌，最多四桌客人。人們都要登記排隊才能排到他，甚至還得要提前幾個月預約。他人又好看又優雅，什麼都打點得好好的，很會給客人建議。他還會盯緊廚房，用最高水準為他的客人備餐。他會親自去盯著廚師動手，看他們食物有沒有用奶油煎、料有沒有足秤等等。

我在那邊跟員工處得很好，從學校以優等成績畢業後，老闆給了我一個工作機會，我當然是樂意接受。當時我還不是完全確定自己想成為一名廚師。

當時我還不知道那五家餐廳的服務生和廚師，能力好到會被克里姆林宮在各種大型宴會上雇用。不過我很快就知道這件事。才開始工作不久，我就遇上大場面——戰勝法西斯三十週年紀念。克里姆林宮照慣例舉行酒會，老闆要我加入廚師陣容，在酒會上服務。

維特多啊，我當時腿都軟了。要去哪？我？去那個克里姆林宮？我明明就什麼都還不會呀！不過老闆只是笑了笑：「冷靜點，維克特。該怎麼做、怎麼下手，你學了就會。」

我當時是個年輕小伙子。我要提醒你一下，一年前我還在莫斯科郊區的餐廳裡洗蛋呢，現在突然換到克里姆林宮。不過沒辦法，老闆都下令了，沒什麼好多說。他們給我穿戴得漂漂亮亮，我們的衣服是那麼的白，而且是漿洗過的，還有廚師帽。我們就這樣出發了。

那場酒會很盛大。我們準備了什麼？我不記得，但我只是協助資深廚師，主要是切切洗洗，偶爾在鍋裡攪拌一下。遇到服務生上菜來不及，他們就趕我去幫手。

後來幾名警衛突然闖進廚房大叫：「誰都不准出去！」我們從門口看出去，看到布里茲涅夫和當時的總理柯西金，以及政治局的所有成員從另一頭走過來。

我簡直不敢相信自己的眼睛。這畫面我是在看電視，還是真的親眼目睹？我看看其他廚師，想知道他們是不是也看到一樣的畫面，結果他們沒有一個人在看那些政治人物。對他們來說，這不過是一個平凡的工作日。政治局的人他們已經親眼看過不止一次，也知道他們以後還會再看到這些人。

3.

克里姆林宮歸克里姆林宮，但是我畢了業，軍隊也找上門。我被編到邊境部隊，負責保護我們的北方國界：從涅涅茨自治區的小鎮納里揚馬爾到楚科奇的小村落施密特角村。如果仔細看的話，從施密特角村可以看到阿拉斯加跟北極海的起點。

我們部隊隸屬的不是國防部，而是KGB，再上去是蘇聯部長會議。差別在哪裡？就我的角度來看，主要是食物。尋常的蘇聯士兵每天會領到兩百克奶油，而邊境兵則是五百克。其他的配給也差不多是這個情況。我們的營房比較好，制服也好一點點。蘇聯政府盡可能照顧我們。

我飛去沃爾庫塔，去「北極獨立邊境部隊」報到服役。在那邊就像在部隊，要先接受中士訓練。我的中士知道我在克里姆林宮的那件事，叫我去找部隊領導。我邊走邊想是怎麼回事。他們會打我嗎？會對我大吼嗎？結果領導說我既然有廚藝，不好好利用就太可惜。他馬上又說部隊的配給雖然好，可是廚子不行，而且部隊裡的人來自各個共和國，卻沒有半個懂得做菜。他還說很樂意給我一架飛機，讓我可以用一年的時間飛遍我們所有的駐點，教大家怎麼做菜才好吃。

我說：「當然沒問題，只要您說什麼時間，去哪裡，怎麼去，我們就出發。」

於是，我出發了。我去上課的地方都是我這輩子不管花多少錢都到不了的地方。不是路不通，就是火車沒到，只能搭直升機飛過去。如果看到一隻北極熊就能拿到一盧布，那我現在可發了。再加上數不清的海豹和天然景觀，美得叫人都要忘了呼吸。之所以會這樣，是因為北極的大自然只有二十四天的時間能孕育生命。一整年的環境都很嚴苛，但那幾天啊，維特多，只能用「瘋狂」兩個字來形容。在那二十幾天裡，就連把鏟子的握柄插進土裡都能長出東西。藍莓遍地長，看起來就像一張巨大的紫色地毯，另外還有覆盆莓和野菇。在我來之前，當地只會在什麼都長的這二十四天裡利用新鮮水果。

因此我教那些給我培訓的廚師要盡量冷凍藍莓和覆盆莓，這樣他們才能一整年都有新鮮水果飲可以喝。還有我去的每個駐紮點都要搭溫室，這樣吃蔬菜的時間才能拉長一點。我不知道是不是所有人都有照做，不過在中央沃爾庫塔這邊是這樣。據我所知，那溫室到今天都還在。

我也請我們這裡的外國船長給我們帶種子。用這個方式，我們吃到了長在地中海某處的美味甜椒、荷蘭的番茄、蘇格蘭的小黃瓜等等。這些都種在我們的溫室裡，當然了，不是一整年都有長，因為那邊實在太冷了。不過原本的二十四天新鮮蔬果期在轉眼間拉長成三個月，甚至將近四個月，已經是非常大的改變。

我還教廚子們怎麼分切鹿肉。你看我上的那間學校有多好，連這種事都有教。我們甚至還吃馴鹿。不過那邊最豐富的資源是魚——鱘魚、茴魚、各種品種的白鮭都有，數量是你想都想不到的多。我這輩子沒吃過那麼好吃的魚，白鮭的肉好吃到連煮都不用煮，直接擺桌上用湯匙挖就好。

我在一年內跑了二十二個駐點。我的建議他們有時會採納，有時不會，畢竟你也知道部隊對食物的態度是怎樣。那是我人生中非常美好的冒險經歷。我在那邊才頭一次感受到自己真心想當廚師，這是我該走的路，是我喜歡做的事，而且是在非常平凡無奇的情況下感受到的：我們可以搭溫室，我們可以冷凍漿果，可是凜冽的北國寒冬遲早會找上門。我們有一袋又一袋的紅蘿蔔、甜菜和馬鈴薯，可是這些東西都會被凍住，味道會變得很糟。在我之前的廚子都只是把水倒進去就盛給士兵，反正軍人什麼都吃。

不過我不想這樣。我拿了那些馬鈴薯，削好皮，切成片，泡在牛奶裡放過夜。隔天我把奶油放在表面，送進「火箱」*，烤得漂漂亮亮。等烤好後我在表面上再打幾顆蛋，才把這道焗烤料理盛給同袍吃。

大家開始問，明明還沒有船過來，我是去哪兒找來新鮮的馬鈴薯。

我說這些不是新鮮馬鈴薯，只是廚師花心思的成果。

同袍看了看我，臉上先是不相信，很快就換成讚嘆的表情。我就是在那個時候，頭一回感覺自己可以成為一名廚師。

4.

退伍後，布拉格餐廳張開雙手歡迎我。沒想到當時大家心裡都明白，我在那裡待沒多久就會去克里姆林宮做事。

這點大家都知道，就只有我不知道，因為我不認為自己是一個很有能力的廚師。

事情也的確這樣發展。原來我有個老師的叔叔叫亞歷山大・費多羅維奇，當上那邊的餐飲主任——我連想都沒想過自己有一天也會坐上那個位子。他問老師有沒有能力強的畢業生可以推薦，而老師報了我的名字，當時很少有人能以全部優等的成績畢業，而我就是。因此，亞歷山大・費多羅維奇找我過去面試。

「孩子，你有老婆嗎？」他問。

「沒有，可是我有女朋友。」我回。

＊ 小烤爐，烤箱的一種。

「我這邊在兩年後會給你提供一間房子住，如果你們打算結婚，剛剛好。」

當時排房子絕對不只等兩年，所以這真的是很大的誘因。我沒考慮太久就答應了。

不過我得先等兩個月，讓特勤人員把我的身家徹底調查過才能開始工作。我填了問卷，然後他們檢查我有沒有說謊。我父親的欄位讓人傷腦筋，畢竟他在坐牢，可是有人跟我說要寫我不認識他，跟他沒有接觸。問卷還要寫史達林主義實行期間，家裡有沒有人被鎮壓，有沒有人在祖國保衛戰時被德國俘虜，有沒有人住在國外。

幸好我們家都沒有。

我還藉這個機會跟媽媽和外公稍微問了下，原來媽媽這邊的祖先非常有錢，食品貿易做很大，甚至有幾艘自己的駁船。在斯科平的鎮上還有一棟我曾曾外公的房子，現在是觀光博物館。這一切都讓我覺得非常有趣，就像我之前說過的，我很愛歷史，到現在都還是愛。

不過父親的那邊，也就是我所不認識的家族，才是真正的菁英。原來他們是彼得大帝的得力助手，亞歷山大・達尼洛維奇・緬什科夫的嫡系後代。

幸好克里姆林宮那邊沒有查那麼深，或者他們對這些事沒興趣，總之我拿到了這份工作。

我過去那邊的時候還是個孩子。在克里姆林宮做事的人個個不平凡，在我工作的那段期間，廚房裡有在祖國保衛戰期間當過廚師的，有還記得史達林及赫魯雪夫的，有真的是在這裡看盡百態、閱歷無數的。

但沒有人的經歷比得上提莫菲耶維奇。我這輩子只看過他一次，可是他的臉和微微駝背的身影卻永遠住進了我腦海中。提莫菲耶維奇是個傳奇人物，因為他在克里姆林宮出生。對，你沒聽錯，跟我們這些廚子一起工作的這個人，是在克里姆林宮出生的，而且還是在沙皇時期出生。克里姆林宮城牆內，現在是會議宮那一大棟建築物所在的地方，在沙皇時期是一片很大的東正教教堂。提莫菲耶維奇的父親是裡頭的輔祭，而母親則在其中一個廚房裡洗碗。當年的僕人都直接住在克林姆林宮旁，所以他就在那邊出生。還年幼的他跟著母親上工當幫手，所以廚師們也教他煮飯，他就這樣一直做飯做下去。挺過革命，挺過戰爭，那雙做菜的手也從沒停過。直到一九四〇年代，他才搬出克里姆林宮，因為當時僕人已經不能住裡面。不過管理層給了他一間公寓，就在旁邊，從家裡上班用走的就能到。

我還有一個很要好的同事叫真尼亞．格理辛，他曾跟提莫菲耶維奇一起在俄羅斯電影人酒會上煮過螃蟹。那是個重要的場合，因為賓客人數預計是五百人，得用上好幾千隻螃蟹。他們煮螃蟹煮到深夜，提莫菲耶維奇突然看著手錶說：「真尼亞，回家吧，不然等等你的地鐵末班車就要跑了。我一個人來把這些螃蟹弄完。」

於是真尼亞去搭車，而提莫菲耶維奇弄好螃蟹，關掉爐子，然後就……死了。早上人們在爐子旁發現他——就像一名真正的廚師，先把工作完成才謝幕。可惜沒人把他的回憶記錄下來，不過這種情況就是這麼不幸。廚師通常走了就走了，沒人記得。

5.

一開始，我是在一個叫特級廚房的地方做事，負責準備克里姆林宮的宴會。我們真的是給很多人煮了很多食物，因為賓客的人數有時多達上千人。我做完自己的事就會去看看有誰需要幫忙。大家都很喜歡我這一點，而我也靠著這個方式跟他們學了很多。

我不能說自己在這段時間有個特定的師傅。我跟這個人學一點，跟那個人學一些。有趣的食譜越看越多，比如我們在甜點部做一口吃的小餡餅，那可是克里姆林宮廚房的招牌菜之一——一大堆手工包的迷你小餡餅，每次都讓賓客印象非常深刻，因為你不需要是廚藝專家也有辦法看出那有多費工夫，而宴會上這些小餡餅的數量可是多到讓人數不清。

我們也會烤開口餅，那是用鹹麵團做的魚肉餡餅。這種餡餅在包好後會刻意留下三個洞，餅皮烤到酥脆會捲成麻花，賣相可好看了，不過要花的功夫和精準度真是說也說不完。我花了三年都學不起來，直到有天突然開竅才成功。

我還學到各種廚房的小訣竅。就拿甜菜湯來說吧，我們都是在宴會前一天煮，因為可以放過夜，不會壞。只不過甜菜湯在隔天就會喪失顏色，這種時候就要加一種特殊的染料：把甜菜用刨刀上磨碎，放水跟檸檬汁下去煮，加進甜菜湯後顏色就會變回來。

重要國家的元首來訪時最有趣。我很喜歡你們的總書記愛德華・吉瑞克，他每次來都會帶禮物，而且是特別為我選的，不是他們在華沙給他塞進飛機的那種。有一次他帶給我一件克拉克夫附近手工縫的襯衫，恰恰就是我的尺寸。我想感謝他，便去學了怎麼做波蘭燉菜。不過他跟我說：「維克特啊，波蘭食物我在華沙每天吃，來這裡就要嚐點你們的東西。」

所以我們約好只要他來，他的保鏢就會來跟我說：「老闆想吃基輔豬排。」或是莫納斯特里斯卡鱘魚，或是打平雞*。然後我就會趕快煮他想吃的東西。

我記得他很喜歡吃熱狗，早餐可以吃個四五條。蘇聯最大的米高揚肉品工廠有一整條生產線，專為克里姆林宮製造特級熱狗。那些熱狗的確很好吃，我們早餐都會加青豆一起做。

每次吉瑞克要來，我的主廚會在前幾天就跟我說：「喔，你那個波蘭人要來了。」規矩是這樣的，如果你跟哪個國外領袖合作得來，對方喜歡你的菜，那麼你就每次都要負責他的食物。而我的確跟吉瑞克合作非常多次。

波蘭人唯一會帶來的就只有香腸。我不知道你們是怎麼做的，不過像波蘭這麼好吃的香腸我這輩子還真沒吃過。我跟吉瑞克提過這件事，結果他們開始帶香腸過來，不光是給我，也會拿到那些正式場合享用。

---

* 打平雞（kurczak tabaka），是一種喬治亞烤雞，作法是將全雞從中剖開壓平，調味後下鍋煎烤。因為使用的是喬治亞的特殊平底寬鍋tapa，經轉音後而有了波蘭名kurczak tabaka。

雖然我跟吉瑞克有很好的關係，卻一次也沒跟他的副手賈魯澤斯基合作過，因為負責他的是另一個廚師。

6.

因為我在工作上變得寵，別人對我的評價又好，一兩年過後，我就有了當專廚的機會。這是什麼意思呢？專屬廚師，也就是專屬於一國大人物的廚師。克里姆林宮的廚房分工也跟世界上許多廚房一樣，有一個總統廚房制定菜單，為宴客上的所有來賓備餐。不過國家元首和最重要的那些人物則由另一個廚房來為他們準備餐點，而在這個廚房裡備餐的就是專廚。這些廚師都是最受信賴的人，由KGB直接雇用，每個都通過各種角度的審查。就連克里姆林宮裡的員工也禁止進入他們的廚房，因為一國元首的餐飲內容可是保守最為嚴格的機密。任何人都不該知道這件事的存在，更別提知道專廚的身分。這些都跟維安息息相關。

能當上專廚對一名廚師來說是莫大的殊榮，代表你菜做得好，人家也信任你。好在我雖然只是個毛頭小子，卻還是長了幾分智慧，知道該離專廚這件事越遠越好。為什麼呢？第一，這樣我們今天就不會有這場對話了。專廚這輩子做了什麼事都得永遠保密，不能說。第二，他們這輩子都禁止出國。

還有第三，專廚擔責任的時間長短，隨負責對象在政權中的存續時間而定，然後就不能繼續待在克里姆林宮，會被調去做其他任務。至於為什麼？我也不知道。有人覺得這是從維安角度來看最好的方式。所有的專廚我都認識，我也會跟替前幾任總書記掌廚的那些人見面，其中一個甚至還成了我的導師和摯友。不過呢，維特多，這一切就讓我像個歷史學者一樣，按時間順序來說吧。

所以，我沒有當上專廚，但我常常配合布里茲涅夫，在克里姆林宮和他的私人別墅都有。那是個停滯的年代，布里茲涅夫的情勢越來越糟，很多笑話都是拿他當主角。該怎麼說呢，當時在克里姆林宮主政的確實是一群年歲較高的人，也許他們真的錯過了改革的時機。

我只從廚房的面向瞭解他們，而從這方面我無法怪罪他們任何事。他們吃的很簡樸，沒有什麼特別需求。布里茲涅夫所住的扎覺區別墅則是由他的妻子維多莉亞掌管，她本身很會做菜，也很愛做菜，而且因為她的丈夫是一國元首，她一點都不想假手他人。她有一個管家，但管家也是跟她一起煮飯。她會做包胡桃餡的烏克蘭餃*，味道之好，我可做不來。除了這個，他們家一定會有女主人親手做的黑醋栗酒，而且只請特別的客人喝。

* 烏克蘭餃（warenki），形狀成半月或半圓，可包甜餡或辣餡，但在烏克蘭最常見的為馬鈴薯餡或馬鈴薯起司餡。在俄國通常包素餡，而且是熟餡。Warenki的斯拉夫字母原形為вареники，意為用水煮出來的東西。

他們家每次大型宴會後（這樣的宴會有時會到百人規模），維多莉亞都會下來廚房所在的地下室跟我們道謝。布里茲涅夫也親自來過幾次——之前他好像每次都會來，可是我開始在那邊工作的時候，他的歲數真的已經很大，而且身體不好。他為人隨和，會跟每個人握手道謝。每個人喝過一小杯那著名的自家酒，並把廚房打掃乾淨後，車子便載我們回莫斯科。

布里茲涅夫時代的宴會都很鋪張，食物多到連桌面都下凹，而且食材都是最上等的。你想像一下，當時全國最好的廚師全都被拉去克里姆林宮，這樣我們煮出來的東西會是怎樣？我們的廚房在當時應該是全世界最優秀也最專業的。

宴會的賓客常有幾百人，不過只有幾個人需要貼身維安。蘇聯共產黨中央委員會總書記、總理、國防部長，還有其他七個人。這是所謂的第一桌，所有人都有自己的專廚、獨立的廚房，並且由ＫＧＢ監控。他們甚至有自己的補給線，自己的獨立農莊，沒人有辦法知道他們的食物是從哪送來的。

其他賓客的菜就由我們「特級廚房」料理。

第一桌甚至有自己的個別服務生，都是深受信任的人。布里茲涅夫總是希望我老東家布拉格餐廳裡的卡里尼權科兄弟——瓦西里和尼古拉在宴會上為他工作。克里姆林宮老是打電話找他們過去做事。像他們這樣的服務生今天已是可遇不可求。兩個人都是從戰後開始在業界工作，也就是做了將近四十年。當時的莫斯科有家專為服務生開辦的學校，課程兩年一期。一個好的服務生不該跟客人說故事或分享自己的生活，也絕對不能讓自己成為焦點。一個好的服務生應該走到客人身邊行禮，然後隱身暗處，回應客人的每次召喚。我曾看過弗拉迪米爾·普丁總統跟烏克蘭的維克多·亞努科維奇總統對話。普丁的餐巾突然掉了，他下意識彎腰去撿，沒有中斷談話，不過那條餐巾已經不在原地。

因為當時有個能幹的服務生在旁邊伺候。

克里姆林宮的餐桌又是另外一件事了。我們有一大堆裝飾規定，由幾十個人負責。從沙皇時期就積攢下來的知識在布里茲涅夫時代真正達到巔峰。桌上有裝飾美麗的鱘魚，鍍銀大碗裝的黑紅魚子醬、堪察加螃蟹沙拉，各種魚類與肉類。

然而，不管是赫魯雪夫，還是布里茲涅夫，這兩任總書記都是烏克蘭的村莊或小鎮出身，這輩子哪裡見過什麼鱘魚？什麼烏魚子或堪察加螃蟹？這種大餐他們根本就吃不慣，更別說要他們每天吃了，那對他們來說根本一點都不好吃！

六百人的宴會，桌子都給食物壓凹了。每個人面前都有一整套刀叉，但布里茲涅夫就只是氣鼓鼓地坐著，從他的八根叉子裡拿了一根在盤面空比劃，因為桌上根本沒東西好吃！這種情況我看過很多次了，維特多，桌上根本沒有他喜歡吃或想吃的東西。

這種宴會舉辦前，專廚都會來瞧瞧我們的菜單，瞄一眼我們煮什麼。某一回一個專廚看了布里茲涅夫的菜單後說：「這下他什麼都不會吃了。等到宴會結束，他就會打電話要人幫他煎馬鈴薯，看是跟香腸一起煎，還是配酸奶油吃。」

最後也的確變成這樣。宴會結束，布里茲涅夫回到家的頭一件事就是打電話給廚師，說他想吃煎馬鈴薯配酸牛奶。再不然就是鯡魚，或是醃高麗菜，看他當時心情。我自己也在他的別墅看過好幾次。客人開始離開，布里茲涅夫就打電話說：「給我煎個馬鈴薯吧。」

身為世界最大國的元首，魚子醬、鱘魚，想吃什麼有什麼，呵，甚至可以叫人隔天給他射一頭熊或載條白鮭來烤。這樣的一個人想吃的卻只有馬鈴薯配一點酸奶油。喔，還有一小杯伏特加。

專廚給布里茲涅夫做的酸牛奶很有趣。先把牛奶放在陶鍋裡用六七十度烤，這樣牛奶表面就會形成一層棕色薄膜，他們還得特別跑一趟烏克蘭跟一群年長婦女學怎麼做。想想他可是掌管地表五分之一面積的人，而這是他在飲食上唯一任性的地方。你說，這樣算過份嗎？

7.

要說布里茲涅夫有什麼嗜好，那肯定不是美食，而是打獵。他有時會去跟波蘭交界的比亞沃維耶扎原始森林，他在那邊有間小狩獵別莊。但他更常去莫斯科郊外的扎維杜夫，那邊有河流和漂亮的保留區，動物多到甚至連當地的小湖都叫做卡巴湖，俄文野豬湖的意思。

布里茲涅夫每次去打獵，當然就得要煮野味。他還沒有空手回來過，他身邊的保鏢都說他會將打到的獵物就地分配：這頭野豬你們載去給總理，這個給總工會主席，這個我載回家。他很喜歡野豬燉肉配烤馬鈴薯。

有時他會自己去打獵，只帶上保鏢跟林務官。有時則會帶上半個政務局，那就得有個廚師在他們打獵時張羅食物。在野外最常做的就是燉野豬肉或燉鹿肉，不過都是事先從克里姆林宮帶過去，因為打獵不夠時間做。我也參加過這種打獵一兩次，也是煮燉肉。布里茲涅夫想向人表示自己的尊重，就會親自給對方煮狩獵版的庫列什，也就是野味黍米湯。

布里茲涅夫在人們的記憶中是個掛滿勳章的老人，有笑話說他每次上臺都得用起重機吊過去。不過對廚師來說，他是一個友善、謙虛又愛開玩笑的好人。

菜單

海魚湯

- 真鱈0.5公斤
- 大比目魚0.5公斤
- 海鱸0.5公斤
- 水2公升
- 洋蔥2顆
- 紅蘿蔔半條
- 馬鈴薯3顆
- 月桂葉4片
- 黑胡椒1小撮

- 韭蔥1根
- 香芹根1條
- 蒔蘿2湯匙
- 番紅花4—5絲
- 鹽2茶匙
- 檸檬4片

煮一鍋水，滾開後丟入切成條狀的馬鈴薯、紅蘿蔔、香芹根及碎洋蔥。以中火煮十至十五分鐘，直到馬鈴薯半熟為止。除了蒔蘿與韭蔥，其他材料全部加入。三分鐘後丟入切成大塊的魚和韭蔥，續煮十分鐘。關火前丟入蒔蘿與番紅花，上桌前加入檸檬片及蒔蘿。

核桃湯

- 馬鈴薯1—2顆
- 洋蔥2顆
- 紅蘿蔔一條
- 香芹根一條
- 高麗菜300克
- 甜菜約200克
- 核桃6顆——可以是普通胡桃或榛果
- 檸檬汁1茶匙

馬鈴薯削皮，洋蔥切碎，紅蘿蔔和香芹根切片。所有的材料連同高麗菜一起煮到馬鈴薯變軟，然後離火。

甜菜磨成細泥，加入檸檬汁或葡萄酒調味，然後放進單柄鍋煎一下，接著跟之前煮好的蔬菜湯混合。把湯盛進盤子時可加入碎核桃。

葡萄酒兔肉

- 兔子1隻（約1.5公斤）
- 煙燻牛胸肉或小里肌肉100克
- 洋蔥1顆
- 大蒜1瓣
- 鹽1茶匙
- 雞湯1杯
- 奶油2湯匙
- 麵粉1湯匙
- 乾白酒1杯
- 乾燥迷迭香1小撮
- 白胡椒
- 蛋黃2顆
- 甜奶油3／4杯

將兔肉洗好、擦乾、切塊，里肌肉及洋蔥切丁。大蒜剝皮切碎混鹽。高湯加熱。

另外起一鍋融化奶油，放入兔肉，煎到每一面都成上色。加入里肌肉和切碎的洋蔥，稍微煎至洋蔥變透明。持續攪拌，接著灑入麵粉，倒入高湯。加入大蒜、葡萄酒、迷迭香及胡椒，蓋上蓋子續煮兔肉。一個小時後取出，放在溫暖的地方。

蛋黃與甜奶油混合，單柄鍋裡剩餘的醬汁舀四到五茶匙加入，把所有的材料一起攪拌後，將這個醬汁淋在兔肉上，然後稍微悶一下，即可搭配白麵包或馬鈴薯可樂餅上桌。

鰻魚湯

・鰻魚0.5公斤　・洋蔥1顆　・大蒜1瓣
・甜椒2顆　・植物油1／3杯　・濃縮番茄糊2茶匙
・白酒1杯　・水0.5公升　・蒔蘿1把
・鹽1茶匙

鰻魚去皮切成五公分左右的長塊。洋蔥、大蒜及甜椒切碎放入鍋中悶五分鐘，然後加入濃縮番茄糊、白酒及一撮香料。高湯煮好後加入鰻魚，以鹽和胡椒調味，小火煮三十分鐘。

茄子菲達起司魚子醬

・茄子1公斤　・菲達起司100克　・番茄100克
・植物油半杯　・香芹30克　・大蒜1瓣

茄子先烤過，去皮，放涼，然後攪成泥狀。加入植物油、切碎的菲達起司及事先壓碎的大蒜泥。將所有的食材攪拌均勻，放入沙拉碗，撒上香芹，周圍擺上一圈番茄片裝飾。

橘子鮮蝦沙拉

・橘子6顆　・蝦子150克　・蘋果1顆
・西洋芹100克　・美乃滋4湯匙　・檸檬半顆
・奶油萵苣　・香芹根1條　・醋與鹽

蝦子在加了鹽與醋的水中煮熟後剝殼。橘子洗乾淨後剝皮，拿兩顆擠汁並與美乃滋混合成醬。剩下的橘子切片。蘋果對切去核，然後同樣也切。接著將西洋芹切碎片。

奶油萵苣洗乾淨後鋪在沙拉碗底部。橘子片、蝦肉、蘋果片及切碎的西洋芹放在奶油萵苣上，小心拌一下。上菜前把準備好的醬淋在沙拉上，用檸檬及切成半圓形的香芹根裝飾。

核桃冰淇淋

・蛋黃8顆　・糖1杯半　・磨碎的核桃300克（種類不限）
・甜奶油2杯　・香草

將蛋黃、一半的糖及香草混合，加熱，但不要滾。接著混入核桃。

甜奶油加糖及香草打發，加入放涼的核桃及蛋黃混合。最後送進冷凍庫。

起司小羊排

- 小羊排300克
- 白麵包100克
- 蛋1顆
- 大蒜1至2瓣
- 陳年莫札瑞拉起司2湯匙
- 黑胡椒粉
- 鹽

小羊肉絞碎，加入蛋、大蒜泥、在水中泡軟的麵包、鹽和胡椒。把所有的材料攪拌均勻，用絞肉機絞過一次。

絞好的肉泥塑形成肉餅，數量要是偶數，一半撒上起司，再把另一半疊上去，將起司徹底藏住。放到平底鍋裡煎到軟。

櫻桃雞

- 雞1隻
- 去籽櫻桃200克
- 奶油80克
- 半甜紅酒150毫升
- 黑胡椒粉
- 鹽

將五十克奶油融化，加入胡椒和鹽。雞胸朝下，整隻放在烤架並塗上奶油，然後包上烤紙。火力全開烤約四到五分鐘，然後將雞翻面，抹上剩下的奶油，不蓋紙續烤七到八分鐘。將烤的過程所產生的湯汁倒進單柄鍋，與葡萄酒混在一起開大火煮，時不時攪拌一下。最後把櫻桃加入醬汁裡，把雞肉分切，淋上櫻桃醬。

海洋微風蛋糕

- 海帶罐頭1個
- 明太魚1公斤
- 洋蔥500克
- 蛋4顆
- 美乃滋250克
- 鹽
- 香芹葉1把

洋蔥切成大圈，放油煎成金黃色後留在鍋中，接著再倒油進鍋，靜置至少兩個小時。將明太魚的輪狀切片放入平底鍋，加入油、鹽及胡椒悶十五分鐘。等魚肉變軟，加入洋蔥混合，放入大碗，並在表面塗抹美乃滋。

現在要來處理海帶。將海帶與切碎的水煮蛋仔細混合，然後作為第二層塗料抹在魚上，接著再把表面塗上美乃滋。

按以上方式抹六層，然後將香芹切碎與美乃滋混合，抹在蛋糕表面當作裝飾。最後放進冰箱冰三個小時好入味。

廚房門外

廚師維克特．別瓦耶夫也許對布里茲涅夫有著良好的印象，畢竟廚師最受重視的時候，就是他掌政的年代。克里姆林宮的桌子都被最上等的佳餚給壓凹，而「以食物排場顯威嚇」的政策也是蘇聯歷史上執行最成功的政策。

克里姆林宮廚房裡的其他員工也抱持類似看法。具有多年經驗、在KGB兵階為執旗手的高等廚師卡莉娜，回憶當年他們出訪美國的時候，她煮了填有肥肝的野味肉排，也跟其他廚師一起準備了菜單上的重頭戲——用羽毛裝飾的雉雞。「我們把雞烤好，用麵包當底座，然後把羽毛一根一根插上去。宴會上的客人都把羽毛帶回去作紀念。」她在許多年後說。

卡莉娜也在宴會上用魚做過水族箱。她在底部透明的大碗裡倒入非常濃稠的高湯，然後用萵苣和蔬菜做成睡蓮、藻類及小龍蝦，接著在底部放上一大條煮過的鱘魚，運用蝦子、橄欖和檸檬裝飾魚身。

為了要在華盛頓的宴會上呈現著名的俄羅斯魚子醬，廚師們做了一個塔狀的底座，用鮮蝦填滿塔身，塔頂仿克里姆林宮擺了一大碗的魚子醬。

這樣好看嗎？那是當然的。問題是蘇聯已經沒有能力持續擺出那樣的克里姆林宮餐桌。不管是鱘魚、魚子醬，還是堪察加螃蟹，甚至連全蘇聯最有名的奧利維沙拉，都成了金絮其外。類似的情況還有蘇聯的軍火工業，鯨吞國家很大一部分資金，而太空工業也是同樣花錢。這兩項工業都處於嚴重的資金短缺，就算在世界舞臺上奪得頂尖頭銜又有什麼用呢？

莫斯科的掌權者花錢有多沒道理，最好的例子大概就屬克里姆林宮所辦的宴會了。更何況，這些宴會是辦在連尋常蘇聯百姓都能感受危機逼近的時刻。布里茲涅夫時代在今天常被稱為停滯的年代，這點並非沒有道理。布里茲涅夫政權的沒落，就是在百姓眼看商店的貨架越來越空，而所謂的香腸火車*開始往莫斯科開的時候。當時大批省城居民坐車進首都買食物和民生必需品，因為他們的商店在當時幾乎已是空無一物。

布里茲涅夫的海外政策也犯下錯誤。在他的帶領下，國家不僅花了許多金錢，顏面也在國際舞臺蕩然無存。原本為阿富汗所採取的「支援階級兄弟」行動，打算將當地共產黨員替換成親莫斯科派，結果卻變成了與聖戰組織的十年血戰。

一如蘇聯史慣用的伎倆，那次的干涉行動也是從廚房開始——KGB本打算毒殺當時的阿富汗總統哈菲佐拉·阿明。那場行動規劃得頗為精細：阿明不信任自家同胞，只信任一位來自俄國的廚師，而這人在行動的前幾個月就已經先被KGB掉包成特務了。

---

* 共產時期因省城物資短缺，商店貨架空蕩，因此居民常常連香腸都得坐火車進首都莫斯科採買，便戲稱這樣的列車為「香腸火車」。

毒殺阿明計畫在一九七九年十二月二十七日進行。蘇聯的特種部隊阿爾法小組本來應該在行動後立刻進駐阿明的宮殿，用布里茲涅夫相中的巴布拉克・卡爾邁勒取而代之。一切本來都按照計畫進行，但是毒藥不知道為何對阿明沒有太大效用。也許是因為他的食量向來克制，加上他當時覺得不舒服，請了不遠處的蘇聯大使館駐館醫生來幫他檢查——那些人並不知道KGB的計畫，因而救了他的命。

即便如此，阿爾法小組還是在幾個鐘頭後闖入宮殿。才剛逃過毒殺的阿明死在槍下，還有他五歲的兒子也是，而他的維安部隊陣亡了兩百名士兵。

十年戰爭就此展開，阿富汗也因而慘遭蹂躪，超過一百萬人送命。蘇聯這頭也損失了數萬名兵力。

第十一盤　自願前往阿富汗的廚娘

1.

一天，瓦倫廷·迪米特雷維屈，也就是我先生，下班回家，泡了茶，要我坐下，說有事要問我。他拿到一份工作邀約，要飛去阿富汗。他是飛機維修廠裡的平民員工，沒有軍人身分。不過這不重要，因為當時沒人說阿富汗在打仗，而是說和平干預，說我們是在幫助有難的阿富汗兄弟。就這樣。

維特多，我跟你說，我當時將近四十歲，可是說來丟臉，我一直都相信電視裡說的故事。電視說友情干預？那就是友情干預。如果是戰爭，那布里茲涅夫就會說是戰爭，對吧？電視說我們是伸出援手？那我們就是伸出援手。我們去煩可憐的阿富汗人要做什麼！

電視說的我都照單全收，每一句胡話都是。不管他們說什麼，我都認為實情就是如此。我有兩個兒子，一個剛上軍校，另一個國中畢業，我也老是跟他們說：「朋友可能會騙你，就連我有時候都可能騙你，可是黨絕對不會騙你。」

我當時就是這樣，在工作上是個模範生，擔任鞋匠工會主席，也是庫兵卡製鞋廠的黨組組長。那是家很大的製鞋廠，雖然我只是個普通的鞋匠，他們卻選了我當組長。白天我跟其他鞋匠一起黏鞋，下午去跟主管們開會。我總是向前進，處處為人著想。要是我在廠裡看到一張紙屑，就會立刻撿起來丟進垃圾桶。我的鞋匠都知道，如果在生活上碰到難題，不管白天或晚上都能來找我幫忙。不管人家要我做什麼，我都會照辦。

直到阿富汗這事，我才開始改變。那對我來說是真正的人生課堂，我對生活的瞭解都是在阿富汗學的。這些瞭解，有好有壞。

我們還是按照順序來吧。

先生問我該怎麼辦。他們給他提了很好的待遇，底薪、獎金和海外津貼都有。家中開支一直都只是勉強過得去，剛好兩個兒子畢業，總得給他們一點支援。可是換個角度想，就算是友情干預，但子彈畢竟不長眼，去那邊也許會危險？

每次他不知該怎麼辦的時候，就會問我。從以前到現在，家裡所有重大決定都落在我肩上。他當時大概是希望我可以讓他打消阿富汗這個念頭，然後他就可以到廠裡跟他們回報：「我是想去，但我太座不讓我去，再怎麼吵也沒有用，你們也知道。」

結果讓他意外，因為我連想都沒想就答應了，還跟他說：「親愛的瓦倫廷，我覺得這是個好主意。」

我不知道為什麼自己是這個個性，但是我下決定從來不會猶豫。我都是做我覺得對的事。不管是幫助我們的阿富汗兄弟，幫助我們的黨，或兩者皆是，當時我顯然都認為是對的。誰知道我當時腦袋裡在想什麼。我已經跟你說過了，電視上的政治宣傳我都照單全收。

先生非常意外，但我很快又補充：「你不會單獨去，而會帶著一張每個男人都需要的強力後盾去，那就是你的賢內助，我。」

2.

維特多啊，你說想瞭解一下我的生活，那就來吧。

這輩子對我來說最重要的人是我奶奶奧爾加·尼古拉耶芙娜。她的父親，也就是我的外曾祖父是頓河哥薩克人，在沙皇軍隊裡做到軍官，所以布爾什維克黨掌權後，他們不得不舉家逃亡。他們從原本居住的敖德薩一路跑到中國，因為那邊的城市哈爾濱當時吸引了幾千名白軍，也就是反對赤共的人過去。這些人都是軍官跟士兵，打算在那邊組織軍隊，好幫助他們奪回政權。最後當然沒能成事，而我奶奶的父母都在流亡期間死了。當時才十二歲的奶奶只得去工作，而她一個孩子唯一能找到的工作，就是去當廚娘。她試過很多地方，最後雇用她的是一個白軍將軍，我只知道對方的姓，叫聶恰耶夫*。

你看，維特多，我這輩子都以為我們家沒出過廚娘，現在跟你說這些往事，我才發現我們有一個，而且還是我最重要的人。

我爺爺卡普．亞歷山大羅維奇，就是在將軍那兒跟她對上眼。他當時是軍官，常去拜訪將軍，跟他一起謀劃。奶奶送了食物過去，爺爺對她一見鍾情，就這麼墜入情網。沒多久他就求婚成功。將軍同意讓爺爺把奶奶帶回去。兩人的頭一個孩子夏沙就出生在中國，奶奶當時才十七歲。

史達林宣布特赦白軍後，他們在三〇年代初回到蘇聯，不過爺爺到死都在共產黨的黑名單上。他們不准白軍在大城市定居，也不給白軍從軍的機會，所以爺爺和奶奶一開始去了普斯科夫一帶。爺爺在那邊當地形測量員，奶奶負責照顧期間所生的四個孩子。後來爺爺受邀去庫兵卡做繞行莫斯科的火車計畫。鐵路公司的人在完工後繼續往下一個定點移動，而爺爺和奶奶則留了下來。我到今天都還是住在庫兵卡。

爺爺唯一找得到工作的地方就是森林，他就這樣成為了護林員。兩個人好好過日子，從沒有過任何抱怨。

奶奶個頭小小，瘦巴巴的，卻是最棒的奶奶。我們現在這樣子聊，我就想起她做的那些波蘭餃、烏克蘭餃、俄羅斯餃和餡餅。有包奶渣的、包莓果的，只要森林裡找得到，都可以包進去。阿富汗那些男孩都覺得很意外，我竟然能憑空變出好吃的餃子或餡餅，而這些全都是跟我奶奶學的。魚要去骨，單獨烤，但要注意不能流失湯汁。洋蔥都要先炒過，紅蘿蔔也是。再把這些全用酥皮包起來一起烤。

好啦，我真的是跟你說太多我們家的事，再講就要講到石器時代去了，畢竟你是對阿富汗有興趣，而不是想知道我那在天有靈的奶奶以前都玩哪種牌。

我們一樣一樣來。

我說要跟先生一起走的時候，他好像沒有太意外。他知道我一旦下定決心，就沒有任何討論空間。如果他當初知道在前面等著我們的是什麼，他一定會擋在門口不讓我出去，再不然就是釜底抽薪，乾脆連提都不跟我提這件事。

可是我們沒人知道會發生什麼事。所以他只說如果是這樣，那他隔天去跟工廠說就是。我們就這樣結束了這個話題。

兩個月後的一九八一年一月，我們已經坐上飛機。兩個兒子自己留在家。到了阿富汗的我，就像是鄉巴佬進了大城市。我帶了煤油燈，因為他們說那個國家很窮，沒有電。我帶了

---

* 聶恰耶夫（Nieczajew），文中所指應為康斯坦丁・彼得羅維奇・聶恰耶夫（Konstantin Pietrowicz Nieczajew），流亡中國的俄羅斯帝國軍官。一八八三年出生於波蘭羅茲，一九四六年死於俄羅斯外貝加爾邊疆區的赤塔。

一個塑膠浴盆，那通常是給小孩洗澡用的，但我打算拿來洗衣服。他們從一開始就跟我們預告那邊的生活會很簡樸刻苦，生活條件會像在露營，唯一的差別是你露營時不會有人開槍。我甚至帶了一整桶的醃黃瓜，因為俄國人出遠門都一定要帶醃黃瓜。我還有二十條麵包是要帶過去當禮物的，因為那邊沒有黑麵包，而所有人都盼著能有好吃的莫斯科麵包。包括我先生的那些主管在內，我們給想打好關係的人都送了一條麵包。

我也帶了湯鍋、平底鍋、刀子和叉子，聽說阿富汗的人都不用這些東西。反正可能會用到的東西我們全都帶了。

頭幾個禮拜我先生都是整天工作，修理飛機，而我在這段時間裡幾乎都要發瘋了。不可以出門，不可以站窗邊，不可以跟任何人交談，什麼都不可以。我們是最後幾個抵達巴格蘭空軍基地的。俄國人住的眷村裡已經沒有空屋，所以他們給我們分配去還在蓋的建案住，我們是那邊唯一的居民。最近的俄國人離我們十五分鐘的腳程，但只有在拿到特別許可，而且有人戒護的情況下才能前去拜訪。

我們那棟樓周圍住的都是阿富汗人，個個滿臉大鬍子，渾身髒兮兮，衣服破破爛爛。每次我一個人留在家，就會有幾個阿富汗人站在我們那棟樓外面，一直盯著我們的窗戶看。你永遠都不知道他只是這樣看看，還是想跟同伴回來這裡對你丟炸彈。

不過我得老實說，大部分人都只是看看而已。對他們來說，看到一個女人沒遮臉，就算是已經四十歲，還是一件很大的事。所以大多數時間我不僅是坐在屋裡，而且還是暗暗的屋裡，窗簾都拉上，免得外面的人湊過來探頭探腦。

我們家有兩層樓，一樓還有個三十平方公尺大的露臺。透過石造階梯可上二樓，餐廳、臥室和廚房都在這一層，還有一間小小的兒童房給有孩子的人用。我看到你懷疑的眼神了，維特多。我再跟你說一次，那邊沒人想到自己是去打仗，也許軍人，尤其是軍官事先知道會是什麼情況，但是一般民眾沒人曉得，大家真的都以為這是友情干預。雖然我認識的人裡確實沒人帶孩子過去，但是孩子過來探望父母的事還是有過幾次。我想那些戰略家是這樣想的：既然你可以帶妻子過去，既然你可以有孩子過去看你，那就沒什麼好怕的，對吧？畢竟他們在車諾比事件後叫孩子們徒步去參加五一遊行，想必也是同樣道理。

巴格蘭是一個很大的基地，也是阿富汗最大的機場。在那邊駐紮的主要是空軍，但是也有坦克部隊，俗稱「卡秋莎」的多管火箭炮會在那邊進出。我們從早到晚都聽得到那些火箭炮的嘯音，只要他們開炮，周圍就亮得跟白天一樣，地面也會跟著震動。他們會朝阿富汗人射個幾發，然後繼續前進。

所以頭幾個禮拜，我都一個人跟我的浴盆和煤油燈乾坐在家裡，幾乎要逼瘋我。我這輩子都很活躍，從來沒在一個地方固定坐著。從我滿十六歲去唸書開始，都是生活在團體中，身邊老是有人，但現在我甚至連買本雜誌來看都不行。

為了不讓自己發瘋，我每天都洗窗戶。那邊的塵埃多得可怕，每隔一會兒就有沙子吹過來。我每洗幾分鐘，就會往下一瞧，瞧見阿富汗人就站在底下盯著我，於是我躲起來，就這樣不斷重複。然後白天過去，先生下班回來，我們聊一下天，接著太陽下山，我們就睡覺去，因為那邊沒有任何事可做。

直到有一天，我們的單位過節，大家都受邀參加。指揮官注意到幾個平民是攜眷過來的，我先生也是其中一個。他走過來自我介紹：「我叫約西福維奇，幾位女士平常都做些什麼呢？」

「看誰能做什麼就做什麼，指揮官。」我回答。「有人會縫縫補補，有人懂得編織，而我是一天洗五次窗戶，閒到要發瘋。」

「您本來是做什麼的？」他問。

「鞋匠。」

「那正好，來我這邊吧，我有工作給您。」

「是要做什麼呢？」我回答，心裡非常訝異。「是要當鞋匠嗎？絕對沒問題！您每個禮拜都會有兩雙新鞋可穿。」

不過指揮官聽了大笑：「我的鞋都是部隊發的，副官會幫我處理。您可以在廚房派上用場。」

我傻住了。這完全出乎我的預料。我跟他說廚房裡用的都是部隊的科技，有一大堆我這個平民根本就不懂的東西。我會怕。「要是您用我，結果發現我做錯事，那我就會被趕走，您也會被槍斃。」

指揮官的表情嚴肅起來。他告訴我現在只有士兵在掌廚，這些男人做飯根本就不知道要用心。不是加太多鹽，就是把菜燒焦。

「我們需要像媽媽做的餐點，」他說，「要有湯，喝完湯還有主菜，最後還有一杯水果飲，也許再來個果凍糊或是水果果凍，而不是什麼給豬吃的罐頭食品。如果食堂的東西不合士兵胃口，他們就不會來吃，也就沒辦法聯絡感情，會士氣低下。飲食在軍隊裡是非常重要的事。」

我又咕噥了幾句，但其他女人全都閉上了嘴。不過指揮官把我拉到一旁說：

「妮娜・卡波芙那啊，我每天都叫人去送死，很多人去了就沒回來。在這麼艱難的情況下，我希望他們起碼能吃得好。」

維特多，你說這要我怎麼回答？隔天我就繫上圍裙，去食堂上工了。

3.

我大概是在跟指揮官說到一半的時候，才意識到這可能不完全是友情干預。之前雖然得躲起來，我還是覺得很安全。巴格蘭在我軍的控制範圍，我先生也沒提過有飛行員出任務就沒回來。也許他也不知道？又或者他不想讓我擔心？我不知道。不過我們基地會有飛機出去掃射度什曼的陣地——我們管阿富汗人叫度什曼，這在他們的語言裡是敵人的意思。當地人叫我們木沙維，在他們的語言裡是顧問的意思。我們這邊會有直升機飛出去朝他們開槍，連戰鬥機都有。度什曼幾次想拿下我們的根據地，如果他們成功，俄軍的武器和糧食補給線就會被切斷。

這些我當時全都不知道。跟指揮官談過的隔天我就去上班，而且立刻就上前線（按軍隊的用語來說）。老實講，我有點怯場。首先，他們會怎麼看我？畢竟我沒在廚房工作過。第二呢，在家煮飯給自家人吃，跟在野戰廚房煮給五百個人吃，還是有差別的。我從沒煮過三百公升的湯，也沒煮過那麼大一鍋的馬鈴薯，我根本就不知道哪些東西要加多少量，或是如何調味，一點頭緒都沒有。當然我們有守則可以看，也有一本軍事廚房用的食譜，不過指揮官之所以會找上我，就是要我煮點跟這本書不一樣的食物！

那真是叫人要瘋了。

不過沒關係，我來了，跟主廚安德烈．葉夫根耶維奇握過手，也跟在那邊工作的士兵都握了手——他們有五個人，接下來幾天還有另外兩名平民顧問的妻子加入，所以含主廚總共是八個人。他們給我看刀子放哪，鍋子放哪，牛奶放哪，麵粉放哪，鹽放哪，還有番茄和甜椒又放在哪裡，然後我就上工了。我們做了早餐。等士兵都來了，我就想他們應該要知道是誰幫他們做飯，於是我就站到正中央大聲說：「弟兄們，我是新來的廚師，叫妮娜。如果有什麼東西不好吃，你們別揍我，也別朝我開槍，用說的就好。是人都會犯錯，我會盡量少錯一點。」我看看周圍，大部分人的年紀都比我小兩倍，跟我同年紀的一個都沒有。我再提醒你一次，我當時都還不到四十歲。

回到廚房後，我左右看了下，發現其他人的眼睛都瞪得跟銅鈴一樣大。他們在那邊已經忙了幾個月，卻沒人想到要讓那些士兵知道是誰在煮飯。這回從庫兵卡來了個娘兒們，倒是先反客為主了。他們很不喜歡這樣，真的很不喜歡。

不過其他士兵也因此很快找上我，而我也開始照顧他們。我們要上涼拌小菜？那就大家都來個小番茄搭開口笑的紅皮蘿蔔吧。讓他們感受到有人在照顧他們，把他們放在心上，為他們盡力。做菜的道理大概就是這樣，對吧？要讓人覺得有人在關心自己。

我頭一次提到那些小番茄時，廚房的人幾乎都要跌下板凳。不過主廚安德烈要他們都聽我的，他知道我背後有指揮官撐腰，不想跟他有摩擦。所以那些人高馬大的漢子們只得一個個坐下來，幫紅皮蘿蔔刻笑臉。

維特多啊，現在這樣回想起來，真覺得不可置信。外頭到處在打仗，隨時都有人死，還有阿富汗人老是想辦法要闖進我們基地，而我們卻坐在那邊給紅皮蘿蔔刻笑臉。

士兵看到廚房裡有個女人是他們母親的年紀，就開始在我身邊打轉。他們每次來，貌似要再添點菜，再不然就是要多拿點麵包，可是我能感覺得到，他們其實是想跟我說話。有女朋友的就會給我看照片，可是那邊有一半的人連女朋友都沒有。年輕的男孩沒有對象能思念，這大概是最讓人悲傷的一點。

直到有一天，他來了，一個叫羅沙的男孩，這人後來讓我掉了好多眼淚。他十八歲，才剛畢業，從離貝加爾湖不遠的一座小村子飛過來打仗。他對生活都還一無所知，可是出發前在村子裡的聚會上跟某個女孩親了嘴，就盼望著她能給他寫信。這個男孩是俄羅斯童話故事裡的長相，有一頭金色捲髮和一雙天藍色的眼睛。他說話有點口吃，不過這只是讓他更有魅力。他有一天來廚房，也是找了個蹩腳的藉口，便馬上把心裡話都說給我聽。

我看了看他，想起我當時跟他同年紀的小兒子。一想到自己的兒子也可能落到這個鳥地方，碰上這些炸彈，被躲在每個角落的死神緊跟著，我的心就開始砰砰狂跳。

羅沙把每件事都說給我聽，一說再說，把他的一切都說了出來，主要還是說那女孩的事。不過他也順便替我把馬鈴薯都削好，幫著服務生收拾餐桌。看得出來他家教很好，父母沒把他養成一個自私的人。這樣的男孩要叫人不喜歡也難。

士兵之間流傳著一種迷信，要是有人的湯裡有月桂葉，就表示那人會收到信。這對他們來說很重要，因為這類信常常都是心上人寄來的。所以我就跟姐妹們商量好，要找一天在湯裡丟兩片月桂葉，而她們要負責讓羅沙拿到。維特多，你真該看看他當時有多開心！他甚至跳了起來，高興得就好像他真的已經收到信，而且不只是一封信，而是一整箱的信。

不過午飯過後，他突然想到，就來廚房找我問：

「妮娜女士，那些葉子不是您給我丟進湯裡的吧？」

我把他從頭到腳訓了一頓，說他大概不知道我們在廚房有多少工作，竟然會以為我有那閒功夫給誰在湯裡丟月桂葉。

「羅沙，你以為自己是誰？讓我動員半個廚房就為了給你在湯裡丟片月桂葉？」

這招很有效。羅沙的腳步輕快得像要飛起來，逢人就說那些月桂葉絕不是妮娜特別給他丟的，說他問的時候還被訓了一頓，說他會收到派對上跟他親嘴的那女孩的信。我看他這麼高興，知道這件事對他有多重要，就開始去問那些先前情緒低落的士兵。我問得很低調。只要有人心情低落到連房門都不想出，或是家裡出問題，哈，就會開始收到信！那對他們來說非常重要，因為大家都很想念留在家鄉的人——想妻子，想女朋友，還有人想孩子，最起碼也有些人想到自己的父母。

我跟服務生說：「要是有什麼不對勁，有人心情不好，你們就跟我說，我最起碼可以試著讓他們開心起來。」有時候我會在湯裡丟兩片葉子，但只有在我知道對方真的很需要時才這麼做，畢竟太常玩弄命運也不好。用餐期間，我會在整個食堂到處走動。「有葉子嗎？你看吧！你運氣真好！你最想收到誰寫的信？」然後他們就會開始跟我說初戀女友的事，說在學校談戀愛的事，說他們暗戀女同學的事。

食堂裡的氣氛變得很愉快，大家開始聊天，之前沒露過臉的士兵也開始來用餐。

直到有一天，我聽到士兵們喊我「媽媽」，妮娜媽媽。這是羅沙跟我說的，「妮娜．卡波芙那，這個單位裡大家都只會喊您一個名字，大家都叫您『媽媽』。」

不用說，這讓我很感動。我已經跟你說過我有兩個年紀跟這些男孩相仿的兒子。既然他們要在這裡送命，離祖國十萬八千里，我最起碼可以試著代替他們的媽媽，照顧他們。

於是我開始把他們當成像自己孩子那樣說話。只要時間允許，我在午餐期間就會走出來問：「怎樣，孩子們，午餐好吃嗎？一切都還好吧？」

他們每次都會用低沉的嗓音大聲回答：「一切都很好，妮娜媽媽！」

而我就會像母親一樣再給他們添點飯，並趕著伙房繼續在紅皮蘿蔔上刻笑臉。

4.

所有我們用來煮菜的東西，都是由一架大型飛機從俄羅斯送來的，每個禮拜兩次：麵粉、新鮮蔬菜、醃菜、罐裝的馬鈴薯、小黃瓜、高麗菜、番茄、麵包乾、洋蔥、紅蘿蔔，還有穀粒米。我們不准跟阿富汗人買任何東西，因為領導層認為他們可能會試圖下毒。

有一次度什曼把我們的補給飛機打下來，不過我們有儲備糧食的糧倉來應付這種情況。理論上糧倉裡的東西甚至應該要能撐一個月，實際上我卻不知道夠不夠撐一個禮拜。

我們的工作分成三班制，每一班都有三個人工作。第一班得在半夜上工，因為要同時準備早餐和午餐。沒有東西可以提前做，因為阿富汗的天氣太炎熱，東西可能會壞掉，而這也是我們最怕的。毒害士兵，即使是無心的，也可能要上法庭。

我們這個團隊服務的食堂有三間：一間是給飛官吃的，一間是給技師吃的（像我先生這樣的工程師和顧問專用），而第三間則是給普通士兵吃的。

第一道菜是湯，我們都煮三種，一種是重口味的，比如酸味白菜湯，一種是比較清淡的，比如匈牙利麵，然後還有一種是奶類的。

飛官吃的東西跟其他士兵一樣，唯一不同的就只有如果他們是早上四點前要出發，因為廚房還沒開，那麼他們拿到的就不是早餐而是巧克力——飛行時需要承受很高的重力，吃飽飛會讓人不舒服。

他們有人吃那巧克力嗎？他們通常都存起來，等以後回俄國要帶給女朋友。八〇年代那時候，俄國境內的物資已開始短缺。

早餐都等飛完回來才吃——除非他們沒能回來，這種事有時也會發生。

士兵有專屬的商店，除了原本的配給外，要多買什麼都可以，比如水，因為這在阿富汗向來是個問題。果汁、原子筆、信封、甜食，呵，甚至是手錶。在那邊工作的都是年輕女孩，所以店裡一天到晚都是人，因為就算買支筆也好，男生都會去光顧，順便聊天。

離基地不遠的地方，還有一間大型的機動醫院。他們不只救治傷患，還得治療髒手病（譯按：A型肝炎）。醫生不是每次都能順利救回病患，從前線載回來的士兵常讓醫生不知從何下手。我們的廚房也會服務這些躺在醫院的病人。我去給他們送過幾次食物，那邊看起來真的就像是世界末日啊，維特多。那些男孩有的沒有手，有的沒有腳，有的全身包滿繃帶，有的滿身是膿。有的是被射到，有的是被燒到，有的是地雷在手上爆開。

這一切都讓我覺得難以承受。那些全是年輕男孩，個個都讓我心疼，畢竟他們當中沒撐過去的，不止一兩個。

5.

所以我是以太太的身分，跟先生一起搭飛機去友邦參與和平干預任務，卻成了戰場上的廚師，你也同意吧？這根本就是完全不同的兩種情況。要想保命，就得學會幾個原則。

第一，要是有人開槍，就要有多遠逃多遠。不能猶豫，別去想開槍的是我們的人，還是另一邊的人。躲起來就對了。要是沒得躲，就要把頭保護好，就算用鐵鍋擋也行。這點我算是很快就學會了。

第二，不能相信任何人。在地人不能信，因為他們常常試著要接近你，然後跑去跟度什曼告密，說誰是誰，在我們的基地裡有怎樣的關係。我們自己人也不能信，因為這裡大家彼此間也有摩擦，有利害關係。有人把武器賣給度什曼，哼，甚至還曾有個士兵從我們的儲糧偷罐頭去賣。那裡很難信任誰，那些年輕男孩很多都有毒品依存的問題——度什曼會在基地附近或市集免費發送鴉片和海洛因，他們要我們吸毒的人數越多越好。所以我學會的第二件事，就是只能相信自己的丈夫。不過就連跟他，我都傾向於不要把知道的事全都說出來。

最後還有第三點，不能跟任何人做朋友。當然，我會聽人家說，也會盡量幫忙，但我不會讓自己涉入其中。戰爭這種事就是每個人都隨時可能會死。要是每次有人死你都那麼難過，那你最後回國會只剩一副空殼。你沒有選擇，只能想辦法保護自己。

最後這個教訓對我來說是最困難的，而這都是因為羅沙，我等等會說到。

我先告訴你有個坦克部隊的上校想把我槍斃的事，你想聽嗎？

有次我放一天假。早上起來，外頭非常吵。我從窗戶看出去，我家樓下停著一整排坦克車。那天的熱氣根本是從天空直接倒灌下來，而他們就這麼停在大太陽底下。我想那溫度一定有一百度吧。

我抄起桶子，裝了運水車從可靠來源載過來的水，提去坦克車那邊，然後遞了一個杯子給他們：「男孩們，你們要喝水嗎？」

結果坦克指揮官拿起手槍對準我，大吼：「妳這女人哪來的，閃一邊去。」然後又對他的士兵大吼，說不准有人跟我說話，也不准有人靠近我，不然就會被槍斃。

我的反應是要他把傢伙放下，免得傷到自己。我說我是俄國人，跟他一樣。還說他大概也知道巴格蘭這裡有住軍隊顧問。他要我把水倒掉，我說這裡每一滴水都跟黃金一樣珍貴，如果他真的這麼蠢，就先開槍把我殺了吧，因為要是我不給他的士兵喝水，他們就會被曬死與渴死。

「你真的是俄國人嗎？」那軍官還在問。

「怎麼？要我背詩來證明嗎？還是要我唱國歌？」我這麼回答。「還有，我可不記得我們有講好不用敬語。請報上姓名和軍階，因為您拿武器對著我，我可不會就這麼算了，同志。」

他看我沒在開玩笑，才放下槍，報上姓名，然後讓他的士兵倒水喝。那些男孩可感謝我了。他們在出任務，要去對付阿富汗游擊隊的馬蘇德。那是一支很大的部隊，等他們開始移動，足足過了兩個小時才全部開走。後來有多少男孩沒能回來？說了也是白說。

這是這場戰爭裡很大的問題。將軍不尊重軍官，軍官不尊重士兵，而士兵不尊重任何人，不管是長官還是同僚，都不尊重。你一定聽過什麼是老兵法則吧，也就是軍中霸凌。老兵會揍新兵，要他們擦鞋，整理床鋪，洗內褲。有次羅沙來廚房找我，就是黑著一隻眼睛，眉頭直流血。

「你發生什麼事了？」我問。

「我撞到門框。」他說。

我心裡很清楚他不是自己撞到門框，而是有人抓著他的頭去撞。也許有人看他不順眼，也可能大家都被這樣打過，我不清楚。我只跟他說：

「記住了，要是有事，你有媽媽在這裡。」

他一個字也沒回。

拿這種事去找上級也沒用，大家都心知肚明。

至於拿手槍指著我的那名軍官，我當然是把他的名字報給上級，而且是親眼盯著消息呈上去。我可以放膽做這種事，因為我在製鞋工廠裡當過黨內高層，在這裡他們也馬上讓我加入黨在阿富汗的組織。他們每個月都會叫我去首都喀布爾跟蘇聯大使開會，並要指揮官為我提供交通工具，所以我每個月都可以搭一次直升機去開會。顯然黨內覺得代表要多元，既然那邊清一色是軍人，這會兒來了一個黨內的廚娘就得好好利用——畢竟列寧就說過廚娘是重要人物。

黨開會要做什麼？要維持蘇聯人民在阿富汗和平任務期間的士氣，這到哪裡都一樣。要看看有沒有人試圖做出不道德的舉動，因為男人很多，而女人很少。他們是這樣教我們的，我們應該要信任人民，但也得維持合理的界線。在那邊工作的女孩都是來一兩個月，最多六個月，而這段期間真的得好好看著她們，才不會讓她們大著肚子回去，之後也才不會有破碎的家庭。另外還有一件事，就是有很多女孩正是為了這個目的去那邊。現在大家都透過網路認識，當時則是在戰場認識，不然你說一個女孩子家，要去哪裡認識軍官或飛行員？

一旦發生這種事，我馬上就會去找男方曉以大義。

「你何必惹這種事上身？」

如果是已經有家室的，通常比較好解決。

我會解釋：「你太太都會給你寫信，你這樣之後怎麼回家？」

有一回某個家伙這麼回答：「我太太不寫信。」

「因為你都不寫啊，」我這樣回應。「坐下吧，我跟你一起寫。」

我就一句一句說給他寫：「我午餐吃了這個跟那個，晚餐吃的是那個跟這個。香腸很好吃，涼拌小菜就沒那麼好吃。我很想念妳，我愛妳，妳不在我很寂寞。」

結果怎樣？他收到回信後就不再想其他女孩了。

如果是還沒娶妻的男孩，那就比較困難了。因為我要怎麼叫他離我的服務生遠一點？我試了一個方法。我跟我的女孩們說：

「如果你喜歡他，而且是真愛，那最好先緩一緩。打仗不是相愛的好時機。」

不過當一個年輕男孩看到一個年輕女孩，而且就這麼直直被她吸引，你要怎麼說服男孩？用軍中的說法，這種時候就是得把大炮拿出來。有一個叫拉斯普欽的就是這樣，他和一個服務生搞曖昧，然後又被我看到跟另一個服務生親嘴。我就直接對他說：

「別來碰我的服務生，不然我就把你的腦袋給摘了。」

結果他回：「我得來跟您要許可嗎？」

我正色道：「問一下不吃虧。」

「那您又是她的誰？」

「我是黨組的副組長，同志。你要是不想明天上前線，就別再跟我扯下去。」

當然我從來就不會要人上前線，我沒有那麼死硬派，不過我很重視秩序。黨不想要這邊有羅曼史？黨比我們還要懂。

我告訴你，維特多，這些話現在說起來，我自己都覺得不好意思。那些男孩真的就是去送死，就算躲過了，也是親眼看著自己的同袍死。很多人回來都少了腿，沒了手，或有了毒癮。很多人就這麼成為殘障度過餘生，這輩子都沒能組織家庭。這種羅曼史雖然不是黨所樂見，但也許是他們這輩子能體驗美好事物的最後機會？

我那些當服務生的女孩，人生也都很複雜。一個是孤兒，中途之家出身的。一個是單親媽媽。另一個從家暴丈夫身邊逃到阿富汗來。我哪來的權力阻止她們跟人相愛？不過很遺憾的是，我當時腦袋裡就是這種想法。黨高於一切，那真的很蠢。說了也是白說。

另一方面，基地裡大部分的人都把我當成契卡，是祕密探員，會把大家說的話、大家的心情都報上去。我想指揮官也是這麼看我的，所以雖然我只是個廚娘，他跟我說話的時候總是很客氣，也都會耐心把我想說的話聽完。

我要為自己辯駁一下，這一點點的權力我都用在好的地方。比如有天我在機場等接貨，機場的查驗非常仔細，要看我們的人有沒有把什麼東西載去俄羅斯，因為在阿富汗的市集上可以買到彩色電視機、錄影帶、好牌子的牛仔褲，也就是比莫斯科最好的商店都還要高檔的東西。所以啦，我們的政委諸公就想出士兵不能載任何東西回去，不然大家就會發現共產主義要垮臺了。他們把每個行李箱都翻過來又翻過去，而大家帶的是什麼呢？有人帶一條牛仔褲，有人是一條漂亮的絲巾要送給媽媽，有人是一件要送給女朋友的洋裝，還有人帶的是一盒香水。

我們很討厭海關，因為他們都很愛找碴，而且幾乎所有人都會中飽私囊。

有一次我們在等通關，我前面的海關就在挑一個年輕小伙子的毛病。小伙子買了一個棕色的小皮箱跟一件夏季洋裝要送給女朋友。那海關朝他大吼，說要給他罰錢，還要送他上法庭，因為他試圖走私。

我受不了，走過去，端起架子，劈頭就問：

「同志，您這是在做什麼？您看看這個小伙子！他可是為國家服務，原本都可能喪命，所以他想給親人帶點什麼東西應該也很正常吧。」

海關打量了我一下，然後大聲問：「您又是哪位？」

「顧問的妻子。」

顧問可以有很多種，有像我先生這樣是民間人士的，但我也很可能是哪個將軍的妻子。我知道只要自己講話夠有自信，他就不敢跟我大小聲。

「那您在阿富汗做什麼？」海關問我。

「我能做什麼？工作啊。」至於我是個廚師這件事，我就沒有多加解釋了，因為沒有必要。最好讓他以為自己是在跟某個重要人物說話。

海關看了看我，又看了看小伙子。看臉就知道他不是個好人，最後他對小伙子說：

「好吧，你走吧。」

他接著對我說：

「我查一下您是誰，您恐怕得為妨礙我做事付出高昂的代價。」

而我說：

「孩子啊，我這代價不會比你高。要是你被他們從這裡趕出去，那就最多只能在停車場管車了。」

說完我掉頭就走。

我之所以能逃過這種事，單純只是因為基地的人以為我是替特勤組織工作。畢竟批評一個執行勤務的海關，可以讓他們把我送上法庭。不過因為我一副什麼都不怕的樣子，所以能僥倖開脫。

後來我跟先生說了這件事，他就跟我說：

「妳為什麼要這麼冒險？他明天為了報復，就會多搜十個男孩的行李箱。」

但我辯解：

「瓦倫廷．迪米特雷維屈，我是來這裡捍衛共產主義的，而那些人是更大的威脅，他們比有些度什曼都還糟。」

事實的確是這樣，維特多。共產主義並沒有不好，我在黨裡認識的清一色都是好人。共產主義會倒不是因為他們的關係。

共產主義會倒，是因為有像一臉鬥牛犬樣的海關那些人。

6.

我們不能跟阿富汗人稱兄道弟，除非是跟他們的士兵或士兵的妻子。看他們挺有趣的，因為這些人常常都是從俄羅斯的軍事學校畢業，跟我們在一起的時候，他們就像普通的俄羅斯人。不過要是有阿富汗的前輩出現，他們就會瞬間變一個模樣，說話的方式不同，對待女性的方式不同，甚至連臉上的表情都會變。

他們有獨立的廚房、獨立的營房和獨立的指揮所，但他們當中有一個人很想念俄羅斯的麵包。那人有天來找我，氣質優雅，臉刮得乾乾淨淨——只留著修剪整齊的時髦小鬍子，而他們士兵可不一定每個都會這樣做。那人問我要不要跟他交換，用我們的麵包換他們的餅。他們的餅長得像圓圓的小麵包，我很喜歡。

我當然同意跟他換，我們也搭起話來。他聽到士兵喊我「妮娜媽媽」，可是他大概以為那是我的名字，所以就喊我「妮娜麻」。我覺得很逗趣，所以沒有糾正他。

那人的名字叫阿杜拉，待我非常誠懇，會跟我說他對戰爭的看法。

他曾經這樣跟我解釋：「妮娜麻，你們的人給阿富汗做了很多不好的事。我家有兩個兄弟在你們軍隊，兩個在游擊隊那邊。游擊隊那邊的兩個威脅說要是我不加入他們，就要殺了我跟我妻子。你們本來應該是來幫忙，幫好就走的。為什麼你們在這裡待了一年又一年？」

我什麼也沒回，因為我該怎麼回他？我當時還是相信克里姆林宮那邊有我不知道的計畫。布里茲涅夫在那段時間死了，黨也開始每隔一陣子就換一個總書記，從安德洛波夫到契爾年科，然後是戈巴契夫。而我們呢？我們就學著吃阿富汗的抓飯。這東西很不可思議，你在別的地方吃不到。這道菜只有男人會煮，煮的時候會用大棒子攪拌，吃的時候卻是用手。不管是新年、婦女節，還是十月革命紀念日，每逢過節我們就邀請他們來基地，而他們每次都會帶好幾大鍋這種抓飯來。這種飯真是好吃得讓人停不下來。他們會做一鍋摻肉的，一鍋則是摻水果，像石榴、杏子和水蜜桃。

那邊的葡萄也很不一般，叫做「基什米什」，也就是蘇丹娜葡萄，比糖還甜。我們的人很快就弄了植栽，兩年後葡萄就長到兩層樓高，爬滿所有陽臺。我們有乒乓球桌，葡萄長滿時，果實可以擺滿每張球桌，就算大家都吃夠了，還是會剩下很多。有些人就悄悄拿去做酒，可是我不准我先生這麼做，那是違法的。我說：「你在黨裡有老婆，可不是要讓你用來破壞規矩的。」

那裡的冬天沙塵很嚴重，不過在這種氣候下還是什麼都繼續生長。我們的紅蘿蔔要長一個月，在他們那裡只需要一個禮拜。其他的蔬菜也是這樣。只要樹一開花，你馬上就有果子。二月的時候可以看到這世界上最漂亮的景觀——每片草原上都長滿野生的鬱金香。那邊的鬱金香有幾百萬株，而且一株挨著一株。只要一開花，阿富汗人就會起一個小火堆，把花拔掉，把球莖丟進火裡，等每一面都烤過後再吃。那味道有點苦，但還嚥得下去。

到了三月，整個阿富汗上空都是忙著遷徙的紫翅椋鳥。有趣的是，他們也有自己在地的椋鳥，不過他們不會用槍射殺。他們會等到這個遷徙的起飛季節，只要一聽見牠們飛（你大老遠就能聽見那些遷徙的椋鳥），他們馬上就會衝到高處殺鳥，每個人都殺十幾隻。

阿杜拉要我讓他在我們的屋頂上射鳥。我當時可激動了。我才不要讓你在我家屋頂上射那些可憐的鳥！不過我不在的時候，先生讓他上去過幾次，阿布拉為了感謝我們，就把他太太烤好的鳥肉送來。我連一口都沒吃過，不過我先生試過，說很好吃。

7.

我很快就學會怎麼給部隊煮飯。每天都得有一道重口味的熱湯，比如俄式酸黃瓜湯——把用鹽水醃的小黃瓜刨絲，加入紅蘿蔔、洋蔥和調味料。再不然就是白菜湯，用新鮮的高麗菜或是醃高麗菜煮都可以，也可以是甜菜湯。

要煮酸味白菜湯就得要有醃過的高麗菜，你要把它切成很小塊，加鹽，甜椒可以加一點，但要加入蒔蘿子。高麗菜要加鹽，用手捏出水，放三天讓它發酵，再開始做湯。醃菜我們是從莫斯科用鐵桶載過來的，畢竟打仗的時候沒人有閒工夫去醃高麗菜。我們只要丟馬鈴薯和調味料進去就好，最多我們會加自己做的炒料——炒過的洋蔥和紅蘿蔔。

我們有二等兵可以幫我搬那些事先準備過的白菜湯，有次我派一個男孩過去，不過當時那裡還放了另一種俄式酸黃瓜湯，他就搞錯鍋子，害我把兩種湯混在一起，變成白菜酸黃瓜湯了，而且還混了大麥米在裡頭。我垂著腦袋去找主廚安德烈：「您聽了別把我槍斃，不過湯出問題了。我知道我不該這樣，可是時間太趕了，天氣又熱，還很多事要做。」幸好我們的主管是個明事理的人。他聳聳肩說：「所以是哪裡有問題？」我們一起走去每天掛菜單的黑板，然後安德烈就把「酸味白菜湯」劃掉，寫上「西伯利亞白菜湯」。

這世上到底有沒有西伯利亞白菜湯這種湯，我老實跟你說，維特多，不管是我還是安德烈都不知道。不過我們希望士兵裡也沒人知道，最好是根本沒人去看菜單。

不過人算不如天算，我們的弟兄裡竟然有一個是西伯利亞來的，而且還去看了我們的黑板。他在午餐後來到廚房問我：

「妮娜媽媽，我是伊爾庫次克那一帶來的，我們家的西伯利亞白菜湯作法不一樣。」

「是嗎？」我心裡已經準備好要跟他爭辯。「怎麼個不一樣法？」

「我們那邊不會加小黃瓜。」

我繼續裝傻，問他：

「那哪一種比較好吃？」

他想了想說：

「您做的比較好吃，我回家也叫媽媽加小黃瓜下去做。」

顯然，士兵對我們做的菜都稱讚有加。我們都會盡量讓餐桌上有新鮮的生菜跟其他蔬菜：番茄、紅皮蘿蔔和小黃瓜。他們都吃得津津有味。讓他們吃的健康本來就是我們的本分。只不過飛機從國內載過來的東西太少，我有時得自掏腰包去市場買，好讓他們有點新鮮的食物吃。我們領的薪水很好，所以我可以這樣放任自己揮霍。我不該在市集上買東西，那是禁止的。不過我就這麼買了，也從來沒有因為這樣害誰中毒過。

8.

某天早上，一個我們的人跑進來，大喊著有人躺在籬笆下，肚子開了個洞，還說那好像是羅沙。我馬上跑去，那真的是羅沙。我跪在他身旁痛哭，就好像躺在那裡的真是我兒子。我無法控制自己的情緒。有人去找我先生來，廚房的人也過來，而我躺在柏油路上，躺在羅沙身邊，哭到眼淚都乾了。

就連到今天，一想到這件事我的眼淚還是會自動掉下來。他還有兩個月就要退伍了，但他人犯傻，被某個軍官扯去偷東西賣給阿富汗人。他被射殺這件事到底是怎麼發生的？我不知道。

我後來跑去找那軍官理論，跟他說他的事我全知情，說我知道他會把年輕男孩拉進他的骯髒生意，如今事情發展得太超過。我在喀布爾的黨會上提到了他的事，說有這麼一個軍官，還有證據可以證明他賣汽油跟其他東西給度什曼，天曉得，也許甚至還有武器，要對方換成錄影機，而他最近跟人的帳沒算好，最後有人因他而死。我當時突然覺得遇到阻礙，他們所有人都很清楚我在說誰，但是這傢伙的後臺很硬，有高層撐腰，一個普通的廚娘根本就沒機會動得了他。因此，大家讓我把想說的話說完後，就非常技巧性地改變話題。

羅沙雖然只是個在部隊幫忙的二等兵，他們卻幫他辦了飛官等級的儀式。

因為我們有個慣例，如果是飛官殉職，服務生連著三天都會把所有的餐點送去他平常坐的位子。她們會給他擺麵包，然後是湯，然後是主菜和甜點。之後她們會把這些動都沒過動過的菜全端回廚房，我們則把那些菜都倒掉，不會讓別人拿到。第二天也一樣，還有第三天，一直到第四天才有人可以去坐殉職飛官的位置。這個慣例是怎麼來的？這非常有趣，因為我們是自發性開始這麼做的，事先沒有任何討論，沒有任何猶豫，服務生就是把東西端上桌，然後收回去。我們突然發現，我們對每個我們覺得重要的人都這麼做。

我也是這樣跟我的羅沙告別。他在死後第一天得到的是白菜湯，主菜是馬鈴薯配肉和涼拌小菜，還有果凍。接下來的幾天我甚至已經記不得他得到什麼了。當時他人已經在飛機上，躺在鋅製的棺材裡。殉職的人都是裝在這種棺材裡送回俄羅斯。

我後來找到他的父母，打電話給他們（我沒有錢飛過去），告訴他們羅沙是個很棒的孩子，而且死的時候像個英雄。我沒有告訴他們細節，何必呢？

我只跟他母親說，我們都是盡可能給他吃最好的，還說我只能做這麼多。我們兩人都哭了。

至於阿杜拉呢？他最後加入了他的兄弟，與我們對抗。度什曼剛開始行動沒幾次，他就犧牲了。維特多啊，這些犧牲都是沒有必要的，就連這個友情干預也是完全沒有必要的，不管是對誰來說……

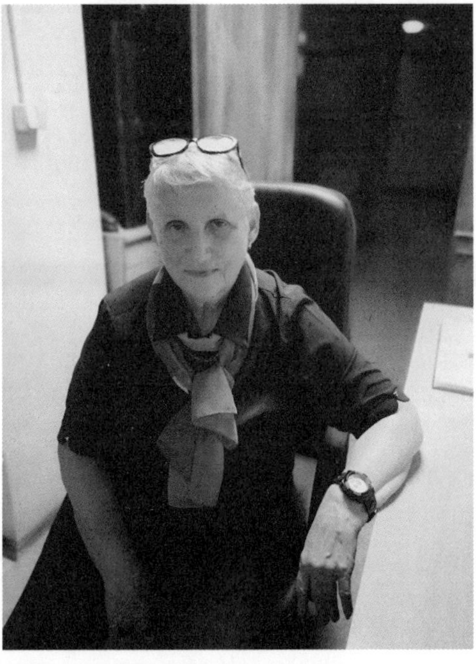

妮娜・卡波芙那© Witold Szabłowski

菜單

白菜湯

- 雞肉400克
- 馬鈴薯6顆
- 高麗菜300克
- 番茄6顆
- 紅蘿蔔1條
- 洋蔥2顆
- 大蒜5瓣
- 鹽及月桂葉

把肉放進鍋裡，以中火煮到滾。加入切成小塊的馬鈴薯。馬鈴薯半熟後加入切絲的高麗菜。洋蔥切細，放入平底鍋煎至金黃。接著加入刨成絲的紅蘿蔔，繼續煎約三至四分鐘。番茄切塊，放入第二個平底鍋煎。將兩個鍋子的內容物混在一起，倒入高湯。加入月桂葉、鹽及用壓蒜器壓過的大蒜。所有材料一起再煮十分鐘。

香菇小牛肉

- 小牛肉1公斤
- 蘑菇500克
- 酸奶油300克
- 洋蔥1顆
- 黃起司100克
- 鹽

小牛肉沖洗一下，切成等份，泡在酸奶油中一至兩個小時。

蘑菇切成大塊。洋蔥切碎。起司刨絲。

將蘑菇平鋪在烤盤上，接著鋪上一層洋蔥，以鹽調味，並撒上起司絲，然後再鋪上一層泡過酸奶油的小牛肉塊，放進預熱至兩百度的烤箱。

等肉變焦黃色，倒上酸奶油，將烤箱溫度降至一百八十度，續烤四十至五十分鐘。

烏克蘭克瓦斯甜菜湯

- 肉500克
- 高麗菜400克
- 馬鈴薯400克
- 甜菜根250克
- 酸奶油半杯
- 番茄泥半杯
- 辣根1條
- 洋蔥1顆
- 豬油20克
- 奶油1湯匙
- 大蒜2瓣
- 克瓦斯（以麵包發酵的酵母）1杯
- 月桂葉1片
- 多香果
- 辣椒
- 番茄2顆

把肉熬成高湯。辣根、洋蔥和甜菜根切成條。辣根和洋蔥用油稍微煎一下，灑入麵粉，煮開。同時間另外煮甜菜，加入豬油、番茄泥、醋和高湯（也可以加酸奶油）。

切好的根莖類植物和洋蔥稍微用油炒一下，拌入炒過的麵粉，接著倒入高湯和開，煮滾。甜菜煮二十至三十分後，加入油脂、番茄泥、高湯及克瓦斯。
接著丟入切成厚塊的馬鈴薯、高麗菜及悶好的甜菜，加鹽，煮十至十五分鐘。之後加入剩下的調味料、蒜頭及切好的番茄片。
把湯盛入小碗，倒入酸奶油，撒上一點點碎香芹葉。

俄羅斯肉捲

・豬肉600至700克
・雞雜200克
・洋蔥2顆
・奶油或人工奶油100克
・煎過的馬鈴薯600克
・辣番茄醬
・鹽和胡椒

豬肉切薄片，加鹽和胡椒調味，稍微煎一下。雞雜放鹽水煮過，然後與肝一起過絞肉機，加入炒過的洋蔥、鹽，攪拌均勻。
絞肉等分搓成球，加入一點熱高湯或水，上蓋燜軟。接著將肉球包在豬肉薄片中，再煎五至七分鐘。
搭配辣番茄醬或洋蔥醬，連同煎馬鈴薯一起上桌。

第十二盤　克里姆林宮的廚師再次登場

1.

維特多啊，布里茲涅夫死了。那天我記得清清楚楚，怎麼也忘不了，因為他的死讓克里姆林宮整個都慌了。自從一九五三年史達林死後，也就是將近三十年間，都沒有總書記在執政時死亡，所以沒人記得該怎麼籌備葬禮才合規矩。

這次的工作跟平常不一樣，因為當時還有滿滿的使節團，大多數的廚師都配給了他們。我被配給法國總理，沒有太多事要做。他飛來參加喪禮，完事後就馬上飛回巴黎，所以我還有餘裕能幫助廚房裡負責準備喪宴的同事。不過那裡也沒太多事好做。我們做加了葡萄乾的甜粥庫提亞*，這是我們俄羅斯的喪禮傳統。另外在其他桌上還擺了俄式煎餅布利尼跟水果

* 庫提亞（kutia），指用煮熟的小麥拌蜂蜜製成的甜粥，也可加堅果、蜜餞或罌粟。有時會以大麥替代，黍米和稻米則較為罕用。此為冷食。

飲，還有一點點零嘴——不過沒有太浮誇，沒有鱘魚和魚子醬。

話說回來，鱘魚和魚子醬的歲月也是時候該跟著布里茲涅夫一起被遺忘了，不過這點我們當時還不知道。

三十個年頭都沒辦過一場喪禮的我們，從布里茲涅夫開始，突然每年都得辦一場。一開始是他的繼任者安德洛波夫過世，然後是安德洛波夫的繼任者契爾年科，而且每一場看起來都一樣：喪禮、甜粥、煎餅、水果飲，儀式結束。

直到有人想通不能再選一年內就會死的老人接班，一九八五年的蘇聯共產黨中央委員會總書記才會由相對年輕的米哈伊爾·戈巴契夫獲選。而你也很清楚，他給我們進行了經濟改革，也就是所謂的經濟重建，然後蘇聯就解體了，這事也讓我很遺憾。不過在走到這一步以前，經濟改革同樣也來到了我們克里姆林宮的廚房。

最主要的改變，就是我們收到指示，說不再舉辦昂貴的宴會。鱘魚和多到滴地上的魚子醬，這些都要打住。戈巴契夫自己本來就一直在節食，並有妻子蕾莎·戈巴契娃陪著他常年奮戰。他吃的主要是燕麥粥，非常注意熱量攝取，因為他的確是易胖體質，只要稍微放縱一點，馬上就會發福。

當年整個克里姆林宮都得跟他一起節食。

維特多，我老實跟你說，廚師要跟蕾莎·戈巴契娃相處可不容易。她老是換廚師，因為常有廚師做不好：東西沒煮對，蛋沒煎好，香腸不是太少就是太多。我當時又有另一個機會可以轉任專廚，不過我還是拒絕了。每次提到給戈巴契夫煮飯，我的同事都沒半句好話。

要說他有什麼弱點，就是香檳。廚師會給他做檸檬水，不過是按照他的點子：冰塊、薄荷、檸檬汁和一點點覆盆莓裝杯裡，外加五十克香檳。

他在宴會上我唯一記得的一點鋪張就是白鱘，也是用香檳去料理。

2.

一九八六年，我度過了克里姆林宮最後一場喪禮，那是一場很特別的喪禮。一個老人死了，權力的老兵，你們波蘭人一定記得他——莫洛托夫，就是一九三九年跟里賓特洛甫簽訂德蘇友好條約的那個人。他活了九十六歲，是史達林權力菁英中的最後一位，也是唯一一個活到戈巴契夫時代的人。我認識他，我們有時會從克里姆林宮給他送食物過去。

莫洛托夫的最後幾年主要是在莫斯科盧布廖夫區的列寧療養院度過，那裡現在是莫斯科的新貴專區，非常高檔。他在那邊有自己的房間，因為那是重要黨內成員用的療養院，我們有時會過去煮飯，而我們每次都會對他深深鞠躬，因為他即使在政治上已經沒有任何地位，仍舊是一個傳奇人物。

他的公寓就在克里姆林宮旁邊的格拉諾夫斯基大街上。戰前所有蘇聯菁英都住那邊，羅科索夫斯基、布瓊尼、伏羅希洛夫，所以莫洛托夫也是。

身為一名重要的政治人物，他在死後享有國家支付的葬禮和喪宴，所以我就被派去格拉諾夫斯基大街準備那場喪宴。我到的時候已經有兩個比較年長的女性在那邊等待。她們是莫洛托夫的遠房親戚，我向她們自我介紹，並優雅地一鞠躬，她們便讓我進屋。

那間屋子挺不錯的，幾百平方公尺大，位在莫斯科市中心，有裝了壁爐的客廳、餐廳、書房、兩間臥室和一間非常大的廚房。我走去廚房瞧瞧，看有哪些盤子可以用，哪些鍋子可以用，有沒有刀子，有幾把，又是哪種的，這樣我才知道自己有什麼工具可使。我走到桌前，想拿起一個盤子，卻拿不動。為什麼呢？因為它太髒，黏住了！所有的盤子全都一樣。莫洛托夫當時的年紀已經很大，不是沒有力氣，就是已經不想洗碗，所以他用過的餐具全都這麼放著。

我這輩子還沒看過這種事，以前沒有，後來也沒看過。

那兩個遠房親戚看我一臉擔心的站在那裡，便說：「維克特，您別擔心。我們會把這些盤子拿去浴缸裡洗。」

她們確實把盤子都洗好了，不過這樣還是太少，我得從克里姆林宮載一些過來。

我把他的屋子裡裡外外都看了一遍。我已經跟你說過自己對歷史有興趣，而這種能看看他怎麼生活的機會，一輩子只會有一次。我以為能看到些他隨手記的備忘錄，或是跟里賓特洛甫的合照，但是什麼都沒有。那裡什麼東西都沒有，就算有什麼，在他們派廚師過去以前，一定已經有相關機構過來把東西都清空了。

我只有看到一些世界各國來的娃娃，以及烏茲別克送他的米製肖像。莫洛托夫身後留下的就只有這樣，骯髒的盤子和米做的肖像。

3.

戈巴契夫時期，我認識了一個可以被我喊做師父的人。

事情是這樣的。第二十七次黨代表大會即將到來，許多海內外的重要人士一如以往在莫斯科聚集。黨給特別來賓在高爾基列寧斯克分別蓋了小屋，地點就在以前列寧住家旁邊。那些都是很豪華的別墅，每間都有電影院、撞球桌、書房和餐廳。每間也都配有完整的服務和維安團隊。我們管這些小屋叫做專屬屋或小公館。一天，主廚跟我說在大會期間要派我去凱山·豐威漢的專屬屋。你知道那是誰嗎？我當時也不知道。那是寮國總理，那時候跟蘇聯的關係非常好。

我嚇到了。別忘了，我那時還很年輕，不到三十歲，所以我跟主廚說：

「怎麼會是我去專屬屋？這個責任太重大了！」

主廚想了一下：

「你說的也沒錯。要派誰跟你一起過去呢……」他想了一下，然後說：「我知道了，你跟維塔利．阿列克謝耶維奇一起去吧。至於他是誰，你去了就知道。」

好吧，也只能這樣。幾天後，他們把我塞進車裡載過去。維塔利已經在那邊。他是個白頭髮、個子很高的老人，非常和藹，完全不會咄咄逼人。我們握過手後就開始工作，不過維塔利的舉止根本就不像一個比我經驗更豐富的優秀廚師。他事事都問我，樣樣都跟我確認，什麼都跟我商量——要叫多少食材，怎樣的食物，我們要怎麼煮才能讓寮國來的客人覺得好吃等等。

後來我們開始料理。這人的手藝有多棒，真是讓我嘆為觀止！他的雙手是那麼靈巧，他在廚房裡的身影是那麼優雅。我覺得很訝異，這麼有天份的人竟沒有每天都跟我們在克里姆林宮一起工作。我跟他問了原因。

「克里姆林宮的習慣是什麼啊，維克特？」他笑問。「什麼樣的人不能在那邊煮飯呢？」

「我不知道，」我回答，「那邊的規矩太多，我不是每條都知道。」

「你想想看。」維塔利回答，然後又笑了笑。

我大半夜一直想他到底是誰，為何不能跟我們一起做菜，後來我才想起來——如果是已經過世或下臺政客的專廚，就不能進克林姆林宮煮飯。

難道維塔利跟過哪個總書記？如果是的話，那他到底是跟過誰呢？

於是我又睡不著了，繼續絞盡腦汁，要想個明白。等到我終於想通可能是怎麼回事的時候，渾身甚至還起了雞皮疙瘩。

第二天我們起床做早餐的時候，我就走去問他：

「我想了一整晚，難道你是……是在史達林底下做過事？」

維塔利只對我又露出了一個微笑。

4.

沒錯，這位先是成為我朋友，後來又變成我老師的這個人，曾經當過史達林的個人廚師。他住在史達林的別墅旁，認識以亞歷．埃格納塔什維利為首的每位傳奇廚師。我們在專屬屋裡一起住了兩個禮拜，我們一起做菜，每天一起喝點干邑白蘭地，一起玩骨牌接龍——這是克里姆林宮老廚師最愛的遊戲。寮國總理都是等開完會才由專人載回來，時間通常已經很晚，所以我們也沒有特別去關心他，而他對我們也沒有特別在意。他沒有抱怨，這對我們來說就已經足夠了。

跟維塔利一起工作可以學到非常多東西，也是因為他，我才成了一名真正的廚師，知道我們這一行在做的到底是什麼。他教我的事，之前不管是在學校還是其他地方，都從來沒有人跟我說過。

比如，他教我怎麼一刀將鯡魚去骨。史達林很愛吃鯡魚，就算每天吃也沒問題。

他教我廚師得帶著好心情上工，不可以有壓力，也不可以生氣，而且不管怎樣都不能失態。不過在政府裡做事，要做到這樣真的很難。「生氣的廚師做不出好菜。」維塔利老是把這句話掛在嘴邊，而他這話也確實不錯。他說這點史達林也很清楚，因為史達林可以對身邊幕僚在內的所有人發脾氣，卻不會把情緒發洩在廚師身上。他知道自己的健康和心情如何，都要看廚師的情緒。

我永遠不會忘記有天我們要做酵母蛋糕，結果我一直抱怨。

「這個麵團我每次都做不好，」我說，「這不會成功，這次又是浪費時間，沒有成果。」

「那你會唱歌嗎？」維塔利突然這麼問。

「唱歌？那跟這有什麼關係？」我一頭霧水。

「關係就在於酵母是活的有機體，可以很清楚感受到你的情緒。如果你生氣，它們就感覺得到，就發不起來。只有一個辦法能騙過它們，就是你得唱歌給它聽。」

「維塔利．阿列克謝耶維奇，您是認真的嗎？」我跟他確認。

維塔利的口氣很認真。

於是我試了，而且我真的成功騙過酵母。小時候媽媽唱過很多歌給我聽，所以我知道很多俄羅斯傳統歌謠。從那時候起，我每次都會給我的酵母麵團唱歌，而我的麵團再也沒發酵失敗過。

5.

我跟維塔利越來越熟，他就開始跟我說很多史達林的事。

當然，他還是有守分寸。包括我在內，跟國家元首工作的人全都簽過「簽條」，那是一份文件，說你不能跟任何人談到你的工作。這份簽條一旦簽署，就是綁一輩子，不管政權交替或是發生什麼事，都不能取消。

更何況維塔利當初還是專廚，他們還有更多額外的限制。我已經跟你說過，他們每個人都是由KGB直接雇用，所以要是你試圖接觸他們，就像你來找我這樣，可是會惹上大麻煩的。給領導做飯的廚房是由國家安全委員會管理。每個廚師都經過官方認證，對他們的審查過程也比對我的要嚴格十倍。而且他們每個人都有軍階，這點到今天都還是一樣。

維塔利甚至跟我說了史達林過世那天的事。三月五號史達林走的那天，廚房輪到他當班。他跟其他服務人員一樣，和妻小一起住在別墅的範圍內。不過他那天進城去辦事，趕在午餐前回來，剛好被史達林的管家伊斯托米娜隔著窗子看到。伊斯托米娜據說是史達林的情婦，很喜歡維塔利，就跑出來庭院找他哭著說：

「老爺死了，貝利亞已經開始槍決老爺的人。」

「我現在怎麼辦？」維塔利手足無措。

她給他指了一輛停在庭院深處的車。「開那輛車！快去找你的老婆小孩，趁現在還能走，你們快走。」

伊斯托米娜救了他的命，因為當時史達林身邊很多人的確都被貝利亞槍決。

維塔利去鄉下的親戚那裡待了好幾個月，就怕貝利亞的人找上他。當他得知貝利亞也被槍決後，就回到克里姆林宮，問他們是不是讓他回去工作。

克里姆林宮接受了他，但是按不成文規定，總書記的專廚不能進克里姆林宮，所以他就被派去各個地方工作。比如他去了亞歷克賽．柯西金的別墅工作，柯西金當過蘇聯多年總理，也是國內首屈一指的人物。柯西金的別墅在城外一個叫索斯尼的地方。就跟許多老一輩的共產黨員一樣，柯西金似乎也徹底奉行禁慾主義，最愛吃的是起司蛋糕、布丁及蕎麥飯。

維塔利說他能給柯西金煮的，其實也只有這三樣東西。

有一天，他從柯西金那邊接到了一項特殊任務。

「聽好了，」柯西金說，「明天我這裡會有美國國會議員來作客，得好好接待，你做點什麼有意思的料理吧。」

維塔利想了又想，想了又想。由於他很喜歡玩骨牌接龍，就給他們做了骨牌接龍形狀的三明治當點心。你也知道，骨牌接龍的每張骨牌都分成兩個部分，分別有兩種點數。維塔利把麵包切好，放進烤箱稍微烤一下定型，再用刀將每一片麵包都修成完美大小，接著在表面塗上一層厚厚的奶油，然後用魚子醬做點數。

這花了他好大一把功夫，不過成品卻好看極了。你想像一下那些骨牌是可以吃的。我師父對自己非常滿意，把他的三明治拿給大家看，說他做得這麼漂亮，應該要給他頒個獎。

不過就在宴會開始前，柯西金的維安主任來找他：

「叫你了，去吧。」

柯西金坐在書房裡。每當他生氣的時候，說話就會非常小聲，而他當時對維塔利用的就是最小最小的音量：「這天殺的是什麼意思？你這個蠢貨，要是你再給我這樣浪費高級食材，我可不能保證自己會做出什麼事……全國上下都在排隊買香腸，你卻拿魚子醬做骨牌接龍？快給我滾！」

維塔利不用人說第二次，腳底抹油，有多快跑多快，而我從他的故事裡明白了一件事：克里姆林宮不是一個會重視你的地方，不是一個會稱讚你的地方。只要沒人朝你吼，那就是稱讚了。

至於那骨牌接龍，柯西金倒是說錯了。維塔利做的不是三明治，而是藝術品。柯西金就像是在氣俄國最偉大的聖像畫家安德烈・魯布烈夫，說農民在挨餓的時候，他卻在畫壁畫一樣。

也許柯西金氣的是別件事，只是發洩到廚師身上？這種事發生過不只一兩次了，廚師跟保全常常是政治人物發洩壓力的出氣包。

6.

不知道為什麼，大家都很喜歡我為他們做飯，所以我的主廚開始送我去各個重要的外國訪團那邊。

我甚至記不得總共有哪些重要人物嚐過我的手藝，但是有古巴的卡斯楚、羅馬尼亞的西奧塞古、伊拉克的海珊、東德的何內克，當然也有波蘭的吉瑞克。不過真正的冒險是在戈巴契夫任內，前美國總統尼克森來訪，而我得要讓他留下好印象，好讓他跟現任總統雷根說好話。他在第一晚就跟他的女助理下來用晚餐，可是現場一片安靜。我給他們準備了很棒的食物，有俄式煎餅布利尼，有魚有肉，而且是用幾種不同的方式烹調。那些菜都裝飾得很漂亮，擺盤也很漂亮，可是那邊卻一點聲音也沒有。

我們在廚房裡討論該怎麼辦，因為我們實在不明白是怎麼了。於是我們派服務生送葡萄酒過去。服務生去了，然後回來，我們所有人馬上湊過去，結果他說：

「你們不會相信發生了什麼事，尼克森跟他助理拿著相機站在桌邊給每一道菜拍照。」

我們克里姆林宮的餐點讓他們喜歡到要全部留下永久的紀念。

我給尼克森煮了幾天飯，他很滿意，甚至有天直接跑來廚房，站在門口問：「這裡誰是廚師？」他們把我叫過去，我支支吾吾用英文說了你好，而尼克森則站在那裡動也不動。他一定以為自己會看到一個留著小鬍子、渾身油膩膩、名叫伊凡的人，沒想到卻看到我，一個伊茲麥沃夫來的小伙子。他很高興能跟一個年輕的俄國人說話，所以開始天天都來。他會問我年輕人的生活怎樣，等公寓要等多久，這個多少錢、那個多少錢之類的。他這樣一直來找我，甚至讓我開始覺得尷尬，不過主廚說這沒關係，不會有問題。主廚還說，既然尼克森想聊，我就要跟他聊。

所以，有一天我鼓起勇氣，跟他說我很高興他喜歡我的菜，不過我認為他錯過了俄羅斯菜裡最重要的東西。

「哦？是什麼？」他好奇地問。

「是湯，總統先生。」我說，因為他每次都會把湯剩下。「俄羅斯最有名的就是湯，我們有甜菜湯，我們有雜拌湯，我們有魚湯，每種湯都很健康，尤其對男人很好。」我意有所指地說。

「我現在吃太慢了。」他聳聳肩。

「總統先生，不管哪個時候都不嫌晚。」我說。「這些湯可以讓人更年輕，請您試試看吧。」

我知道他很喜歡釣魚，也很愛吃魚，所以隔天我就給他準備了魚湯。他喝光了，還添了第二次，一樣吃得乾乾淨淨。

「那湯確實好喝。」他說。「看來我得在美國給自己找一名俄國廚師。」他笑了笑。

最特別的事情發生在尼克森訪問的最後一天，他要我帶他去逛莫斯科。我的主廚同意了，所以尼克森只帶了一位保鏢就跟我一起出門。他不想看古蹟，而是想看一般人怎麼生活。我們去了切廖穆什基區，因為他在幾年前跟布里茲涅夫去過。到了之後，尼克森問當地的市集在哪，他記得上次來有去看過。他覺得如果他悄悄來，只帶上一名保鏢跟我，就不會有人認得出他，他也可以看看平常人的生活。所以我們就去了切廖穆什基的市集。

當然，那邊所有人都認出他，一堆人全擠了過來，給他花、蔬菜、水果、蜂蜜，而尼克森則感動得哭了。

直到某一刻，人群裡冒出一位老奶奶，就是會坐在市場上賣大蒜跟一點葵花籽，要賺些小錢貼補退休生活的那種。她把本來要賣的整朵葵花都送給他，然後說：「總統先生，我就只有這麼多了，可是我想拿這個跟您拜託一件事。我兩個兒子都在戰爭中走了，戰爭是這世界上最可怕的事。我拜託拜託您，請您用盡一切辦法，不要再讓戰爭發生了。」

尼克森抱住她，不知道跟她說了什麼，可是看得出遇上老奶奶這件事讓他感受很深。我們回到他住的別墅，我給他準備午餐，可是他在花園裡散步散了很久很久，細細想過一切。

後來我又給他做了魚湯餞別，而他則提議我們一起拍張照，然後才動身離去。

7.

我這輩子上班就只有一次睡過頭，但那卻是最不能睡過頭的一天，因為那天我要給瑪格麗特·柴契爾做早餐。她帶了一整個訪團來莫斯科，

維克特·別瓦耶夫與理查·尼克森© Witold Szabłowski

所有人都工作到深夜，但隔天一大早就要搭五點的飛機回去。

主廚提議我在克里姆林宮過夜，睡沙發。不過維特多啊，我在外面會睡不著，所以我就跟主廚婉謝，搭克里姆林宮的夜車回家。我一點結束工作，但三點半就得回去。我跟克里姆林宮叫了車，也定好鬧鐘，結果……我沒聽到鬧鐘響。

我醒來的時候是三點三十分，整個人都慌了。全家上下包括老婆、小孩，還有跟我們同住的我媽都被我吵醒。媽媽幫我穿褲子，老婆給我燙襯衫，而我則打電話給克里姆林宮的管家報告發生什麼事，然後拜託對方幫我把豌豆罐頭打開，煎餅要用的蛋打好，然後起一鍋水滾著等我過去。

最糟糕的事還在等著我，那就是我的車。八〇年代的莫斯科是沒有計程車的，從我家走路去克里姆林宮要一小時。而負責進市區接送員工的司機都遵守一條原則，也就是等人最多只等半小時。你沒在時間內出現，那是你的事，得自己去跟頂頭上司解釋。

我心想，車子不可能還等在那邊，所以我提著一顆幾乎哽到喉嚨的心，打電話給克里姆林宮的調度員，心裡暗暗祈禱接電話的是我的好朋友露芭。

接電話的確實是露芭，我總算安了心。

我大叫：

「露芭，我睡過頭了！我們這次接的是瑪格麗特・柴契爾，快想辦法幫我一把，我得給她做早餐啊！」

「呵呵，真有你的。」露芭說。

然後她給我派了另一輛車。

我套上襯衫和領帶，跑下樓，跳進車裡，結果後頭又來了另一輛車——原來那天司機破例等我。

於是我們上路。我坐一台車，另一台跟後面。進宮的時候，士兵給我們敬禮，我也給他們敬禮，而且是笑著敬。那些警衛看到了我。

「搞什麼，維克特，你幹嘛嚇我們？我們還以為是哪個大頭來了。」

而我回答：「弟兄們，你們是該習慣一下，我以後每天都會這樣坐車來。」說完我還大笑。

接著我跑上樓。布利尼煎餅、小菜、起司、香腸、火腿，每樣東西都快速切好。

我在最後一刻趕上了。

柴契爾夫人也跟尼克森一樣到廚房跟我道謝。話說回來，那畫面挺逗趣的，因為她第一次要來的時候，其他廚師都跟我說不要太在意，因為她從來就不吃我們煮的食物。他們說她家裡沒廚子，都是自己煮，而且一點都不喜歡吃別人煮的東西。

所以她在莫斯科的第一頓早餐，我給她每樣東西都做了一點，不過我也有心理準備她若不是什麼都不吃，就是只會用叉子在盤子裡戳個兩口。我給她上了兩種沙拉、一點點穀粥、一點點煙燻肉、吐司、果醬，還有煎餅，也就是布利尼，然後就開始準備午餐。

沒想到十分鐘後，服務生端回來一個空盤子，上頭裝的原本是布利尼。

「她還要。」他說。

什麼？糟了，她還要？可她不是什麼都不吃嗎？

我慌慌張張地打了蛋，攪和上水、牛奶跟麵粉，然後迅速煎好我們的布利尼，很快上了兩份。結果服務生又回來了。

「她還要。」

她當時大概吃了八份吧，就連她的訪團成員都很意外這東西如此合她胃口。

最難的就是遇到印度或阿拉伯國家的訪團，他們常會帶自己的廚師，比如海珊就是。他們做的菜都必須遵守伊斯蘭規定，用肉也都要以適當的方式屠宰。這些我們都不懂，畢竟我們是要去哪裡學？

至於印度人呢，印度人會吃我們做的菜，但是有人不吃肉，有人不吃魚，有人吃肉跟魚但不吃蛋——而且他們全都不能吃牛，然後還要記住哪道菜是要做給誰的。就連素餐都分成三種。我們跟其他廚師想了很久該怎麼辦，最後沒辦法，只能給印度訪團的每個成員都分開煮。

我記得他們來的時候，服務生送水跟果汁去他們房間，然後一臉不知所措地回來，因為他去的時候，印度人都在……倒立。後來我們才知道，甘地女士（時任印度總理）每天都會練瑜伽，而且是從早上五點就開始。

8.

沒有外國訪團的時候，給克里姆林宮做菜可說是千篇一律。我們午餐都要準備十五道前菜：魚類、肉類和蔬菜類。我們會做填了餡的小里肌，還有雞肉凍捲和魚肉凍捲。

不過克里姆林宮裡最不一樣的地方就是擺盤裝飾。我們每個人都上過專門的課程，舉凡番茄玫瑰、小黃瓜鳥、紅皮蘿蔔花等，我們全都會做。

前菜也是最多一個禮拜只能重複一次。只有魚子醬沒有限制，不過如果前一天是紅魚子醬，隔天就得是黑魚子醬。當然，這些魚子醬都是從阿斯特拉罕來的，而且都是最上等的，不是白鱘子，就是歐洲鱘魚子。那邊有聯合企業專門取得魚子醬，這種聯合企業都有自己的專業行會為克里姆林宮做事。阿斯特拉罕給我們做魚子醬，莫曼斯克給我們做煙燻魚，而米高揚肉品工廠則給我們做香腸、熱狗和其他醃燻製品。開黨代表大會時，各地黨團都會帶他們的美食來：烏克蘭帶香腸、波羅的海三小國，也就是立陶宛、拉脫維亞和愛沙尼亞會帶鯡魚和小鯡魚，高加索共和國則是羊肉、葡萄和其他水果。不過在克里姆林宮廚房裡的廚師全是俄羅斯人，我不記得有哪個人是「納斯梅納」，也就是少數民族。為什麼？我不知道，大概是因為我們在地人比較好審查吧。

工作時難免有衝突，不過大家自有分寸，因為我們知道要是有人太過分，就會被開除。你上哪去找第二份一樣的工作，能在兩年內給你一間房子。夏天還給你半買半送去克里米亞度假，而且還是很豪華的環境，因為我們在那邊有克里姆林宮員工專屬的度假村。每半年我們也可以去一次莫斯科市中心的大型商場——國家百貨商場的專門部門，用禮券給自己買衣服。沒有哪個雇主會給我們設想得這麼周到。除此之外，克里姆林宮還有裁縫能給你縫厚大衣、縫西裝。想要的話，也有鞋匠可以幫你做鞋。我跟太太的就全都是給他們做。當年吉古力那款車要等兩年，不在克里姆林宮工作的人則是要等十年。所以我印象中沒有人會吵到丟掉這只飯碗。

不過我記得有次同事異想天開，發生了一樁意外。那天是婦女節，八〇年代末期。我們送禮物給女同事，在克里姆林宮裡坐了一會兒，大夥兒吃吃喝喝。按規定這是不准的，所以主廚告誡我們：「你們一人喝一杯就收了。」已經結婚的，像我，當然就喝完一杯就趕緊回家。不過有四個年輕的小伙子，既沒結婚也沒孩子，就這麼留了下來。我要走的時候還跟他們說：「弟兄們，指揮官等等就要出巡，你們要是被抓到就麻煩大了。」他們還說：「知道啦，維克特，我們等等也要走了。」

他們是走了，不過不是走出克里姆林宮。

晚上七點，克里姆林宮已經關門，歌聲卻突然從某座塔裡傳出來，整座紅場都聽得到。四個男人在唱所有俄羅斯最熱門的歌曲，先是《卡秋莎》和《莫斯科郊外的晚上》，然後又是阿拉．普加喬娃跟其他知名歌手的歌。

不幸的是，聽到歌聲的不只有遊客，還有克里姆林宮的指揮官。他叫來手下把克里姆林宮巡一圈，卻找不到歌聲來源。城牆上？沒人。塔上？沒人。鐘樓？沒人！

他們找了一整個鐘頭，你知道最後在哪找到人嗎？那邊有個鐘叫沙皇鐘，是世界上最大的鐘，十八世紀時剝落了一塊金屬。那些男孩就是從那個洞鑽進去，把香腸跟伏特加擺出來，坐在裡頭唱歌，聲音才會傳得那麼遠，所以他們才找不到人，因為那些男孩就坐在鐘裡頭。

不幸的是，他們被開除了。指揮官後來跟我說，他看到他們的小派對時覺得難過極了，因為如果可以，他也很樂意跟他們一起坐下，在那邊喝喝唱唱。那些男孩玩得可開心了。

不過那種行為是不被允許的，在克里姆林宮不能做那種事。

廚房門外

雖然戈巴契夫盡其所能地營救蘇聯，命運之神卻完全不加以青睞。

布里茲涅夫時代留下來的危機不斷加深，而這名年輕總書記的所有努力全卡在了蘇聯官僚體系的泥淖中。戈巴契夫左支右絀，試圖鞏固改革，卻事倍功半，不只腦袋僵硬的共產黨員反對，壓根不想支持他的經濟改革和開放政策，蘇聯許多民眾也不理解他，不贊成他的理念。

他還有一位自己一手培養出來的敵人——鮑利斯・葉爾欽，這位年輕又能幹的共產黨員，當年因下令拆除布爾什維克黨射殺沙皇尼古拉二世一家的屋子而出名。戈巴契夫先是對他寵愛有加，後又試圖切斷他的政治生命。當時兩人之間便已經展開一場政治殊死戰，要爭奪蘇聯政權，也要爭奪蘇聯能保有的一切。

彷彿是在嫌戈巴契夫的問題不夠多，一九八六年四月二十六日，車諾比核電廠的一座核反應爐發生故障。總書記被同志誤導，先是無視危機，後又試圖掩蓋災難的實際嚴重程度。蘇聯政府在這場災難裡的無能為力，無疑是讓戈巴契夫與蘇聯人民間的不信任感雪上加霜。

至此，世界最大國的時日已所剩無幾。

第十三盤　童話森林與車諾比的廚房

在瓦拉什巴士站旁的市場上，我感覺時光好像倒流至少二十年。與市場相連的小廣場，地面上的柏油早在好幾年前就已經融化，留下一個又一個手肘深的窟窿。如果忽視這些繼續往前走，就可看到好幾個大型塑膠盆，裡頭裝滿從斯特里河抓來的鯰魚、鯉魚、擬鯉和丁桂魚，當中還時不時混著蜷縮的鰻魚，宛如黨部政要剪綵完的絲帶。有些魚的鰓還在開闔，靠著最後一絲力氣喘息，渾身沾滿早十幾分鐘斷氣的魚隻鮮血。要是有哪條魚被客人看上，動作純熟的小販便抄起長刀，剁魚頭，拔內臟，刮魚鱗，幾秒鐘時間就包進塑膠袋，讓客人繼續逛下去。也許去附近特羅斯佳涅茨肉品工廠在這邊開的直營店買香腸？或是買托爾欽來的蔬菜？再不然就是活鵝、活雞或活鵪鶉？

這裡什麼都有。

這裡也可以修理最新型號的智慧型手機螢幕，縫製裙子或褲子，補絲襪，喝咖啡，一邊夢想更美好的生活，一邊吃著向包頭巾老太太（蘇聯解體後各地隨處可見的景象）買來的肉餡餅或包馬鈴薯餡的圓麵包。

車站大廳後方有個破舊不堪的服務亭，旁邊停了幾輛計程車。頭一個司機穿著時髦的仿皮夾克，戴著有某間滑雪場標誌的帽子。第二位司機則身穿舊的毛大衣跟澎澎的蘇聯帽。我比較想搭第二位司機的車，因為他會有比較多有趣的故事跟我說。可是那個穿皮夾克的排第一，而跟我一起下巴士的沒有人往計程車的方向走。

於是我等著。

我往左看，看到塔拉斯謝甫琴科大道，這座城市的主要幹道之一，道路旁聳立著一幢幢華麗的大廈。

我往右邊看，看到……喔，我的老天！我再看一次，然後又看了一次。

巴士站右邊就是車諾比核電廠。我把煙囪數了一根又一根，一，二，六。

不對，這不是車諾比，煙囪太多根了。這是車諾比的雙胞胎，羅夫諾核電廠。瓦拉什這座城市本身就是核電廠旁發展出來的小城市，就像車諾比旁發展出來的普里皮亞季——如今在每支車諾比事件影片裡都會出現的鬼城。如果你想看看核電廠旁的城市生活是什麼樣子，這裡就是你該來的地方。

我沒有繼續等下去，而是一頭坐進司機衣著很歐風的第一輛計程車，去拜訪車諾比災難發生時在那邊做飯的廚娘。

廚娘

他們來帶她走的時候，露芭女士正在番茄叢裡除雜草。

全名拉以莎的拉亞女士，一個人獨力撫養三個小孩。她是被人從家裡帶走的。

瓦蓮京娜女士是在她工作的店裡被人告知，說她當天就得出發，而且還被建議不要試著討價還價。她能怎麼辦？只好上路。

娜絲提亞女士是在排隊看醫生的時候，從人資部女同事那邊得知消息，大感意外。「可是我生病，現在是請病假。」不過同事跟她解釋，說那完全不會有影響。

人資部的主管莉迪亞女士對她說：「妳要嘛去，要嘛就東西收一收回鄉下老家去。」所以她就去了。

奧嘉女士哭了兩個小時，考慮該如何是好——她有一個六個月大的孩子，她怕自己會給那孩子傳染什麼病。

只有塔緹亞娜女士像是注定要當廚師一樣，在鍋邊得知自己要去車諾比給搶救危機的人煮飯。

這七個人我全都碰了面。

災難發生後被帶去車諾比的頭一批廚娘裡，其實還有另外八人，至於她們是怎麼過去的，我們已無從知曉，因為她們都過世了。第一個人在回來後馬上就死了，第二個人是幾年後走的。第三個人則是在災難的十週年紀念後過世。接下來的那人是在二十週年紀念前，之後幾年又有兩個人過世。話說回來，還在世的這七個人當中，有六個都是病痛纏身，每個人都動過幾場手術，有些人甚至是十幾場。

同樣讓我們從頭開始吧，從沃里尼亞的瓦拉什這座小村落，僅存的幾間屋舍和回憶開始。

露芭

露芭女士已年過六十，肩上披著暗色背心，頭上戴的則是用某種動物皮做的帽子，但我猜不出是哪個品種。我們在瓦拉什文化中心旁的一間小咖啡館見面。露芭女士還記得當年這個地方有鵝群放養和乳牛吃草的景象。

＊＊＊

瓦拉什在當年是個漂亮的小村子。我父親有養豬、母牛、兔子和鴨子。他跟我媽媽一起在集體農場工作，不過當時蘇聯人已經准我們在家旁邊養牲畜。

媽媽跟爸爸總共生了十一個孩子，我是年紀最小的，是爸媽的掌上明珠。大家都非常愛我。上三年級後的某一天，有個委員會來找父親，要跟他買我們的房子跟我們的那一小塊土地。他們說瓦拉什這邊要蓋核能發電廠，還說我們家所在的位置會變成反應爐。這讓我很震撼。什麼反應爐？什麼核電廠？那是什麼？現在因為車諾比的關係，每個人都聽過核電廠，不過那在當時才剛開始有人蓋，是全新的事物。

父親不喜歡這個主意。我們家世世代代都住在瓦拉什，挺過了戰爭和集體化，現在突然要我們賣屋賣地，換成公寓？不過那個委員會開始遊說我父親，說要是不趁現在政府釋出善意的時候賣，之後還是會被收走，因為莫斯科的書記已經決定核電廠要蓋在瓦拉什，他雖然很抱歉，不過區區一個沃里尼亞的莊稼漢是不可能擋得了這項決定的。

父親於是跟對方談好條件，用我們的小屋換兩間他們剛開始在這附近蓋的公寓。大概過了半年，工人來了，蓋好公寓，我們也搬了過去。核電廠還在蓋，我父母就已經拿到那邊的工作，母親是清潔員，父親是警衛。我父親就此成為核能的超級粉絲！他跟媽媽賺的錢是在集體農場賺的三倍。他們還有一片休閒花園，所以能繼續養鵝，養豬，養幾隻鴨和兔子。只有乳牛他們得放棄，因為沒地方可以放牧。

直到有一天，我那個向來很有辦法的父親跟我說：

「露芭，妳要不要去核電廠當廚娘？妳喜歡做菜，也許這對妳來說是一份好工作？」

「嗯，好啊。」我回答我爸。「不過你為什麼會想到這件事？」

原來他同事的女兒在核電廠工作，而且剛好就是當廚娘。她每天都會把大家沒吃完的東西倒進桶子，那同事就開車去核電廠收，拿回家餵豬。我父親也想要有免費的食物給豬吃。一開始這讓我有點生氣，因為他考慮的就只有那些豬，根本不是我。氣到後來，我開始覺得好笑。我左思右想，也許去核電廠工作並不是個壞主意，於是我去遞了申請書。核電廠那時候擴張得很快，所以幾乎隔天就接受我的申請。我這輩子的人生，就因為爸爸想要豬有餿水吃，就這麼定了下來。

我開始在核電廠做飯，父親晚上開拖車來收他的餿水，就這樣過了幾年。我記得他殺掉最後一頭豬的時候，核電廠的第一個反應爐已經開始運作。那頭豬是他跟鄰居一起在我們公寓大樓的浴室裡宰殺的，這樣之後才不用搬肉。香腸、豬頭雜香腸*、火腿，我們全都跟媽媽自己在家裡做。這一頭在蓋反應爐來進行核分裂，隔著窗子都看得一清二楚。

另一頭的浴室裡，父親跟鄰居在殺豬。

話說回來，反應爐最後也不是蓋在我們的地上，而是蓋去了別的地方。他們也把我們的地名從瓦拉什改成庫茲涅佐夫斯克，紀念某個在戰時去德國人那邊當間諜的共產黨員。直到烏克蘭獨立，他們才把名字改回瓦拉什。

奧嘉

「我這輩子都很不喜歡吃東西。」奧嘉女士說。

我們坐在她家，這裡離瓦拉什東正教教堂不遠。奧嘉女士把她冰箱裡有的全擺上了桌。符合一個專業廚師給人的印象，她擺出來的東西真的很多：自製的香腸、豬頭雜香腸、「鴨飼料」沙拉、煙燻魚、茄子捲、酸黃瓜、醋漬紅蘿蔔，還有我帶給她的那瓶自釀辣根酒。

「我媽說我以前只吃巧克力餡用的杏仁糖糕，那不是真的。」奧嘉女士笑了笑。「不過我很挑食倒是真的，如果那時我跟家裡說長大要當廚娘，他們大概全都會跌破眼鏡吧。」

* * *

我的城市在六〇年代蓋了一座大型化學工業區，我原本想在畢業後過去工作，不過我姐夫已經在那邊上班，他跟我說：「奧嘉，這是會碰到化學產品的工作。妳不明白那邊是怎麼回事，不過妳是個年輕漂亮的女孩，以後要生小孩的，最好別去。」

---

* 豬頭雜香腸（salceson），取事先醃煮好豬頭肉混合內臟、豬血製成的醃燻製品，外型通常類似圓柱狀火腿，切薄片配麵包食用，為中東歐早晚餐桌上常見的食品。

我想想覺得他是對的，就去了給廚師上的學校。你看，人生有多麼荒謬。我沒進化學工業區，倒是去了車諾比。

還是從頭開始說吧。我來自伊瓦諾—福蘭基夫斯克一帶的布爾什滕，那邊有非常好的廚藝學校。我剛去上那間學校，就馬上受到震撼教育。學校上了一個月的理論課，教我們怎麼用刨刀跟一些有的沒的，例如「米亞索路布卡」，也就是絞肉機，然後就馬上讓我們進餐廳、酒吧和食堂實習了。一年都沒過完，他們就把我們塞進巴士，載去外地實習。我跟我死黨娜迪亞——她住另一個村子，離我們家不遠——一起去了瓦拉什的核電廠。不只是我們兩個，而是整台巴士都去了，不過我跟娜迪亞最親近。為什麼是去瓦拉什？我當時還不知道，可是我們學校跟烏克蘭所有的核電廠都簽了約，由我們這邊派廚師去各廠服務。話說回來，也不只是廚師，因為從布爾什滕去的還有服務生、麵包師、糕點師和販售員，除了去我們要去的羅夫諾核電廠（這才是官方名稱），還有赫梅利尼次基核電廠、南烏克蘭核電廠及札波羅熱核電廠。

當然還有車諾比核電廠。在車諾比煮飯的女孩很多我都認識，服務生和糕點師傅也是。大部分人都在災難發生的當下或不久後當班，而這些人大都已經不在人世。

當時的做法是這樣，如果你的表現好，他們就會給你工作，那麼你就可以留下。那是在車諾比爆炸前的事，那時還沒人知道輻射會這麼可怕。

一開始很辛苦。他們把我們整團載過來，那天是一九八〇年六月一日。他們分給我們的宿舍床是歪的，用幾片木板釘起來。周圍有農舍和村舍。所有的反應爐都才準備要啟動，還沒開始運作。儘管如此，要做的事還是很多：有兩千個人等著吃飯，而我們總共只有五個廚師。切麵包，切火腿，炒蛋，打掃。接著再從頭來過，準備午餐，切麵包，煮湯，煎豬排，打掃。然後晚餐再來一次。你只要晚個五分鐘，大家就會不高興，因為他們的工作也很辛苦，不想要你出餐有耽誤。

現在還佇立在那邊的反應爐裡，有一個在當時就是我們食堂的後場。我跟娜迪亞一起住在宿舍，每天一起去上班。我們早上五點以前就得起來，因為早餐要準時七點開始。我們是在七號食堂工作。一號、七號、八號、九號及十三號食堂都在核電廠的範圍內，其他的則在市區。有一次我受不了工作的節奏，離開了一會兒，在一間火伕房裡睡著了——當時還沒有中央供暖系統，那些房間裡都是燒炭保暖。等我醒來時已經半夜，姐妹們都不知道我在哪兒，就這麼走了。我後來是爬窗離開的，沒掉到哪個洞裡還真是奇蹟了。

後來他們把我調去「林歌餐廳」，用烏克蘭話說是「Lisovaja Piesnja」。那邊的事情更多，因為除了每天的例行工作外，還要供應婚宴和葬宴，服務從莫斯科、基輔跟其他核電廠來的訪團。因為核電廠馬上要開始運作，這類訪團真的非常多。沒有「今天星期六」或「我孩子在哭」這種事，不管怎樣就是得上工。

我記得一九八一年，他們終於啟動第一座反應爐的那天，林歌辦了一場我這輩子從沒見過的派對。那天喝掉的伏特加大概有一整台運水車那麼多。這很好，這是我們的管理層和工程師應得的。他們辛苦工作那麼久，總算有了成果。那天我們幾個姐妹一起工作到凌晨四點。

隔天我們發現要開委員會，因為廚房裡少了十公斤的肉。

那是布里茲涅夫掌政的時期，國內正面臨危機，大家都能偷就偷。廚娘向來都是審查的對象，因為有句話是這麼說的：家裡有廚娘，不怕會缺糧。所以一般人對我們的印象就是會偷東西。

我可以把手放胸口發誓，我什麼都沒偷。就算我想，大概也沒那個膽，因為那可是犯罪。我們每天肉來多少，起司來多少，煙燻製品來多少，蔬菜又來多少，全都算得剛剛好，我最多只能在工作的時候吃上一點。

不過食物老是短少是真的，尤其是在辦婚宴的時候。心裡有數的新人一定會叫人在廚房裡看著，如果沒這樣做，就會出事。假如要拿來熬湯的一大塊肉不見，那這甜菜湯沒放肉，還能煮嗎？肉是誰帶出去的？沒人知道。該找誰問罪？廚娘！

我們所有人都很清楚是誰拿走的，但就是不能說，因為那些人的層級比我們高太多。

我打從一開始就很喜歡瓦拉什，這是一個還在建設中的小城市，充滿年輕人，有很充沛的活力。這裡的工作很辛苦，可是我們有專為年輕人設計的俱樂部，每個禮拜都可以跳一兩次舞。這裡一直都有新人來，隨時都有事發生，大家的感情都很好。我有些女性朋友住在車諾比核電廠旁邊的普里皮亞季，說她們那邊的情況也差不多。商店鋪貨很充足，有肉、有魚、有水果。這在當時蘇聯的其他城市是不可能的。大家的工資都很好，絕對超過蘇聯平均值。

來這種地方的都是特定的一種人，最有幹勁也最勇敢的人。

拉亞

災難發生的那一天，大家就在說車諾比的情況不對勁。我們跟車諾比的關係很密切，那邊的廚娘會來我們這裡受訓，車諾比的工程師也常會來我們這裡。這兩座核電廠是姐妹廠，距離很近，彼此間要想沒有聯絡也難。

不過一開始的情況讓人摸不著頭緒。有人打電話給住在車諾比的女兒打不通，有人則是打給朋友，也打不通。有人聽到聲音，卻搞不清楚是怎麼回事。

我記得奧嘉來上班，說伊瓦諾—福蘭基夫斯克那邊打電話給她，問我們這邊有沒有事。他姐夫很熱衷政治，會聽自由電臺，而廣播裡說烏克蘭的核電廠發生重大事故。我們看了一下我們的小黃瓜桶——我們都這樣叫我們的反應爐煙囪——嗯，看起來故障不是發生在我們這裡，我們就繼續工作了。我根本連想都沒想過，事情會這麼嚴重。

幾天後是五一大遊行，大家都去參加，好像根本沒事發生。直到過了許多年，大家才開始承認當時已經有人知道部分情況，卻沒有告訴其他人，因為說了可能會被指控散布不實消息，而這可是會被檢察官盯上的。瓦拉什是個有特定用途的封閉城市，光是多說兩句，光是有一點情報外洩，就可能遭到批判。

五月一號之後，事情的發展一夕加快。如果有哪裡沒人煮飯，就得調廚娘過去，這是很正常的情況。部隊轉移的時候，頭一批調動的對象裡也是有廚師。

我那時有三個小孩：女兒佐雅念六年級，二兒子伊凡念四年級，還有一個小女兒阿瓏卡念一年級。我跟大部分的姐妹一樣在林歌工作，可是人資部門打電話來，叫我去核電廠——我們的餐廳是核電廠的人資在經營。

於是我去了。人事部的小姐要我把東西收一收，因為明天我要去幫忙排除反應爐故障所造成的影響。我說我一個廚娘跟反應爐故障有什麼關係？是要我去躺在那上面嗎？要我拿毯子去蓋？還是說要拿鍋子去？這是第一點，而第二點呢，我還有三個孩子要靠我自己一個人養，因為我老公丟下我，我不大可能找到人幫忙照顧這些孩子。

人資聽了聳聳肩，說佐雅已經十二歲，可以照顧小的。

維特多啊，一開始我覺得這太荒謬了。我家佐雅還那麼小就要顧家？不過後來事情的確變成這樣，佐雅一個人撐起這個家，又煮飯又洗衣服，還帶兩個小的去上學。

後來我才從其他核電廠的女同事那裡得知——畢竟烏克蘭有五座核電廠，而我們大家都彼此認識——只有我們這裡在第一批帶了家裡有幼子的女人過去。獨力撫養小孩的大概就只有我一個，而我們的人資從來就不喜歡我，顯然這是她送給我的禮物。

我們這些被帶去加入第一批的人總共有十五個，有些是從林歌來的，有些是從其他食堂來的，有些是從核電廠或城裡其他地方調來的。大家彼此認識，因為瓦拉什不是一座大城市，每個廚娘一定都認識其他廚娘。

搭巴士過去的一路上我們都在唱歌。有人帶了一小瓶干邑白蘭地，被我們喝光壯膽。我們盡量不去看窗外，因為窗戶外頭是世界末日。森林燒掉了，但這被燒掉的森林裡卻站著乳牛，痛苦哀嚎，因為那邊的人都給帶走了，沒人給牠們擠奶。有幾頭躺在地上，想必已經死了。

我們經過一座又一座空蕩蕩的村子，裡頭的菜園都是滿滿的作物。接樺樹汁的罐子、蜂箱、蜜蜂、蜂蜜，看了就叫人想停車去收成。

可是我們不准停車，上頭有下禁令。

那是一個已經沒有人類存在的世界，而這是一種很奇怪的感覺。幾天前我還有計畫，有夢想，有工作，有三個孩子，像全國幾百萬人一樣為尋常的事傷腦筋。突然間，過了三天，也許是四天，你坐車穿過奇怪的地區，要去一個你不知道有什麼在等待的地方，而且你不知道自己會不會有回去的一天。

現在路上偶爾能看見載乳牛去屠宰場的車輛，每當看見這些車子經過，我心裡就會想，我們當時也是這樣。「可憐的動物，你們都不知道要被載到哪裡去。」

露芭

巴士停在我們的餐廳前，他們把我們送上車，我們就這樣去了拉法利夫卡，一個離這裡四公里、搭有鐵軌的地方。他們把領班介紹給我們認識，叫瓦蓮京娜。你好、你好。我們大家都知道她，因為她是核電廠附近商店的店長。她給我們的第一印象很好，事事為人著想。要是你說有什麼東西不合適，瓦蓮馬上跑去幫你弄個更好的。你有問題嗎？瓦蓮會大半夜不睡覺，一心就想著怎樣才能幫助你。

我們在拉法利夫卡搭了夜間火車去基輔。到了基輔，他們給我們吃早餐，然後就載我們搭船去車諾比。我們下船後又走了一小段路，再搭最後一輛巴士，就來到了目的地。

我當時有看到反應爐，就只有這麼一次。當時的反應爐還在火光之中，冒很多煙，看起來很可怕。後來我們在森林中待了一個月，那座反應爐就一直這麼被樹擋著。

他們載我們去以前的先鋒營，在森林中央，叫童話森林。名字很好聽，對吧？瓦蓮要我們早點睡，因為我們按計畫六點就得起床。但我們遲遲無法入睡，後來士兵四點就來叫醒我們。為什麼這麼早呢？都是我們的同事害的。頭兩天那邊有其他電廠的廚娘過去。她們本來要煮好早餐，把爐具、冷藏室、水源都介紹給我們看，讓我們瞭解有哪些器材，再按照表定時間搭十二點的車離開。可是她們沒等我們，半夜就從森林逃跑了。

我當時氣她們可氣死了，因為我們得替她們做完所有的事。我真是想不通怎麼會有人做出這種事。

今天我只替她們感到惋惜。森林裡是輻射最嚴重的地方，她們逃跑本是想保命，但她們一定沒有人活到今天。

瓦蓮京娜

那個聲響我這輩子都忘不了。有時我會夢到自己又回去童話森林，又聽見那個聲響。

話說從頭吧。一切都從ＯＲＳ*開始，也就是員工採購部，核電廠的廚房跟商店都隸屬於這個部門，而員工採購部決定讓我當廚娘團的領班。我其實不想，因為我都是在商店工作，從來就沒有在廚房做過事，而且我知道事情會多到讓人頭痛。不過我所屬的黨組組長

* 烏克蘭文Отдел рабочего снабжения，縮寫ＯＰＣ，拉丁字母轉寫為ＯＲＳ。

（也是名女性）就揪著我的弱點說：「瓦蓮，如果不是我們黨員去，是要叫誰去啊？」她知道只要把黨搬出來，我就會同意，因為我是真心相信共產黨的黨員，一天到晚四處為他人奔波。黨在當時就是我生命的全部，到今天我都不能接受黨被摧毀的這件事。

結果這位組長領導她自己沒去，但這又是另一回事了。就連我親愛的黨裡面都充滿這種人，只會把話說得很漂亮，自己卻一點實踐的意思都沒有。要說黨為什麼這麼容易就讓人毀掉，其中有部分就是因為有像她這樣的人。

我們搭車到的時候，那裡什麼都有了，就跟我那幾個女同事先前說的一樣。雞與牛在林子裡亂跑，到處都是軍隊，而比我們早來的那些札波羅熱核電廠的女孩，全都從森林跑掉了。我們分到一台測量輻射用的偵測儀。我們全身都量過一次，檢查哪邊有輻射，哪邊沒有。看起來沒問題，我們就去睡覺。就在我已經都安頓好，想慢慢入睡的時候，突然有個女孩扯開嗓子大叫，那是安娜．迪米特羅芙娜。「發生什麼事？」原來那些女孩把輻射偵測儀拿去玩，到處檢查周圍的物品，結果我們要躺的床單指數破表，床也差不多，只有浴室的蓮蓬頭底下好一點。我拿起偵測儀，把被子靠過去，結果偵測儀「喀喀喀」。枕頭也一樣，還有毛巾、床架與床墊。那個安娜對我說：「瓦蓮京娜，我不要在這裡睡，這樣可能不安全。」

我當時大概做了這輩子最愚蠢的決定，我說她們想做什麼就做什麼，但我打算好好休息。於是我躺到我滿是輻射的床墊上，把我滿是輻射的棉被蓋頭上，然後就睡著了。我記得自己還覺得那個安娜很不好，覺得她明明就還很年輕，卻想大家都聽她的。

其他女孩看我這樣，也跟著躺下。安娜猶豫最久，不過既然我們大家都睡了，她還能怎麼辦。所以最後她也躺下了。

今天我知道自己當時不該讓她們睡在那些床上，應該去大吵大鬧，為這些女孩的健康奮戰，為她們去打一場架，畢竟安娜當時才十八歲！

今天安娜已經不在了，她在車諾比過後的十幾年就死了。我不知道她心裡面怨不怨我，因為我們從來沒談過那晚的事，也沒提過那一台偵測儀。我只能暗暗在心裡咒罵自己當時有多愚蠢，然後為自己辯白，說我當時雖然是領班，卻也只是還不懂事的年輕人，而我也用自己的健康為那個錯誤付出了代價。

隔天我們從四點開始工作，馬上就進入最高戒備，因為那些逃跑的女孩留下了一大堆的爛攤子。水槽裡堆著還沒洗的盤子，鍋子也全都髒兮兮的，地板得掃過、打濕拖過，然後還有早餐要做。我知道自己作為領班，得快速讓大家動起來，所以我是頭一個火力全開的人，還給所有人笑一笑，不然就是拋媚眼。在這種情況下，如果領班開始抱怨或一屁股坐下，就一切都完了。大家會跟著在旁邊坐下，那麼誰也不用做事了。

五點四十五分，我們已經準備就緒。我派奧嘉與娜絲提亞這兩個好朋友去發餐，她們戴上很漂亮的廚師帽。我們在她們旁邊擺了一個板子，上頭有我們瓦拉什員工採購部的字樣和一句標語：「我們誠摯歡迎各位，祝各位用餐愉快。」有點美術天份的奧嘉還畫了一些花和公雞。

五點五十三分，這我記得很清楚，第一批清理人員來了。又或者像我們當時努力說的：「第一批客人來了。」

他們還沒真的進來，我卻突然又聽到那可怕的「喀喀喀喀喀」聲。

原來在我們食堂的入口也有幾台偵測儀，叫蓋格計數器。然後那些計數器也像碰到我們的床單一樣，開始「喀喀喀，喀喀喀，喀喀喀，喀喀喀，喀喀喀」響個不停。

接著進來的每個人都往我們這邊來，跟奧嘉和娜絲提亞拿食物，那個聲音也連成一個無止盡的「喀喀」。

那些從車諾比過來的人身上全沾滿輻射，就跟我們的床單和毛巾一樣。他們是直接從核電廠來的，都是輻射受害程度最嚴重的人，也是直接在反應爐邊工作的人。

那個聲音真的非常可怕。

我們從早聽到晚，中間只有打掃食堂的兩個小時才能耳根清靜一下。

三天後，那些偵測儀不見了。我不知道那是什麼時候又是怎麼發生的，不過有天我們來食堂，那些儀器就不在了。我本來以為是有人偷走，這話說來慚愧，不過那時候我就親眼見過有人試圖賺外快。但後來駐紮在我們附近的士兵要我們也把偵測儀交回去，顯然那是上頭的指令。輻射看起來挺安全的：肉眼看不見，鼻子聞不到，一開始也不會對你怎麼樣，何必去嚇大家，提醒他們是暴露在輻射之中？

上頭肯定有人這麼想。

奧嘉

瓦蓮京娜讓我跟娜絲提亞，也就是我在布爾什滕學校裡的好朋友當「派餐員」，也就是把餐點發給大家。她還告誡我們這裡工作都很辛苦，大家的情況都很艱難，因此對他們當中的大多數人來說，用餐是一天裡唯一愉快的時光。我們得盡可能讓他們在我們這裡補充力氣，然後繼續上工。

瓦蓮讓我去派餐，因為我總是笑容最多。不管有沒有什麼原因，我的個性就是這樣，我不喜歡難過。一個年輕又笑咪咪的金髮女孩，任誰見了都會心情好——這就是我們瓦蓮打得如意算盤。她讓娜絲提亞陪我一起，是因為她知道我們兩個感情好，如果我們兩個一起，就會一直開玩笑。

負責在那邊監督的士兵給了我們工作服、防護面罩跟輻射測量儀，還告誡我們一天得換兩次衣服，換下來的衣服都要馬上銷毀，面罩也絕對不可以拿下。

頭半個小時我們都乖乖帶著面罩工作，不過後來再也戴不下去——戴面罩根本沒辦法呼吸，後來那面罩我就一次也沒再戴了。

頭一天我烤了麵包，然後把麵包切片，還用花朵裝飾桌面，把餐巾紙捲得漂漂亮亮。五點四十五分，我戴上「頭飾」，也就是漂漂亮亮的廚師帽，心裡想點開心的事，讓自己的好心情能分享給那天我會碰到的人，然後就跟娜絲提亞一起在派餐窗口前站好。

維特多，我跟你說件事，要想當個好廚娘，就得有相當的敏感度。不夠敏感的人就沒有同理心，永遠煮不出好食物。一個好廚師能感受得到其他人的心情，所以廚師向來能看見很多其他人看不見的東西。而我在第一天就知道情況非常糟糕，比他們跟我們說的還要糟很多——當時大家都還在說那只是個小故障，在核電廠本來就可能會發生。不過我一看到那些從反應爐回來的士兵，就知道他們說的不是真的。實際的情況是一場大災難。

車諾比的伙食很好。那是我們的第一天，我們都很用心。不過就算炒蛋或燕麥粥不合他們的胃口，那邊的桌上也總是有滿滿的巧克力和水果，我想應該很少人在家裡見過那些東西。可是他們甚至連看都沒看一眼，只想喝東西，其他的都不要。

維特多，他們每個人都著了火，身體裡著火。

他們每個人都拿了三四杯水果飲，然後還要更多。他們什麼都不想吃，巧克力甚至連看都沒看一眼，只是想喝水，喝水，再喝水。至於我跟我的「頭飾」他們根本正眼沒瞧一下這件事，連提都不用提了。

那些人在當時就已經慢慢走向死亡。

瓦蓮京娜

我這輩子工作從來沒像在車諾比那樣辛苦過。

我從半夜三點就開始工作，因為那是我們出去採購的時間。所有東西都是我自己去拿，因為表格上每一個欄位都有我的簽名，要是有一塊奶油不見，他們就可能指控我偷竊。再說他們選我做這份工作也選得好，因為我這人有點傲慢，而作為一個採購人員就應該要這樣。這邊插個隊，那邊說兩句，跟誰又開開心心聊天，但每次都會趁機辦點事。之前我在瓦拉什的商店裡也是做一樣的工作，所以這份工作我同樣輕鬆上手。五月九日勝利紀念日，他們派我去拿啤酒給員工，盧次克的倉庫經理卻推說工廠停工，沒有啤酒。我說他想怎樣都可以，但是沒了我們生產的電，啤酒工廠就不會運作，他的倉庫也不用開了。至於我們城裡的人拿不到啤酒會發生什麼事，我寧可不要去想。

我就這樣靠著三寸不爛之舌去哄他，結果我們是那一區裡唯一有啤酒給老兵喝的。

我主管們讓我當童話森林這些廚娘的頭，又同時讓我當採購負責人，就是指望我能發揮這項本事。這份工作當然不簡單，要說有誰能勝任，那就是我了。

我每天都去普里皮亞季附近的配送基地拿食物——我會開一大台卡車去載蔬菜、水果、起司、牛奶和麵包，但我的三寸不爛之舌在那邊完全派不上用場——因為像我們這樣的食堂當時有三間，所以去載貨的車子只有三輛。國家把車諾比列為優先對象，基地裡的配給非常充足，完全都不用等，什麼都馬上好。

每個禮拜我還會額外領到一輛卡車，去基輔買肉、煙燻製品、麵粉及麵條，而那邊就開始有問題了，因為我來自重度輻射區，自己身上也全是輻射，而他們要我去的基地，跟城裡各個食堂和餐廳採購人員去的正好是同一個。那邊本來很順利，我從來不需要跟人吵嘴，只要跟大家一起等就好，直到第三個禮拜才發生了件奇怪的事。當時其他司機一看到我出現，便擋住我們的去路，不想讓我們進基地。我下車瞭解情況，結果只聽到一些碎念，像是「回你的車諾比去，不要來這邊害我們」之類。

我的車諾比？

「各位，」我說，「我根本就不是那裡的人！我是在幫忙滅火，不然大家都要死。我會死，你們也會死。」

但他們根本聽不進去。

我去找會計部，說其他司機不讓我進去。他們答說會跟那些人把事情處理好，但我還是插嘴：

「聽好了，人們有害怕的權利。我前面的隊伍裡停著一台廂型車要載牛奶去幼稚園，他們怎麼會知道那牛奶會不會被我身上的輻射照到？」

「不然我們要怎麼辦？」他們問。

「給我另外開一條通道，不用排隊。」

於是他們就照做了，而我再也不需要排隊，進去時也不會跟任何人打到照面。這樣我會不會難受？維特多，我工作時都是任務導向，不是心情導向。我甚至很高興自己不用再排隊了。

奧嘉

我們在童話森林有醫護站，那裡有個俄國來的老醫生。要是有人身體虛了，或因為其他健康因素而不舒服，就由他來醫治。我從第一天就過敏得嚴重，喉嚨痛、流鼻水又流眼淚。這就是我身體對輻射的反應，所以我都去找他給我滴眼藥水。

那個醫生叫亞歷山大．約西波維奇，第二次世界大戰的時候就已經在行醫。當時他已經退休，是自願到車諾比服務，因為他好像參加過蘇聯的什麼祕密核彈實驗，對輻射有所瞭解。他認為幫助我們是他的義務，不過領導層不大清楚該拿他怎麼辦，就把他派給廚娘。他看著裡邊發生的一切，不住搖頭。他沒有跟任何人交談，只是一直打電話。這讓大家都覺得很奇怪，但我們總想著長者常會有異常舉止，沒什麼好在意的。

有一天，我又去找他點眼藥水，跟他多聊了兩句。

「約西波維奇先生，」我說，「我覺得您好像很悲傷。您不來找我們，用餐時間也都沒見到您，難道您碰上什麼困難了嗎？也許說出來我可以幫忙？」

他看著我，像看到鬼一樣，悄聲說：「十年，你們沒有人活得過十年。」

我瞬間背脊發涼，但我仍繼續問下去：

「約西波維奇先生，為什麼您會這麼認為？」

約西波維奇解釋：

「這裡沒人知道核子輻射的力量有多強。妳聽過廣島吧？我去過那裡，看到那裡的人飽受病痛折磨才慢慢死亡，看到生出來的小孩變成畸型，而這裡比廣島還要糟很多。」

我哭著從那裡跑開，不敢再回去找他。即使眼睛不舒服，我還是多忍了兩天才回去找他滴藥水。

一個禮拜過後，亞歷山大・約西波維奇醫生就已經不在這裡了。上頭改派一個年輕開朗的護士來。這護士對輻射一點概念也沒有，不管誰有什麼疑問，她都要我們勤洗手，一天沖兩次澡。

有些人說老醫生是自殺了，說他是我們之中唯一知道事情會怎麼發展，還有最後結局會如何的人，可能終究承受不住。可是我覺得實際的情況更糟，醫生是被軍隊帶走，送回俄羅斯，因為他開始說些他不應該說的事。既然他都已經跟我說了，一定也有跟其他人說過，而上面的人希望我們在不知情的情況下工作。

這點我們當時還沒人知道。我記得差不多就是在老醫生不見的時候，食堂裡開始出現我們在瓦拉什認識的人。除了廚娘，他們也開始從我們那邊找工程師、消防員，還有普通的建築工人。其中一個建築工人是名叫科拉小伙子，他見到我後訝異的說：

「喔，小嘉，他們也派妳來這裡送死嗎？」

我把他狠狠訓了一頓，要他別這麼說，因為這裡沒有人會死。我還有老公，還有一個年紀小的孩子，還有人等著我回去呢。

他淺淺笑了一下，跟我道歉：「奧嘉，你們待在這片森林裡，什麼都不知道。」

他走開去，繼續喝他的水果飲了。

瓦蓮京娜

我只有一次覺得難受。

每隔一段時間，上頭就會給在車諾比工作的人舉辦音樂會。很多藝人都拒絕——那時候我們還不曉得這件事——不過還是有幾個真的很有名，大家又喜歡的藝人來給這邊工作的人唱過歌。

頭幾場演唱會裡，他們從莫斯科載來一個我很喜歡的男歌手。我認識我先生的時候，旁邊放的就是他的歌。這個人在當時對我具有很大的意義，不過，維特多啊，我不想說他的名字，因為我的重點不是要控訴誰。不管怎樣，那些人來我們隔離區，就是一種勇氣的展現，所以我只跟你說說我當時的感覺。

演唱會的前一天，我跟姐妹們說好讓人幫我代班，因為那對我來說是個重要的大日子，也是我唯一能允許自己把工作拋開（三小時）的日子。演唱會那天我跟其中一個姐妹借了口紅，換上了外出服。兩天前去基輔的時候，我就已經買好一束花，那是我放縱自己能買到的最美一束花。

我們一行四人去聽演唱會，其他人得留下，畢竟我們一直都得出餐。我拿著那束花坐在第一排，這輩子從來沒有那麼感動、那麼幸福過。

音樂會過後，我沒徵求任何人的同意，就直接把花束放在舞臺上，然後朝我愛的那個藝人走去。我這人向來就會說話，大老遠就開始對他說我們今天見面的這個場合也許不尋常，但如果不是這樣，我們也沒有機會見到面，以及每次遇到艱難的時刻，都是他的歌伴我度過。我越走越近，他想必也看到了我，可是維特多啊，事情有點不對勁。我最愛的藝人不但沒有開心，跟我道謝，說個一兩句話，就算只是客套一下或是把我打發走我都好。他只是開始往後退，最後拔腿就跑，好像我有痲瘋病似的。

我突然間明白了，我是真有痲瘋病：我是個危險人物，身上有輻射。要是真有人碰了我，拿了我的花，或是抱了我，那個人就可能會生病，甚至可能會死。

這是怎麼發生的？從什麼時候開始？怎麼會這樣？

當時有個男的跑過來，試圖緩和場面，說要我把花放在地上，說藝人很開心，但是真的很可惜，主辦方規定他不能跟人拿任何東西，這是上面的命令，您也清楚。可是，維特多，我已經沒在聽他說什麼了。

我這輩子還沒有像當時那樣哭過。你可別誤會，我不是在怨那個藝人。我後來在雜誌裡讀到他們也是被逼著去演出，說他們其實心裡也很怕。他們的確有權利害怕，我不會因為這樣就批評他們。名歌手阿拉．普加喬娃據說跟清理人員稱兄道弟，幫他們簽名，收他們的禮物，結果後來連一個孩子都生不出來，還患上了甲狀腺疾病直到今天——我要再說一次，這些都是我從俄國雜誌上看來的。

那天，我心裡裂了縫，久久無法復原。姐妹們試著哄我開心，可我甚至不知道該如何跟她們說我到底怎麼了。

一直到隔天，我的專業自覺才戰勝了一切，讓我收拾心情去採買。我到今天都還是沒辦法聽那歌手的歌。即使他原本對我的意義那麼重大，但現在只要在電視上看到他，我就一定得轉臺。

車諾比不只毀了我的健康，甚至還毀了我的回憶。

露芭

好啦，差不多該來談談食物了吧？

跟你說件事，維特多。我當年雖然是個廚娘，在核電廠跟高級餐廳都有工作經驗，不過像車諾比那樣多的好食材，我這輩子還沒見過。就好像國家想獎賞那些人，補償他們被派去那麼可怕的地方：你們去送死吧，不過死之前先吃點好東西。那邊食材之豐富只能用海量來形容。成塊的奶油，沒有摻水的酸奶油——聽來可笑，但這些在戈巴契夫時代可是真正的奢侈品。水果飲有草莓的、醋栗的跟蔓越莓的，而且也一定會有葡萄液，也就是蘇聯的飲品，肉類則有肉凍、肉、火腿、香腸，魚的話鹹水的、淡水的、煙燻的、烤的，想要哪種就有哪種。還有各種水果：西瓜、甜瓜、柳丁和亞塞拜然的石榴。義大利有個熱血男人給我們送了兩車廂的檸檬，所以我們每天都會做檸檬水。

我們的菜單都是食品技師開的，好讓大家獲得適量的卡路里。我們的菜也是現做的：燉肉、沙拉、水果飲、焗烤、起司蛋糕、蛋糕捲。湯品有豌豆湯、蕎麥湯、烏克蘭甜菜湯、俄羅斯甜菜湯，當然每一種湯裡都會放肉，這樣吃了才有力氣。如果我們有時間、有力氣的話，也會做煎餅或烤圓麵包。

每個人也都會拿到一杯酸奶油，其功效類似鈣，對輻射傷害有幫助，所以那邊也有很多奶渣跟各種起司。不過大家覺得最有效的還是伏特加。雖然我不大喝，但我也堅信那對輻射有用，每天上工前都逼自己喝個半杯。

我們也有各種果汁，愛喝多少就有多少，至於巧克力的數量，我這輩子看過最多的就是在那邊。

不過，就像奧嘉已經說過的，他們沒有特別想吃東西，就連那些巧克力都不想。我跟其中一個人說：「你自己不想吃，那就拿著，回去給孩子吃。」他盯著我，而我馬上就明白沒人會把這裡的巧克力帶走，更不可能給孩子。他們都會把巧克力還給我們，我們則還給民兵（民兵在不遠的路上有個檢查站），我們也寧可不要把那些巧克力帶回家。後來好像有些人看上那些巧克力，收購後轉手在基輔的各個市集賣——當然，他們不會說那些巧克力是打哪來的。

離我們不遠的地方也有類似的先鋒營，他們也慢慢開放食堂。瓦蓮京娜想出我們可以跟他們競賽。我們全坐在一起，想我們能做些什麼，想那些人需要什麼。然後我們想出可以在屋子裡擺張桌子，把我們所能拿到最貴的甜點全放上去，讓大家可以拿去當甜點吃，同時看了也開心。我們想讓那些人開心一下，這對任何人來說當然都不容易。即便是在這種可怕的時期，一個人要是能吃好一點，就起碼會有片刻覺得好受一些。

結果我們真的在餐廳裡擺出三張併排的桌子，把那叫做「維他命桌」，是我們每天的榮譽重點。我們會盡量把它們擺得漂漂亮亮。那桌上真的是什麼都有！拉亞用洋蔥做了玫瑰，泡在糖裡，看起來漂亮極了。我則是把紅蘿蔔刻成花。除了這些，那桌上還有一隻隻背著醃蘋果的小刺蝟，旁邊幾個超大保溫瓶裡則裝了西伯利亞藥草泡的茶，可以幫助消化。一切都是乾淨新鮮又美味。

我們工作到手脫皮，眼睛發灼。有一次我太睏，甚至沒穿鞋就去工作。不過每個來我們食堂的人，離開時都很滿意。

拉亞

隨著時間慢慢過去，我們也變得忙不過來，所以其他地方的廚娘跟幫手會來加入我們這組。這些人當中有幾個人很好又勤勞的女孩，但也有一些喜歡耍小聰明，只想來賺錢的人——因為車諾比的關係，我們的薪水比平常高出百分之五十。核電廠的工資本來就很好，所以對基輔或其他鄉村來的廚娘而言，這邊的薪餉實在誘人。這些人總是不想工作得太辛苦，你要她煮湯？她不會。瓦蓮京娜請她去發餐，說既然你不會煮飯，那至少可以打飯吧，她又說她不會。最好是有人來幫她盛好。

跟這樣的人周旋，瓦蓮京娜自有一套辦法。妳也不會盛湯？那就拿抹布去擦地板吧。

話說回來，我這樣說那個女孩實在不好，她離開車諾比後，很快就死了，希望她在天之靈能安息。我們後來才發現，原來她把我們的香腸載去鄉下跟丈夫吃掉了，聽說那邊的人好像因為那香腸全死光了。這是真的嗎？我不知道，我們在那邊也吃了，但我們還活著。不過我們在那邊只待了一個月，而她打算給家裡裝潢，買電視機和錄影機——這些在當時都是很貴的東西，所以她在童話森林裡待了將近一年。她家在基輔附近，每工作兩星期，就回家一星期。聽說她每次回去都會載一整袋食物走。

至於她是怎麼把那些香腸運出去，我真的不知道。那邊每走幾步就有民兵看著，而且他們非常注意不讓人帶走任何東西。我們所有人每次都會被檢查，看妳有沒有在包包裡放東西，有沒有在外套底下藏東西。車諾比就跟整個蘇聯一樣，偷東西的不是我們這種小蝦米，而是那些大鯨魚。在他們檢查我們的同時，食堂裡的東西可是被人用卡車一車車偷載出去。

這件事我也是很多年後才知道。

人家說他們之所以讓那女孩帶香腸和食物出去，是因為她跟民兵領導有一腿。不過維特多啊，我跟你說這個不是要侮辱誰，所以我才刻意不提她的名字。我只是想讓你有機會感受我們是在一個什麼樣的地方工作。

我們的食材全都是從汙染區之外來的，上頭禁止我們煮附近採摘的東西。我們所處的地方可是在森林中央，出現很多野莓和野菇，駐紮在不遠處的士兵就開始去採菇，然後拜託我們用黃油和酸奶油煎。我們當然會煎給他們，可是我從來沒吃過我煎給他們的那些東西。我跟他們說過很多次，那些菇可能都有嚴重的輻射。

士兵聽我說那些野菇可能會讓他們生病，一個個都哈哈大笑。

瓦蓮京娜

不知道從何時開始，車諾比周邊已經有五間食堂。我突然接到管理層那邊打來的電話。

「您去恭喜您的同志吧，」那人說，「我也恭喜您，你們是比賽第一名。你們那邊的料理最好吃，上菜方式最漂亮，服務態度最親切。」

「太好了，」我回答，「謝謝，不過那到底是哪門子的比賽呀？是誰用什麼方式在這裡辦了比賽？比賽的重點是什麼？現在是什麼情況？」

對方跟我解釋，在我們忙得焦頭爛額的時候，中央那邊想出要調查誰做得最好。他們讓兩個人偽裝，一男一女，穿上清理人員穿的白衣，派去車諾比周邊的各個食堂查看。這兩人要試吃餐點並做筆記，然後再回來吃一次——人非聖賢，總有一兩次失手的時候，而這比賽的重點就是要盡量客觀。

我跟姐妹們據說是壓倒性勝出：食物最好吃，服務最親切，擺設最漂亮。委員會特別讚賞我們的維他命桌，並且建議其他食堂也照做。

我跟姐妹們當然很開心，有人賞識你的工作，自然是件好事。獲得吃你飯菜的那些人認可才是最重要的。我們在出口那邊擺了一個簿子，讓人們留下評語，但我們都沒人有時間去看。直到奧嘉注意到大家在簿子裡寫了很多東西，我們才在下班後拿來看。裡頭幾乎都已經寫滿了，大家簡直把我們捧上天，說東西就跟媽媽做的一樣好吃，說我們很親切，說我們都很棒。「多虧有你們，我在這離家遙遠的地方有了一個家。」有人這樣寫，這是我記得最清楚的一句話。

拉亞

回去瓦拉什很不容易，這裡沒人張開雙手歡迎我們。大家都很清楚我們被派去的地方輻射最嚴重。我碰過以前的熟人怕請我去他們家裡喝茶。他們會說：「拉亞，我們很想妳，可是妳也明白……我們家裡的孩子都還小。」

我的孩子也還小，但是我能明白。

直到過了幾年，大家才把車諾比忘得差不多。之後蘇聯解體，產生的問題甚至比車諾比還要嚴重很多。

瓦蓮京娜

我後來還去過車諾比兩次，每次都是當領班。我跟廚娘的交情很好，她們也都很喜歡我，所以在瓦拉什我已經沒去商店工作，而是跟她們一起在廚房做事。我跟所有人一樣，在各個食堂工作，也去林歌餐廳上班。我是領班，是採購人員，但我也是廚師。

跟我們在核電廠一起工作的女孩裡有個叫蕾夏的，之前就是在車諾比做事，但是住在普里皮亞季。反應爐爆炸的時候，她把東西全留在了普里皮亞季。她說有人來載他們，不准他們拿任何東西，只能帶證件。你們就這樣直接出來，要撤退了。沒人跟他們說這撤退一撤就永遠回不來。她把所有的東西都留下：錢、珠寶、家庭照。她跟先生本來有間別墅，還有些存款，結果都沒了。

天啊，她哭得可慘了。她都是腫著眼睛來上班，所以我知道她晚上都沒睡，只是一直哭，工作時也一樣。

她丈夫在車諾比當技師，跟她一起來了瓦拉什，不過沒住太久就離開，不知道去哪邊的工地做事，然後就再也沒他的消息。於是她開始哭得更厲害，我這輩子從沒見她笑過。有一次我跟她說：

「蕾夏，妳沒有辦法倒轉時間。那些妳都可以再重建，這世上的男人難道還少嗎？房子妳以後也會有，錢也可以再賺。妳不能這輩子都這樣慘兮兮。」

她只是狠狠地看著我，好像身邊親人被我殺了似，然後咬牙切齒地說：

「您是個幸運兒，有地方可以回去。」

嗯，我們私底下這麼說吧，我不覺得自己是幸運兒。車諾比之後我的身體狀況就變得糟透了。不過不重要，我不會跟她比較誰淒慘。

她不管怎樣都高興不起來。雖然她對我不客氣，我還是去找人資，要他們盡快給她一間房子。我說那是她應得的，她的東西全留在普里皮亞季了。她最後也確實不用排隊就拿到一間房子，這很大程度上都要歸功於我。她後來沒再工作後，在路上就把我當陌生人，不說早安，不打招呼，也不會問候。我從別人那邊聽到她說了我很多不好聽的話，所以我試著打電話給她：「也許我們應該把話講開？」

她卻把電話掛掉。

不過我沒有怪她。車諾比不只毀了我們的健康，也傷了我們的心靈。

奧嘉

我們在童話森林的時候，上頭無預警辦了最佳食堂的比賽。中央對每座核電廠的食堂都很滿意，決定繼續辦下去。他們把車諾比核電廠的火撲掉，蓋上石棺，然後宣布比賽再度開始。每座核電廠都有指定的廚娘與幫手，各組人馬全聚到一處做菜。我們員工採購部的女領導不知道為什麼選了我去代表我們核電廠，所以我就找上我的好朋友娜絲提亞當幫手。比賽訂在札波羅熱核電廠所在的安赫德舉行。

我們著手準備，思考該做什麼，還開過幾次會。不過娜絲提亞當時很不舒服，在比賽前兩天去了基輔的醫院。

原來她得了白血病。幫她檢查的醫生要她馬上留院觀察，我只得自己一個人去安赫德參賽。

維特多，我去的時候腦袋一片混亂。什麼都不記得，誰也不認識。誰跟我說了什麼我不記得，有哪些獎項我也不記得。我只記得所有的烏克蘭核電廠都派了代表過去，車諾比也是——畢竟官方紀錄上，車諾比在災難過後還是營運了很多年。我跟那些核電廠的廚娘一起上過課，所以認識。我記得我在最後一刻改變計畫，沒有做本來打算跟娜絲提亞一起做的菜，而是做點別的東西。我煮了幾條鯡魚，用絞肉機絞過，加入奶油和綠葉蔬菜，然後又過了一次絞肉機，再把肉泥捏成幾條小魚的形狀，用生菜和紅蘿蔔裝飾。那是我跟娜絲提亞還在學校的時候一起想出來的食譜。由於我當時滿腦子只想著娜絲提亞，所以想做一點跟她有關的東西。

第二道小菜我也做得很簡單：牛舌配辣根和蜂蜜。這道食譜也是我跟娜絲提亞在準備車諾比的維他命桌時一起做的。我還做了加了配料的蛋凍，以及搭配烤蘋果一起上的酥烤派皮小香腸。

維特多，我不知道自己當時是怎麼拿到頭獎，又是為什麼拿到頭獎。大家對我鼓掌，給我頒獎狀，甚至好像還有錢可拿。不過比賽一結束，我就馬上搭火車直奔基輔的醫院。

那是距離我上次看見娜絲提亞五天後的事，而她的樣子變得好像我們是幾年沒見。醫生都很照顧她，那個時期醫生對我們這些待過車諾比後生病的人還很有耐心，後來情況就變了，不過娜絲提亞獲得了最好的照顧。他們看她是個年輕女孩，知道她還命不該絕。他們幫她安排了化療，跟她說頭髮會掉是一定的，但沒人跟她說那可能就會是盡頭。

娜絲提亞自己心裡有數。「奧嘉，」她說，「我覺得我會死。」我給她的回答是：「小娜，幹嘛說這種傻話？明年妳還要跟我去參加比賽。這次我是走運贏的，下次可沒那麼幸運了。」

隔年，核電廠廚藝比賽剛好在我們瓦拉什這邊舉辦。我做了尋常的甜菜湯，配上尋常的波札爾肉餅。我拿到最後一名。一年前我贏得比賽，現在的表現卻這麼差，大家都很訝異。

然後，我去墓園探望娜絲提亞，跟她埋怨：「妳看，我早就跟妳說了。」

我每兩天就會去看她一次，有的時候是隔三天。我相信她是我的天使，幫我跟上帝祈求各種事情，比如我的健康。車諾比的廚娘裡，只有我的健康從來沒出過問題。雖然我在那裡待的時間跟其他姐妹一樣久，但我沒動過任何手術，到目前為止也沒有被病痛折磨過。

我相信這是我那死黨在天上為我疏通的關係。

* * *

車諾比所有的廚娘都覺得自己被世人遺忘。

「清理人員都有額外的退休補助金。那我們呢？我們什麼都沒有。」她們說。「當初他們需要我們的時候，每個人都把我們捧在手心上。不過現在我們的退休金每個月都撐不到月底，他們卻問：『廚娘？誰？』」

所以大多數的女性即使已經退休，也得去打工貼補家用。她們會去婚宴或受洗宴煮飯，如果有餐廳碰上比較忙的時候，也會找她們去幫手。

當年在車諾比當領班的瓦蓮京娜女士，現在正試圖為她們爭取退休金。她已經上過幾次法院，有幾個姐妹成功多要了幾千塊荷林夫納，那大概只相當於三四百茲羅提吧。* 這些全是杯水車薪。

「最讓我痛心的是不知道有多少人非法領取車諾比的補助。」瓦蓮京娜說。「十幾年前，有個認識的女人向我提議，說透過關係可以幫我弄到額外的退休補助。金額很大，照今天來算是一萬荷林夫納。她想跟我收費一千美金，而我跟她說：「親愛的，為什麼我得付錢？畢竟我是真的在車諾比待過，那些錢本來就是我該得的。」

她說她知道那是我應得的，所以才只跟我收一千。跟那些沒待過車諾比的，她收的是幾千。

「我當時聽到可氣死了，可事實就是如此，當時付錢的人拿到的退休金都比我好太多了。我這所謂的原則，都可以收進口袋裡放了。」

瓦蓮京娜女士有時早上醒來，會發現雙腳上都是化膿的傷口，不然就是整個瘀青。

「輻射一直從我身體裡排出來。」她說。「我以前會去看醫生，想解決這個問題，不過我現在已經知道，我這輩子就這樣了。」

* * *

---

* 譯注：荷林夫納是烏克蘭貨幣單位，茲羅提則是波蘭貨幣單位。這筆金額僅相當於新台幣兩千多元。

拉亞女士甚至對自己的汗過敏，對太陽也一樣。

「當年我們回來後，我瘦到姐妹們都以為我會死，紛紛來看我，給我帶吃的。我還在想她們做什麼全都來了，原來她們是來跟我道別。她們以為再過幾天，也許是幾週，我就會走了。她們甚至講好由誰來照顧我的孩子，免得孩子們被送去孤兒院。」

因為車諾比跟過敏的關係，她夏天甚至必須戴手套，但事情還不只是這樣。她到目前為止動了十一場手術：疝氣、甲狀腺腫瘤、第二次甲狀腺腫瘤、腸道切除……。這些都是輻射綜合症患者會碰到的典型問題。

「至於我得過多少神經膠質瘤和淋巴瘤，更是連數都不用數。」她說。「加上徹底壞掉的甲狀腺，老了之後還有注意力無法集中的問題跟白內障。」

＊＊＊

露芭女士陷入沈思。

「跟我們一起待過那邊的姐妹裡，頭一個過世的就是安娜·迪米特羅芙娜。就是第一晚不敢睡在輻射床單上的那個。她跟父母去了休憩花園，跌倒後就沒再爬起來。她之前根本沒生過任何病。法醫給她驗屍，因為如果一個人死得那麼年輕，就得檢查是不是被人毒殺。醫生後來告訴我先生，說她的體內全腐蝕了，爛得一乾二淨。」

露芭女士沒辦法拿起比一塊肥皂還重的東西，多年來一直為疝氣所苦。她動過一場很辛苦的手術，不得不跑了幾趟莫斯科。

「我會不會後悔在災難發生後過去幫忙？」露芭女士把話重複了一次，彷彿要確認自己是不是聽明白我的問題。「先生啊，如果我當時知道我今天知道的事，只會從那裡有多遠逃多遠。我會跨過邊境一路逃到波蘭，逃到德國，逃到瑞典，逃得越遠越好。那裡對我的人生完全沒好處，我也不相信受難能使人變更高貴這種事。我已經吃了夠多苦頭，但我一點都不覺得自己有變得更高貴。」

為災難清理人員煮飯的志工© Svetlana Chuchuk archive

菜單

喬治亞燉肉湯

- 牛肉或小羊肉500克，最好取牛腩的部位
- 洋蔥2顆

- 大蒜2—3瓣
- 番茄糊2湯匙（或新鮮番茄100克）
- 米半杯
- 酸奶油半杯
- 香菜（可換成香芹葉或蒔蘿）
- 鹽及黑胡椒粉

把肉洗乾淨，切成小塊，放入單柄鍋，倒進冷水，開慢火煮。表面浮渣用湯匙撈掉。一個半至兩個小時後加入切碎的洋蔥、壓碎的大蒜、米、酸奶油、鹽及胡椒，繼續煮約三十分鐘。番茄用油稍微炒過，或使用番茄泥，在完成前的五至十分鐘加入湯中。上桌前在燉肉裡撒上切碎的香菜、香芹或蒔蘿。

異國沙拉

- 中型馬鈴薯6顆
- 酸奶油2杯
- 鹽2茶匙
- 白芥籽1茶匙
- 生辣椒1根（剁碎的）
- 番茄2顆（成熟的、硬的）
- 香芹葉數株
- 薑末1湯匙（非必要）

馬鈴薯帶皮煮，接著剝皮，切丁，放入大碗，送進冰箱。

將優格、鹽及椰子絲混在一起以小平底鍋加熱，加入白芥子，蓋上鍋蓋，避免白芥子爆開時跳出鍋外。白芥子爆好後加入薑和胡椒，攪拌數秒後，倒入裝有酸奶油的大碗中。加入馬鈴薯攪拌並輕晃一下，讓馬鈴薯均勻沾滿醬汁。

用香芹葉及四等份切開的番茄裝飾。冷藏後再上菜。

巴黎沙拉

- 蘆筍900克
- 西洋菜1把
- 美乃滋100克
- 牛奶2湯匙
- 新鮮檸檬汁1湯匙
- 裝飾用檸檬數片

蘆筍削皮後以少量水開大火稍微煮個兩三分鐘。接著轉成中火，再煮五至十分鐘，直到蘆筍變軟為止。蘆筍瀝乾擺盤蓋好，放入冰箱冷藏兩小時。

將四分之三的西洋菜切碎。（可以改用生菜、酸模或任何一種混合沙拉代替，但請記住西洋菜是世上公認最健康的植物。）將切碎的西洋菜與美乃滋、牛奶及檸檬汁混合，加在冷藏過的蘆筍上。餐盤以檸檬片裝飾。

斯拉夫湯

- 啤酒500毫升
- 酸奶油或克非爾2湯匙
- 蛋黃2顆

- 起司絲2湯匙
- 深色種類的麵包邊
- 黑麵包丁
- 糖1湯匙

酸奶油、糖及蛋黃攪拌在一起，加入一湯匙啤酒，打發。

麵包皮切碎，與剩下的啤酒一起煮開後，以細細的流量緩緩倒入酸奶油，然後小火慢煮（不能滾！）。盤子裡撒上起司絲與麵包丁後，將湯倒入。

春季沙拉

- 柳丁3顆
- 葡萄柚3顆
- 草莓200克
- 檸檬汁（1顆的份量）
- 薄荷葉
- 鮮奶油6茶匙
- 干邑白蘭地1茶匙

柳丁與葡萄柚剝皮，切成小塊，與草莓混合。檸檬汁與干邑白蘭地加入蜂蜜中，淋在水果上。用鮮奶油及薄荷葉裝飾。

第十四盤　克里姆林宮的廚師三度登場

車諾比事件過後三年，維克特．別瓦耶夫中斷了他在克里姆林宮的工作。

「我簽了一份合約去敘利亞，」他回憶道，「我朋友跟大馬士革的蘇聯大使關係非常好。那個大使剛好在找廚師，我就去賺點外快，也呼吸一點新鮮空氣。我對歷史的興趣再度湧現，去古羅馬遺址的挖掘場當了幾次志工。那真的是很棒的經驗：我們挖到某個有錢貴族的別墅，裡頭有雙耳瓶跟溼壁畫，每樣東西都保存得很完好，讓人覺得好像主人家只是外出一會兒，等等就回來，而我們卻在人家家裡亂翻東西。」

別瓦耶夫走的時候，蘇聯還是還是由戈巴契夫執政，而且完全沒有任何改變在即的跡象。

兩年後，別瓦耶夫回到克里姆林宮，落到了政治風暴的正中心。

「那真的是風暴的正中心，」他說，「因為他們要我在一九九一年八月十八日去克里姆林宮。八月十八日那天，一通電話叫醒我，是克里姆林宮一個跟我關係很好的軍官打來的。

『維克特，快點開電視。』我把電視打開，看到坦克車在移動。副總統亞納耶夫發動軍事政變，也就是試圖挽救蘇聯的老共產黨員謀反了。太太要我別過去，因為不知道接下來的局勢會怎樣發展。可是如果你在克里姆林宮工作了那麼多年，那麼你就很清楚一點：上頭的人可能洗牌，有人丟掉政權，有人掌握政權，可是這都跟你沒關係，你煮飯就對了。只要你煮飯，就什麼也威脅不了你。」

別瓦耶夫安撫太太，穿上衣服，就去克里姆林宮了。行政跟以前一樣，派了輛車接他。

「我走進去，那邊真的是整屋子的瘋子。」他說。「有人亂跑，有人大叫，有人被銬上手銬帶走。而我像個沒事人，如常走去我的人資部，看看他們要給我派什麼工作。途中我竟然還跟亞納耶夫本人擦肩而過，他見了我還露出一個大大的笑容，問我怎麼那麼久不見人影——畢竟我們一起參加過克里姆林宮的各種宴會，所以認識。還有另一個政變分子鮑里斯·普戈。當時那情景可荒謬了，國家命懸一線，我卻跟人資在喝茶，她則跟我說明想派我去哪邊。」

而別瓦耶夫被派去的地方又更不尋常了。

「我去了史達林的私人別墅，在孔策沃，」他回憶道，「就是亞歷山大·埃格納塔什維利和維塔利·阿列克謝耶維奇工作過的地方，也是史達林居住和逝世的地方。」

這事是怎麼發生的呢？且聽別瓦耶夫道來。

＊　＊　＊

那真的是我生命中數一數二特別的經驗了。克里姆林宮的管理層想好好運用孔策沃。戈巴契夫在那邊給自己蓋了新式別墅，卻不大常使用，有人覺得如此靠近莫斯科市中心的一塊地就這麼擺著太可惜，便想出孔策沃可以拿來出租，舉辦各種大會和會議，甚至可以租給個人，體驗一下住在如此奢華的歷史古蹟裡是什麼感覺。

他們給我提供的機會就是去當孔策沃的主任。

我沒考慮太久，我一直跟你說我很喜歡歷史，而且我還跟史達林的專屬廚師成了好友，他跟我說過這間別墅的事很多次，所以我就答應了。他們馬上打電話派車載我去看看環境。

那棟別墅是芬蘭式建築，旁邊有一座小湖，前人都從那邊取魚。距離別墅兩百公尺的地方就是戈巴契夫蓋的那棟建築，裡頭一如平常蓋給黨政高官用的建物，有游泳池、圖書館、三溫暖，甚至還有一間電影院。

政變結束，葉爾欽出線，鮑里斯．普戈舉槍自盡，而我則雇了一票廚師和服務生，買了餐具，訂了植栽，因為我想把之前的溫室重新整修──那些溫室從史達林時期後就沒人使用。

別墅的樣子看起來就跟他死的那天一模一樣，完全沒有整修過。我想在他死後應該根本很少有人進去過。史達林離世的那張沙發還是擺在房間原位，而進入房間的門口地板上有塊棕色汙漬，讓人看了便不大想繼續前進。每張桌子、椅子、地毯、書桌、我們在廚房裡找到的器具，全都原汁原味，全都是史達林親自使用過的東西。

我記得他餐廳裡的鏡子非常有趣，全是歪的，這樣他轉身的時候，就可以很清楚看見整個房間。有人以為他是要整理軍服，但他其實是在觀察身邊的人，看他們以為他沒在注意的時候都在做些什麼。

走道裡的鏡子則是讓他看起來個子更高。

可以租用史達林舊別墅的消息在莫斯科裡傳開，有位知名導演申請進去拍史達林的生活紀錄片。我作為當地主任沒有任何反對的理由，我的頂頭上司們也覺得無可厚非，所以幾個禮拜後，影片的拍攝團隊便出現在我們這裡。結果這是第一支，卻也是最後一支拍攝團隊。他們帶來了一個很特別的客人，一位史達林的老警衛。他在鏡頭前把自己對這個地方的看法全說了出來。我一直跟著他們，因為你可以想像這一切是多麼有趣。

那邊的建築看起來是這樣，有一間建物，也就是別墅本身，然後從別墅順著一長條鋪了地毯的走廊，可以走去另一棟建物，那邊有廚房跟給警衛使用的空間，烤喬治亞麵包用的爐子也在那邊，甚至還有一個當年用來載鮮魚的超大水族箱。那個警衛非常仔細地帶我們走遍工作人員使用的每個地方，然後我們順著那條地毯長廊——每塊地毯都原汁原味——進入史達林的別墅。我們打開門，走進去，那個人卻整張臉白得像紙一樣。

導演望著我，我也望了望導演。我們齊聲問老人是不是怎麼了，有沒有哪裡不舒服，要不要叫護士來。他一點反應都沒有，只是看著前方，最後轉頭看著我們，再害怕地搖搖頭：

「他剛剛在這邊。」

我真是雞皮疙瘩掉滿地，維特多。他只說了這麼一句，然後就要人趕快載他回家。他不同意繼續接受訪談，也沒跟那個拍攝團隊拿一毛錢。他只想盡快從那裡逃離。

我後來跟在那邊工作過的同事聊了這件事，得到一個結論，就是那邊依舊充滿了史達林的氣息。別墅從他死後就一直關著，沒有通風，所以老人聞到他年輕時記得的味道，就這樣而已。

但我也得告訴你，每次我一個人留在那邊過夜，就會覺得渾身不對勁，心裡怕怕的，好像那個地方有一股神祕力量。

我在那邊工作了兩年。期間蘇聯解體，戈巴契夫在克里姆林宮的位子也被葉爾欽取代。如果講到解體的事，老實說，一開始沒人明白發生了什麼事。葉爾欽跟烏克蘭人克拉夫朱克去了白俄羅斯找舒什克維奇，簽了什麼協議，大家都不大清楚那代表什麼意思。現在想想，我認為他們是故意做得讓大家都摸不著頭緒……

第十五盤　蘇聯最後的晚餐

「我當時真應該把他們毒死，一個接一個。應該在野豬肉裡給他們放砷，再不然就是在香腸裡加毒液或隨便什麼都好。那天應該讓他們全死在那裡才對。」

波莉娜．伊萬諾芙娜年約六十，身材發福，甚至有點過胖，但充滿活力。我們說話的那個當下，正是白俄羅斯人向總統抗議的時候——也就是二〇二〇年的總統大選過後，而那場選舉顯然作假，人們把亞歷山大．盧卡申科喊做「冒牌總統」。波莉娜要求把她的姓名換掉，因為她不想惹麻煩，橫豎她這輩子的麻煩已經夠多了。

所以我才幫她改成波莉娜．伊萬諾芙娜，並繼續聽她說下去。

「我這輩子和這個世界遇上的壞事，都是從那一天，一九九一年十二月八日開始的。」波莉娜說。「從喝醉酒的葉爾欽開始，還有跟他簽那份無恥協議的兩個壞蛋。怎麼可以一刀把蘇聯給殺了？那可是我們的母親，我們的祖國，我們的衣食父母。每個鄉下的莊稼漢都知道，會生小豬的母豬不能殺，就他們不知道，還把這世界上最強大，曾經打敗法西斯、派人上太空的國家給殺了。維特多，您自己說說，怎麼可以在兩天裡就做出這麼多壞事？他們是中了什麼邪？」

嗯，我不知道。我是在蘇聯的陰影下長大，並不特別想念它。不過我姑且不出聲。

1.

那是一段奇怪的關係。他是白俄羅斯的共產黨員，也是白俄羅斯在蘇聯解體後的第一任總理。而我是波蘭來的作家，年紀大概不到他的一半。我會跟維亞切斯拉夫・克比奇搭上關係，是因為我想重現蘇聯被推翻時的晚餐菜單，而他就是那份晚餐的操刀人。克比奇想必是因為退休生活太無聊，所以跟我玩了一年多的貓捉老鼠。有些問題他回答了，有些問題則承諾如果我再去看他，就會回答。

我們根本就是兩個世界的人。克比奇雖然在一九九四年的總統大選中輸給了亞歷山大・盧卡申科，在政壇上遭到冷凍，卻跟葉爾欽等人是一輩子的好友。他的電話簿裡有哈薩克總統努爾蘇丹・納扎爾巴耶夫的私人號碼，也有普丁護衛的號碼——普丁本人據說不帶手機，所以透過護衛是最能聯絡得到他的方式。（我請他打電話過去，幫我問普丁廚師爺爺的事，克比奇只是笑了笑說：「這電話真的只能在特殊情況打，不然我會被他們封鎖。」）

那麼他有過這樣的情況嗎？他不願回答。

克比奇是一九三六年在當時仍隸屬波蘭的白俄羅斯裡，一個叫科紐雪夫區茲納的鄉村出生。第一次世界大戰的時候，他父親是在俄羅斯的陣線裡服役。到了一九二〇年與布爾什維克黨的戰爭中，他就已經待在波蘭軍隊裡了。這個事實被他們一家人小心掩蓋，因為他們的村子就跟白俄羅斯其他地方一樣，在二次大戰剛開打時成了蘇聯的一部分——老克比奇可能會因為曾在波蘭軍隊裡服役而被丟去西伯利亞餵熊。

如今身子因歲數和疾病而駝了大半的克比奇，大剌剌地坐在仿皮的椅子上，繪聲繪影地講述他的人生。那是很有趣的故事。大戰過後，克比奇一家的日子過得不算順遂。年紀輕輕的克比奇功課雖好，以優等成績從培爾沙耶的學校畢業，還領了金牌，但他的學業卻差點就要斷在國中。

「就在我畢業的時候，我們家的乳牛剛好死了。」他回憶道。「我父親就說：『孩子啊，你可別怪家裡，不過你上不了大學了。我們沒辦法繼續資助你。』幸好我母親挺身而出，她知道上大學對我來說有多重要，竟不知怎地說服了父親。不過在明斯克上大學的頭幾年我過得很拮据，主要靠馬鈴薯和『薩洛』——也就是豬肥果腹。」

克比奇從科技大學畢業後，去西德做了幾年黑工——這是他日後進入政壇，繼父親對抗布爾什維克一事後，得在履歷表上粉飾的另一個汙點。他回國後在白俄羅斯的經濟界迅速竄起，年僅四十，就當上了首府明斯克基洛夫機械工具紀念工廠的廠長。

「我在那邊發現自己原來有管理天份，便一股勁地做下去。」當時蘇聯已逐漸崩解，而克比奇所管理的工廠不僅締造收入，還出口超過四十個國家。

「我們雇用了好幾千人，所有人除了年薪，還有豐厚的獎金。」他誇耀道。「我會跟每一個層級的員工談話，瞭解他們需要什麼，我會盡量回應他們的需求。在資本主義的世界裡，大家以為員工要的就只有越多錢越好，但事實不是這樣。我們當時在廠區裡蓋了三溫暖，而大家之所以想要，是因為這樣他們比較好聯絡感情。我們還闢了一小座植物園，讓大家休息時可以在裡頭待著。這不僅在白俄羅斯，就連在整個蘇聯裡都是讓人想像不到的事。」

克比奇的這些嘗試都不是常規做法，所以即使工廠有營收，還是老被各個檢查機關叮得滿頭包。

「三溫暖？浪費。植物園？誰會想出這種事。」他說。「毀掉蘇聯的就是這種人，遲鈍、死腦筋又不懂跳出框架的官僚。我心裡已有所準備，自己廠長的位子恐怕會不保。幸好莫斯科注意到我的努力，我在黨內的政治生涯也就這樣展開了。」

我去拜訪過克比奇幾次，覺得這個老黨員很喜歡我們這樣見面，並且用不尋常的故事來向我表達謝意。每次他忘了克制，多講了兩句，就會對我這麼說：「你等我死了再出版。」然後露出狡詐的笑容。

後來他的確過世了，在二〇二〇年得了COVID。多虧有他，關於蘇聯解體的經過，我才有了相當獨特的紀錄，而且還是從廚房的角度來看。

2.

據說戈巴契夫在這裡開槍射了人（另一個版本則是說有人開槍射了戈巴契夫），而勞爾・卡斯楚從疾駛的車輛中掉了出來。據說羅馬尼亞的獨裁者尼古拉・西奧塞古，即使已經有獵手把野豬趕到他的槍管下，他還是連一頭都沒打到。據說有個被女朋友拋棄的士兵喝醉了，心灰意冷下來到這邊想射殺布里茲涅夫。

這些都是「據說」，因為黨政高官在比亞沃維耶扎原始森林的狩獵過程，向來都是不能洩漏的機密。他們給我指點的老獵人，當年帶過布里茲涅夫、卡斯楚、西奧塞古和其他政要去打獵，現在已經超過九十歲，而且嚴重失智。大多數在這原始森林裡發生的不尋常故事，都將隨他的離開而消逝。

比亞沃維耶扎原始森林向來就是吸引重量級領袖的地方。十五世紀時的瓦迪斯瓦夫・雅蓋沃國王曾在這裡度過整個冬天，與軍隊一起準備格倫瓦德之戰。後來的每任波蘭國王也都在這邊打過獵。而在波蘭共和國遭瓜分後，幾乎所有的沙皇都來過。沙皇亞歷山大三世要人蓋的狩獵別莊遺址，到今天都還可以在比亞沃維耶扎看到。

沒有多少人知道，波蘭現今的國界差一點就連比亞沃維耶扎的邊都沾不上。奇怪的是，二次大戰後頭一個爭取這塊地方的就是波蘭的執政者——共產總統博萊斯瓦夫．貝魯特和總理愛德華．奧索布卡—莫拉夫斯基。向來鮮少起身面對史達林的他們，在劃分國界的時候卻堅持比亞沃維耶扎該要留在波蘭。史達林當時有不同的看法，但貝魯特與莫拉夫斯基卻不願意放手。最後史達林竟出乎意料地妥協了。據說當時一直被糾纏的史達林最後大手一揮：「那就平分吧。」可是他用紅色鉛筆畫出的新疆界，卻是蘇聯拿到比較大的那「一半」——森林約六成的面積都落在了蘇聯的白俄羅斯手上。

五〇年代中期，史達林的接班人赫魯雪夫去拜訪了南斯拉夫的獨裁者狄托，狄托帶赫魯雪夫去了由他建議興建，後也由他專用的國家狩獵官邸。

「赫魯雪夫回來後簡直要瘋了。」安娜．德古本科說，德古本科是白俄羅斯那部份的比亞沃維耶扎原始森林國家公園裡的退休員工。她不斷研究這座森林的歷史，對森林也很熟悉。「他發現打獵是談論政治的好時機，就說想立刻在蘇聯蓋一座一模一樣的設施。當時的白俄羅斯的共產黨主席馬祖羅夫收到風聲，便提議請赫魯雪夫到比亞沃維耶扎打獵，而赫魯雪夫也欣然答應。」

沒過幾個月，白俄羅斯比亞沃維耶扎原始森林的主要城市卡緬紐奇，就以前所未有的速度，從原本一個髒兮兮的城市開始迅速發展。這裡成立了幼稚園、學校和餐廳，甚至未來將成立的自然博物館也開始動工。

與此同時，一間小小狩獵別莊的建造工程，也在原始森林裡一個叫維斯庫列的小村落邊際展開了。負責設計的建築師是米哈伊爾·巴夸諾夫，採用的風格也類似於莫斯科那邊蓋的共產時代建築。

「花崗岩是他們從烏克蘭運來的，而大理石則是從高加索來的。」德古本科說。「當時每天多達五百人在工地裡工作，所以破紀錄在半年內完工。本地人趁工地還開放的時候進去瞧瞧，看到坐浴桶都覺得驚訝。這在當時首都都還是非常新的東西，更何況是在這原始森林裡頭。」

赫魯雪夫第一次來原始森林是一九五八年的一月，從莫斯科搭火車來的。

「小莊園並沒有馬上獲得領導人青睞，」德古本科繼續補充。「當時裡頭的牆面都還沒乾，結果蘇聯領導人的第一晚就在濕氣中度過，整夜無法入睡，也因此決定接下來都要在火車上過夜。只有等到他去打獵，看到那裡的動物數量，他才開始喜歡這個地方。」

幾年後，自然博物館也在卡緬紐奇開幕，那是個非常特別的地方。

「比較溫和的動物都是野放，遊客可以餵食。」德古本科回憶道。「所以野豬都會擠在柵欄邊等巴士開進來。有一次，一頭鹿進了館長辦公室，大家想盡辦法也趕不走牠。這裡也引進了四十頭摩弗倫羊和五百隻雉雞，卻遭到許多人非議，因為那些都不是當地的原生物種。不過他們一放這些動物自由，當地野狼很快便知道該怎麼處理，問題可說是自行解決。」

3.

一隻巨大的白色怪獸筆直朝小女孩而來，想把她吃掉。這是波莉娜·伊萬諾芙娜說到孩提時代首先會想起的回憶。她記得父母當時在集體農場工作，正在照料甜菜，把當時可能只有三歲的她留在了田地的末端。

所幸最後有個好結局，所謂的怪獸只是隻在她身子邊捕捉青蛙的白鸛。

年紀小小的波莉娜出生在白俄羅斯南部，一座中型大小的村子裡。她奶奶會去喜宴和喪宴上煮飯，好貼補退休生活。等到孫女稍微大了些，她便開始把孫女帶在身邊，這也讓波莉娜愛上了烹飪。

「我做什麼都很好吃。」她說。「有次奶奶給我示範怎麼做傳統的肉餡薯餅『得拉尼奇』，不一會兒我就能自己做。我靠著給奶奶當幫手賺錢，雖然賺到的只是零頭，但對當時只有十二三歲的我來說，那可是我第一筆收入。我們當地的黨領導嫁女兒的時候，我一個人給他們在喜宴上煎了三百塊肉餅，煎到我以為兩隻手都要斷了。他們當時付了我兩倍工錢。」

年輕的波莉娜對烹飪十分感興趣，根本無法想像自己去做其他工作。

「我去明斯克上了廚藝學校。在那邊學了兩年，成績非常好。市裡的餐廳跟食堂都會從我們學校找人過去實習。學校的女老師很喜歡我，說我的確有煮飯天份。有一天她跟我說：『小娜啊，我有一個特別的地方讓妳去實習。』我問：『是什麼地方呢，瓦倫蒂諾娃老師？』結果老師回答：『是白俄羅斯共和國蘇聯部長會議的食堂。』」

就這樣，波莉娜來到了白俄羅斯總理的辦公地點。

「他們找我進去實習後，就沒再放我走。」她如今笑著回憶往事。「我就在那裡留了下來。那邊賺的錢不多，工作卻很多，可是我跟同事都很處得來，在那邊過得很好。維特多，有一件事我能跟您說。我是在吉洪・基謝廖夫的時期開始工作的，他當總理一直當到八〇年代，然後我繼續為接下來的八個部長會議主席工作。共產主義時期，大家都吃得很簡樸，沒人點山珍海味，吃的都跟普通員工一樣。總理唯一的特權，就是可以讓服務生把食物從食堂端進辦公室。就連總理也常會下樓跟普通員工一起排隊，大家也從來沒有想過該讓他先取餐。

4.

維亞切斯拉夫・克比奇在成為部長會議主席不久就認識了葉爾欽。為了幫白俄羅斯籌措巨額貸款，克比奇不得不得去莫斯科找他。

「葉爾欽吃得很簡單，」克比奇跟我說。「當然這『簡單』不是指麵包塗奶油，這『簡單』是指他當時身為蘇聯領導人或俄羅斯總統而言。大家都聽過以前布里茲涅夫時代的克里姆林宮，黑魚子醬跟紅魚子醬都是成桶裝著擺。身為基洛夫工廠廠長的我，在俄國的各種會議上都用湯匙挖過魚子醬吃，那些魚子醬都是大碗裝。到了葉爾欽時代，魚子醬當然還是有，但都只是薄薄一層塗在小塊三明治上。他很清楚當時的局勢已經不同。」

那次找他本來是談貸款，卻很快變成了飲酒宴。

「我們當時喝了伏特加。沒有這一味，跟葉爾欽是辦不成事的。」克比奇說。「他喝酒向來不配下酒菜，所以我也沒配。葉爾欽很能喝，我喝到第十三杯還是第十四杯，就忘了自己到底為什麼來找他。幸好他還記得。最後他問：『那您這個貸款到底是需要多少呢？』而我回答：『一億盧布。』」

他一口答應，還把文件簽好，而醉醺醺又高興過頭的我，卻忘記簽自己該簽的地方。我們後來得找快遞再送一次。

在克比奇擔任白俄羅斯總理期間，議會議長，也就是在蘇聯時期相當於共和國元首的角色，是由物理學者斯坦尼斯拉夫．舒什克維奇出任。這名現年八十七歲的前政治人物，如今住在明斯克市中心一間簡樸的公寓裡。

「當時實施經濟改革，造成一團混亂，而我們害怕會沒有瓦斯可以過冬。」舒什克維奇回憶。「當時預計會有特別強的寒流，但我們沒辦法跟戈巴契夫達成共識，於是我們一起思考該怎麼確保白俄羅斯的瓦斯供應。我去找克比奇說：『我們請葉爾欽來吧，帶他去比亞沃維耶扎，在那邊款待他，陪他打獵，請他喝伏特加，就像以前一樣。這樣會比較好說話。』克比奇同意我的提議。我等一有機會去莫斯科，就跑去找葉爾欽，而他也很樂意加入。我們還想到要找烏克蘭的克拉夫朱克一起，因為這樣就是三個斯拉夫共和國的領袖見面，格局馬上不一樣。當時有人想過要推翻蘇聯嗎？我是絕對沒有。對我來說那是一場要談瓦斯的會晤，是為了我們，也是為了烏克蘭人所安排的一場會晤。」

一九九一年，葉爾欽與戈巴契夫之間發生一場激烈的實權鬥爭。戈巴契夫試圖對分崩離析的蘇聯進行改革，但握在他手上的權力卻不斷流失。一九九一年初，他舉辦了一場公投，超過七成的公民表示希望維持蘇聯，但同一年各個共和國國會卻接連通過獨立決議。四月是喬治亞，八月是白俄羅斯、立陶宛、拉脫維亞、愛沙尼亞、摩爾多瓦、烏克蘭、烏茲別克，以及吉爾吉斯。亞美尼亞與塔吉克在九月宣告獨立，而亞塞拜然與土庫曼則是十月宣布。哈薩克是最後一個獨立的共和國，觀望最久。俄羅斯當時的總統則是葉爾欽。

「那是一個奇怪的情況。」克比奇邊想邊說。「共和國接連宣布獨立，戈巴契夫卻還是坐在克里姆林宮裡當他的蘇聯總統。沒人知道誰該負責什麼責任，沒人知道戈巴契夫手上握有多少權力，加盟國又有多少權力。這些問題都沒有人知道答案，而戈巴契夫又老是認為自己被所有人冒犯，根本無法跟他溝通。八月，老共產黨員試圖力挽狂瀾，副總統亞納耶夫發動軍事政變。老實說，我心裡是支持他們的。可是這一切都做得太過溫和，也太遲了。蘇聯當時只剩紙上有名，屍體早已躺進棺材裡，就差驗屍官來簽死亡證明了。」

5.

斯特潘．馬提修克是一位獵人，負責帶領莫斯科和其他共產首都來的黨政高官進行狩獵。他的家位於風景如畫的原始森林小村落裡，而那也是我們見面的地方。一如每個獵戶之家，他家牆面掛滿各式各樣的戰利品，一個個全透過空洞的眼窩凝視著我們。馬提修克的舊打獵制服也掛在其中一面牆上。

「那是份很愉快的工作，能在戶外呼吸新鮮空氣，也可以賺到不少報酬。」馬提修克話起當年。「不過那些打獵都比較像是煙霧彈。」他想了一會兒後說道。

「為什麼？」我訝異地問。

「如果布里茲涅夫是特地從莫斯科過來打獵，那麼他勢必得獵到點東西。可是大自然不是這麼運作的。野豬有時是在森林的這一區，有時是在另一區。所以我們特別準備了一群野豬給來訪的政要……」

「什麼叫做『特別準備』？」

「我們給牠們餵馬鈴薯和一些好吃的，撒在離獵人聚集的獵棚不遠。野豬習慣後，一聽到人聲或汽車的引擎聲，就知道有東西可吃，會馬上跑到獵棚這邊。所以我們把牠們特別圈養起來，要是有哪個貴賓來，我們就把野豬放出來。牠們會直接往人跑，不可能射不中。」

「也就是說，打獵只是幌子……」

「打獵是為了解除壓力，不然就是趁機解決點政治上的事。布里茲涅夫常會帶他想提拔的將軍來。他們對我們的期待，就是我們會帶他們去有野豬的地方。我只能說，其他動物像狍、鹿、野兔，甚至雉雞都不是這樣養的。要是有誰打中了，就代表他有真正的打獵實力。」

「他們常射中嗎？」

「最常射中的是赫魯雪夫，不過我不記得他，我一次也沒跟他打過獵。除了他，勞爾·卡斯楚的老婆也滿會用槍。卡斯楚自己雖然貴為國防部長，槍法卻只有一個慘字。」

在馬提修克還剩不到兩年就要退休的時候，國家公園管理處的處長給他提議，讓他留在維斯庫列的狩獵別莊當管理員。

「他跟我說這是一份很理想的工作。」馬提修克回憶道。「戈巴契夫根本就不會去那邊，而這也是真的。不管是克比奇、舒什克維奇，還是哪個白俄羅斯的共產黨領導，都對打獵沒有興趣。『沒有太多事要做，也沒有任何責任要擔，但薪資卻很不錯。還因為這樣，你的退休金可以拿多一點。』處長這麼跟我說。」

「所以呢？」

「我就同意啦。」馬提修克雙手攤攤。「如果我可以倒轉時光，我就會給自己一巴掌往腦袋打下去，絕不會同意這份差事，不管給我世上多少珍寶都不會。是人就該離政治遠一點，尤其是這麼重大的政治場合。現在真是叫我丟臉丟一輩子了。」

「丟什麼臉？」

「他們給我把蘇聯毀了，就在我的別莊裡。而我還給他們把一切都準備得妥妥當當，每個房間燒得暖暖的，每張床單都換過。我甚至給他們載打字機過去，而他們就拿那打字機印了那可恥的協議。當然這些都不是我親手做的，而是我的員工。別莊上下有四十名工作人員，全照我的指派完成了任務。不過要負責任的人可是我，不是他們。大家都以為我們事先知情，知道他們要討論什麼。」

「所以馬提修克先生，您並不知道他們在那邊寫什麼嗎？」

「我要是早知道，就沒有人能從那裡活著出去。」馬提修克反駁。「我當時手上有武器，而我當獵戶可是當了一輩子。我再說一次，要是我當時知道他們在那裡做什麼，就會開槍把他們都槍斃。」

6.

「葉爾欽抵達的確切時間，我大概是他們來之前的一個月才知道。」克比奇繼續回憶。「大家都記得歡迎他和接待他的是舒什克維奇，可是所有的苦差事都由我來做。跟那場會面有關的技術性問題，全由我包辦。從一開始的交通，班機協調，每個人的迎賓加長禮車，到中間的住宿，以及最後的食物等等，全都是由我安排。維斯庫列別莊的一舉一動也都在我的監督下。我很希望一切是在溫馨的氣氛中進行，就從當時在部長會議裡工作的廚娘裡，找了幾個最厲害的過去。」

「這其中也包括波莉娜．伊萬諾芙娜嗎？」

「對，所以我才介紹你們認識。我明白您在寫書的時候，想要知道蘇聯的最後晚餐上的是什麼菜。喏，就是她準備的，她都一清二楚。我也從服務團隊裡找了其他人：我刻意挑選漂亮的女生去給訪團獻花，原始森林產的伏特加該準備多少都備妥，也備有西方來的酒類。我甚至從明斯克找了三個按摩師傅來，維斯庫列有傳統的俄羅斯蒸氣浴。那三個按摩師傅裡有一個還是三溫暖大師，知道怎麼引導蒸氣，讓大家能洗個完整的三溫暖。老實說，『我們應該推翻蘇聯』的這句關鍵話，我就是在洗三溫暖的時候頭一次聽到。」

「是葉爾欽說的嗎？」

「是他的得力助手根納季．布爾布利斯，還是讓我娓娓道來吧。」

7.

沒人知道這會是一場什麼樣子的會面。總理的幕僚長跟我說的時候，只提到會有重要的客人來，會有很多工作，但是他會付獎金給我。我連想都沒想就答應——這有什麼好想的？反正每次都差不多。在那之前，我這輩子只去過比亞沃維耶扎原始森林兩次，一次還是跟著學校去旅遊。我跟廚房的兩個女同事提前兩天過去先把東西都準備好。大家說光是俄國人就會有差不多一百個，另外還要加上烏克蘭人跟我們白俄羅斯的人，甚至還傳出哈薩克的納扎爾巴耶夫也可能來，所以我們甚至帶了羊肉想讓他開心，畢竟他們那邊吃很多羊肉，而在原始森林跟那一整個省都不可能買得到。我們也帶了大多數的食材。

我們到的時候，葉爾欽的加長禮車已經停在特意保溫的車庫裡。司機也在，即使頂頭上司要幾天後才會飛過來，他還是每天穿西裝打領帶。葉爾欽的護衛也到了，但跟他們就比較不好相處，他們先是喧騰著要給我們檢查，看我們煮什麼，會不會害葉爾欽吃完生病之類。等他們喝過原始森林的自釀酒後，就開始毛手毛腳。

我當時已經離婚。我不會跟您說我丈夫的事，維特多，因為那沒什麼好說，但我對喝醉酒就毛手毛腳的男人非常感冒。我用抹布——因為我們在那邊真的是從早到晚都在工作——成功隔開一個，而那個人只是縱聲大笑，說晚上會再來找我。我們三個女孩子全都睡一起，因為誰曉得這樣的一個人腦袋裡會有哪根筋不對勁。這些人都是突擊隊員、柔道高手、空手道高手，鬼知道還有什麼高手，不過他們的舉動就像夏令營的小孩。

克拉夫朱克的護衛直到會談的前一天才到。幸好葉爾欽的護衛馬上就把注意力轉到他們身上，不再來煩我們。當時俄羅斯與烏克蘭之間展開了一場奇怪的角力。烏克蘭才剛選出總統，但俄羅斯人卻不是很喜歡這樣，老是在他們背後說「霍霍爾」這個，「霍霍爾」那個。「霍霍爾」是蘇聯對烏克蘭人的蔑稱，大概是指「綁頂髻的」。克拉夫朱克的人想買私酒，他們就故意不說去哪買得到。克拉夫朱克的人想知道代表團會走哪邊，誰睡哪間小屋，他們又說「你們霍霍爾知道這些要幹嘛？」然後還衝著他們笑。等所有的總統和總理都到了，葉爾欽跟克拉夫朱克的護衛就開始互賞耳光。領袖們推翻了蘇聯，而他們的護衛則在同一時間扭打成團。

還是說回來烹飪吧。我跟同事把食物分成可以提前準備的，比如薯餅的麵糊或沙拉要加的水煮蛋，還有上菜前才能做的。我們很快便發現沒辦法給所有人都做好菜。幸好卡緬紐奇有間著實不錯的餐廳，有服務生，有廚師，人員完整。我主管便開車去跟他們商量，借調兩個廚娘和幾個服務生過來幫忙，剩下的人則負責在他們的餐廳招待比較沒那麼高階的代表團成員。從我們這邊開車過去只要二十分鐘，話說回來，代表團裡有很多人都是在那邊過夜。

說到食物本身，擺上桌的都不是什麼了不起的美食。也許葉爾欽的廚師在莫斯科都給他煮什麼大菜，但在我們這邊沒有。有煙燻製品，有起司，早餐則是燕麥粥跟煎餅。

唯一有趣的就是野豬。當地有一整個冰箱的野味：鹿肉、狍肉、野豬肉，畢竟都來一趟狩獵別莊了，這野味不嚐行嗎？但官方行程上畢竟是邀請葉爾欽來打獵，因此第一天大家都準備好就定位，等著打獵開始。有獵人，有獵槍，有驅趕獵物的隊伍，可是大家很快就發現葉爾欽根本不是來打獵，他的人馬裡也沒有半個人是來打獵的。他在下機時幾乎撞上飛機門，然後又差點從舷梯上摔下來。

8.

「那不是打獵，而是一場大失敗。」馬提修克無奈地說。「我們大家都一起準備，以為會跟布里茲涅夫時代一樣，來一場精彩的打獵，然後在林子裡吃野味或庫列什，接著才喝酒談事情。我把一切都準備好，就連在林子裡都擺好煮湯的大鍋和行動小酒吧。結果去打獵的只有兩個烏克蘭人——總統克拉夫朱克和總理福金。」

「我只能說，我很失望。不過那也沒什麼好在意的。克拉夫朱克和福金去了獵棚那裡，野豬被我的人從圍欄裡放出來後，馬上往獵人的方向衝，因為牠們預期在那邊會得到食物。克拉夫朱克帶了五個護衛一起過去，而那些護衛不是在抽煙，就是在罵髒話，不然就是在開玩笑，把野豬全嚇跑了。牠們沒像之前學會的那樣往射擊線衝，而是躲到森林裡一動也不動。」

「克拉夫朱克手一擺，覺得浪費時間。只有福金跟我最有經驗的獵手葉夫根尼．伍卡沙去了林子深處。等周圍安靜了些，福金就射到了一頭野豬。」

9.

「我記得很清楚，」波莉娜．伊萬諾芙娜回憶道，「我們做飯做得汗流浹背，因為給這麼多人煮飯不是一件簡單的事，結果幾個獵人開車來，說烏克蘭總理射到一頭野豬，然後就笑著把血淋淋、鬃毛還沒拔、什麼都還沒處理的獵物，一把丟在儲藏室門口的地上，說要我們拿去煮點什麼東西。」

「我當下以為自己要瘋了。我說：『各位，你們想要我們煮，就得先把牠剝皮，切一切，然後把肩胛肉或腰脊肉找出來給我，這樣我們才能想點辦法。可是這麼一頭還在流血的野豬，是要叫我拿牠怎麼辦？』不過啊維特多，我跟你說件事，在那邊要找到個沒喝醉的可是很難。原始森林裡大家都爭著用泉水跟大自然裡能找到的材料自己釀酒，而且布里茲涅夫還給了他們特許，讓他們可以做得合法。別莊的院子裡有一桶這種原始森林地自釀酒，想喝的人就能走過去自己倒一杯。」

「於是那頭野豬就這麼躺在走道上，我們得跨過牠才能從儲藏室裡拿東西。後來終於有人大發慈悲，把牠搬走，剝好皮，分切成塊。」

10.

「我之前已經說過，頭一個說出對付戈巴契夫點子的是葉爾欽的助手根納季・布爾布利斯。」克比奇接續。「不過他的原話不是說『我們來推翻蘇聯』，他提出的方式要細緻許多，好觀察我們的反應。他說的比較像是『怎樣，如果我們試著繞過戈巴契夫，背著他把事情談好呢？』這也是我們聚在一起的原因，所以大家當然都同意他這個說法。接著布爾布利斯就問：『那如果我們組織一個新的聯盟，不要有戈巴契夫參與呢？』大家都等著看克拉夫朱克怎麼說，舒什克維奇如何表示。」

「情況到這裡已經很明顯，我們在講的是風險很高的事。把戈巴契夫排除在外去組織新架構？這確切是什麼意思？不過大家都對戈巴契夫很厭倦了，不管是什麼議題都沒辦法跟他達成共識，所以我們拍手贊成——好吧，我們不知道要怎麼做，不過我們就這麼做吧。」

「我們走出三溫暖，去吃晚餐。隔天協商便開始了。整份協議我們一條一條想過，寫下來，但問題也跟著出現。我們沒準備要簽這麼重要的文件，既沒有打字機，也沒有打字員，更沒有傳真機。我的人從附近集體農場載了打字員和打字機來，不過打字小姐一看到這麼多名人，嚇得不會打字了。這也沒什麼好說，那可是個鄉下來的單純女孩，協議裡的某些字她根本就不知道怎麼拚。碰那種情況，布爾布利斯就會自己坐到打字機前，不然就是一個字一個字唸給她聽——有時甚至是把字母拼給她聽。」

「至於傳真機，那就得派飛機一路飛回明斯克拿。飛機返航後，機上竟多了幾名記者。他們不知怎地嗅到了大事件要發生的氣味。」

「從後見之明的角度來看，我想俄羅斯人對那次的會談準備得很充分，因為布爾布利斯在某一個時刻還說：『各位先生，我們少了一個重點！要成立一個新組織，我們得先把舊的推翻才行！』他們開始給我們解釋說蘇聯是由四個共和國創立的：俄羅斯共和國、白俄羅斯共和國、烏克蘭共和國及外高加索共和國。外高加索共和國已經不復存在，因為已經分裂成幾個比較小的國家。現存的三個共和國領袖全聚在這比亞沃維耶扎原始森林，還真是個奇怪的巧合。只要這三個國家寫下七十年前簽的那份協議已經失效，那就大功告成了。」

「維特多，我跟你說，要是有人跟我說這會造成怎樣的後果，說國家會不復存在，說國家會解體，說我們之後會陷入戰爭，不只南斯拉夫會打仗，頓巴斯也會打仗，那麼我這輩子絕對什麼都不會簽。當時我很確定推翻蘇聯後，會是由獨立國家國協取代，我以為我們只是改個名字，但貨幣、軍隊、疆界等等，一切全部照舊。」

「唉，今天的我只能說，我們被騙了。」

11.

「白俄羅斯的KGB首領也在那邊。」馬提修克補充。「我認識他，因為他都會來我們這邊打獵。他跟我說：『我得通知莫斯科這裡在做什麼。』」

「我連反對都沒反對。我猜想戈巴契夫會派一支突擊隊來，開槍把我們全幹掉，這事也就這麼結束。我告訴你，維特多，不管哪個總書記都肯定會這麼做，斬草要除根。不過戈巴契夫不會，他最多只會哭一下。」

12.

維亞切斯拉夫・克比奇最後總結：「我把葉爾欽當好朋友，我在他的葬禮上哭得像自己身邊真的死了哪個親人。不過既然你這麼問，我就得老實說，在比亞沃維耶扎協議這件事上，葉爾欽騙了我們。他根本就另有盤算，籌碼也完全不同。本來這一切看起來應該像是隨興發揮——有人在洗三溫暖的時候，提起我們可以排除戈巴契夫，然後有人提議我們要寫份備忘錄，再之後又說還是不要寫備忘錄，而是寫一份廢除蘇聯的協議。事實上，這當中沒有哪一樣是隨興發揮。葉爾欽很清楚他是帶著什麼目的來找我們。他利用了我們，利用了我跟舒什克維奇的天真，因為我們兩個當時都才剛踏入政壇。我唯一能為自己辯解的就只有一點：那是一九九一年的尾聲。除了哈薩克以外，所有的蘇聯共和國都簽了獨立宣言。我已經跟你說過，當時的蘇聯就是一副屍體，只差一個驗屍官來給他簽死亡證明。我只是沒想到我們就是那驗屍官，而比亞沃維耶扎協議就是那張死亡證明。」

13.

「我先跟同事商量如何處理野豬，才能又快又好吃。」波莉娜．伊萬諾芙娜回憶。「我們講好做燉肉，這道菜大家都喜歡。我們加了香料、墨角蘭、大蒜，強調此地的野味氛圍。」

「在他們簽署那份協議的前一晚，野豬上了餐桌。您問蘇聯的最後一道晚餐都上些什麼，那我就跟您說了。有香腸，有沙拉，有起司，有一點點魚子醬，有一點點魚，有一點點豬排，不過重頭戲還是烏克蘭總理射的那頭野豬。確切地說，是用那野豬做成的燉肉。」

「隔天，他們就把國家像那頭野豬一樣，分解了。」

「就這樣，沒了。」

菜單

野豬燉肉

- 野豬臀肉700克
- 橄欖油50毫升
- 奶油50克
- 珠蔥4根
- 蘑菇250克
- 乾白酒200毫升
- 含脂量15%的酸奶油200毫升
- 芥末醬5茶匙
- 鹽及適量的胡椒

豬肉切成條狀。珠蔥斜切，每段長度約八至十公分，粗一點的蔥葉再對剖。蘑菇切成厚條。平底鍋徹底預熱，倒入橄欖油，然後加入奶油，將野豬肉煎至金黃。

接著加入蘑菇與珠蔥拌炒，火轉小至中火，倒入白酒，續煮四到五分鐘。加入酸奶油、鹽、胡椒，並將所有材料攪拌均勻，離火，加入芥末醬並再度攪拌。珠蔥可以改用韭蔥代替。最好的芥末醬是第戎的，或其他比較溫和的種類。這是波莉娜．伊凡諾娃的食譜，也就是蘇聯的最後一道菜。

第十六盤　療養院的廚師

廚師終究是廚師。

——弗拉迪米爾・普丁

1.

要是有什麼事不合他心意，他就圍裙捧地上走人。碰到那種情況，這家在一次大戰前聖彼得堡賣價數一數二高的阿斯托利亞餐廳，就會陷入一片慌亂。比較貴的酒類都鎖在小櫃子裡，而鑰匙都是由這位資深廚師斯皮里東・普丁保管。如果老普丁不在，就沒有亞美尼亞的白蘭地，也就沒有法國的葡萄酒。

至少這事在家族裡是這麼流傳的。

雖然老普丁退休後只會住在一間不大的公寓裡，靠著釣魚和數不清的菸來安定情緒，這暴躁性格就這麼跟他一輩子。

老普丁的孫子的弗拉迪米爾．普丁，這輩子跟爺爺也就見面過那麼幾次，可是他記得爺爺是業界裡的翹楚。家族裡另外還傳著這麼一個故事，說沙皇時期的某一天，拉斯普欽到阿斯托利亞餐廳用午餐。老普丁給拉斯普欽煮了什麼呢？也許是阿斯托利亞的哪道招牌菜？切絲雞肉？小羊排？還是用塔塔醬料理，表面塗了一層魚子醬的白梭吻鱸「老鷹」？

詳情已經沒人記得。

家族裡的說法是，東西好吃到讓拉斯普欽那宮廷騙子在用完餐後，命人把廚師召來，而廚師來了之後，拉斯普欽就賞了他一枚金幣。普丁家的長輩信誓旦旦，說不久前家族紀念品裡還留有那枚金幣，也還有人記得那金幣的故事。可後來就發生了兩次世界大戰，又經過了史達林時期、政治解凍時期跟經濟改革時期，那枚金幣就在這些歷史大事件中失傳了。

據說，沒有人記得斯皮里東．普丁是用什麼方法，進入沙皇之城聖彼得堡的頂尖餐廳工作。有人說他很窮，是特維爾郊外一座叫波米諾夫的小村子出身。他到處找工作，從十二歲開始就在各個餐廳打工。大家很快發現他有一雙巧手，所以廚師紛紛開始讓他接觸行內的事。他在還不到三十歲時就成了地位尊貴的主廚。

不過也有人說普丁是廚師世家，而斯皮里東的手藝是跟親戚學的。

沙皇的黃金時代隨著第一次世界大戰開打而結束，斯皮里東也從廚房直接落到了前線。

他的孫子弗拉迪米爾・普丁在許多年後，與美國導演奧利佛・史東進行深度訪談時提到，爺爺先是從戰壕裡朝一名奧地利士兵開槍，擊中後卻馬上帶藥箱跑去給對方包紮，救了對方的性命。「他當時如果不開槍，那個奧地利人就會殺了他。」普丁說。

斯皮里東得保護自己，但他不想殺人。

顯然，這位老爺爺和他孫子（也就是俄羅斯總統弗拉迪米爾・普丁）竟是驚人地相似——普丁在動武的時候，想必也都只是為了自保。

如果你相信這種政治宣傳的話。

2.

關於廚師老普丁的事，俄羅斯人是從某次訪談中才得知的。在那之前沒多久，因飲酒過度而被俄羅斯人罵得體無完膚的葉爾欽，才冷不防地將廚師老普丁的孫子弗拉迪米爾・普丁提拔為自己的後繼者。選前熱度延燒，不久後大家就會發現這位有著KGB背景，年輕又充滿活力的柔道高手，將會取代葉爾欽坐上總統大位。一場他只能贏不能輸的選舉即將到來。

普丁出版了一本書，書名就叫《第一人稱》。書中他跟三名俄國記者的訪談，希望能藉此拉近俄羅斯人（以及全世界）跟自己這位無名政客的距離*。普丁在書中講述自己的家庭，講述KGB的職涯，講述在東德的歲月，講述他的妻子，甚至是悄悄讓他受洗的奶奶。

當然還有他爺爺。

「他的廚藝一定很不錯，因為他在一次大戰後受邀去莫斯科郊外的高爾基工作，而那是列寧和他整個烏里揚諾夫家族居住的地方。列寧死後，我爺爺被調去史達林的一座別墅，在那邊做了很久的廚師。」當時還只是俄羅斯總統候選人的弗拉迪米爾．普丁說。

「他沒有成為清洗對象？」幾位記者提問。

「沒有。不知道為什麼，他們放他一條生路。」普丁回應。「長期侍奉史達林的人，沒幾個能全身而退，但我爺爺就是其中之一。他挺過史達林時代，退休後去了莫斯科黨委會位在伊林斯科耶的療養院，繼續當廚師。」

從那時候起，這名俄國總統的每一本傳記幾乎都會提到他爺爺是列寧和史達林的廚師。

3.

列寧格勒圍城及對德戰爭讓斯皮里東．普丁的家族傷亡慘重。他的七個兒子裡只有兩個活了下來——弗拉迪米爾（俄羅斯總統普丁便是以他命名）及亞歷山大。老弗拉迪米爾當時是列寧格勒的居民，自願從軍，被分到內務人民委員部的部隊，負責在敵後小鎮金吉謝普附近分散敵軍注意。他們當時糧食耗盡，去一座小村子向農民求援，卻被農民舉報給德軍，老弗拉迪米爾的部隊因而遭到埋伏。

兩百零八條漢子裡只有老弗拉迪米爾及三個同伴活了下來。老弗拉迪米爾受了傷，為了躲避追捕，只得整夜躲在湖中，全靠一根蔗稈呼吸。他奇蹟似地逃回列寧格勒近郊，但是精力耗盡，傷勢非常嚴重。要不是有人幫他渡過涅瓦河，他肯定沒有活命的機會。

幸好同村的鄰居也在同一支部隊服役，帶著受傷的老弗拉迪米爾游過涅瓦河。

「你好好活下去，我回去拚命。」那人在離開前留下這麼一句。

消息很快在被封鎖的列寧格勒裡傳開，老弗拉迪米爾的妻子瑪麗亞帶著十二歲的兒子維克托，找到了受傷的丈夫。維克托就像城裡所有居民一樣，老是餓著肚子，因此做父親的就把食物全給了兒子——當時的醫院跟學校和幼稚園一樣，有自己的食堂。

護士們注意到這個情況後，便不再讓瑪麗亞帶孩子進醫院。醫院的伙食是要給傷患，而不是給城裡那些要餓死的人——那些人當時都被當已死之人看待。

---

* 弗拉迪米爾．普丁、娜塔莉亞．格沃爾基揚、娜塔莉亞、季瑪科娃及安德烈．科列斯尼科夫著，《第一人稱：弗拉迪米爾．普丁對談錄》（莫斯科：二〇〇一），英文版於二〇〇〇年出版，副書名改為「俄羅斯總統弗拉迪米爾．普丁坦率到令人驚訝的自我揭露」。波蘭文版目前尚未出版。

小小的維克托沒能活過圍城，得白喉死了。他弟弟普丁當上總統後，曾在《俄羅斯先鋒隊》雜誌寫過一篇動人文章，描述瘦巴巴的母親被人用擔架從瀕臨倒塌的建築裡抬出，在最後一刻逃離死神的魔掌。

你要是沒嚐過列寧格勒圍城期間的麵包，就沒辦法瞭解普丁一家或是當代俄羅斯。

4.

俄國總統的伯父，也就是如今已不在人世的亞歷山大．普丁，則是普丁家在列寧格勒圍城期間倖存的其中一人，他在每次訪談中都強調父親是個謙遜的人，同時也是一名出色的廚師。「他在烹飪技藝蓬勃發展的沙皇時期就開始學手藝。他特別喜歡煮肉類和魚類料理，不過沒有自己的招牌菜。」亞歷山大．普丁在《共青團真理報》的採訪中說。「大家每次都對他很滿意，一直到七十二歲的年紀，都還有人找他去宴會做菜。國家實行配給制度的時候，父親非常生氣，說他身為一個廚師，應該由他自己來決定什麼東西要加多少，又得在什麼時候加！」

亞歷山大還說：

「父親是個非常有紀律的人，就連在食物短缺的時候，也沒有從工作裡帶任何東西回家，就連一小塊三明治都沒有。他的生活過得很簡樸，家裡只有兩個小小的房間。他固定領的退休金只有一百二十盧布，他也沒有提出任何額外的要求。他獨一無二，現在已很少有像他這樣的人了。」

據說斯皮里東．普丁並不重視自己身為廚師的工作，認為那工作吃力不討好，很後悔自己沒去當工程師或建築師。他不想自己的孩子或孫子也走上他這條路。

這差不多就是世人普遍對他的瞭解，但我想知道更多。

我去造訪高爾基列寧斯克的時候，跟幾個導遊和當地經理問過斯皮里東．普丁的事，結果大家全都打起哈哈。

「我們還在找檔案。」主任技巧性地迴避。

「我記得給列寧煮飯的好像是舒拉．沃羅比奧娃。」我不打算退讓。

「既然總統說他祖父在這邊工作過，那就是在這邊工作過。」主任回答。「我很確定我們很快就會找到相關檔案了。」

我跟聖彼得堡阿斯托利亞餐廳的經理閒聊過，他可是有多年經驗的傳奇人物，結果對方很直白地跟我說他從沒聽過總統祖父在這工作的事。後來為了以防萬一，他請我不要公開他的姓名。我越是想尋找有關斯皮里東．普丁的資訊，就越是找不到；越是想透過哪份文件或檔案確認他的生平，或至少跟哪個認識他本人的對象聊聊，就越是碰到阻礙。

最後我終於明白自己不會找到任何證據，足以證明斯皮里東．普丁在阿斯托利亞餐廳工作過，或是拉斯普欽送過他一枚金幣。

這是為什麼呢？

因為這些證據根本就不存在。就像斯皮里東．普丁曾為列寧或史達林做過飯的事一樣，同樣沒有任何證據。斯皮里東．普丁這輩子都在療養院煮飯，其中也包括共產黨員去的那間，如此而已。當然，那黨員當中可能有列寧的後繼者赫魯雪夫或莫洛托夫，因為普丁的伯父亞歷山大在訪談中就是這麼說的。也許斯皮里東有一兩次被人請去宴會料理，而史達林剛好就是那場宴會的客人。也許斯皮里東甚至曾在史達林的那間別墅裡工作過一段時間？也許他是克里姆林宮在大型宴會時請去幫忙的廚師？又或者他是去那邊幫哪個人代班？

這些我們都已無從得知。不過有一件事我很確定：他生平裡有一半事蹟都是憑空捏造，真實的故事中摻混著全然的杜撰。

透過廚房的門，我們可以發現斯皮里東．普丁的生平正是俄羅斯政治宣傳手法的最佳例證。他的故事到底是真是假並不重要，重要的是人們相信他的故事。受拉斯普欽稱讚的爺爺，後來又為列寧與史達林煮飯的爺爺，對普丁來說是選前非常好的宣傳切入點，因為他可以將自己的生平與即使充滿邪惡，卻能喚起俄羅斯人情感的時代相連。

「既然蘇聯時期的領袖都信任我的爺爺，那麼你們也可以信任我。」這似乎是普丁的言下之意。

而這話也的確成真，俄羅斯人真的信任他。

5.

普丁一旦獲得權力，便再也沒有放手。他在克里姆林宮獨攬大權已經有三十個年頭，那麼他吃的都是什麼呢？克里姆林宮有時會公開他跟其他國家領袖會晤時的菜單。二〇一九年十二月，普丁在雅爾達與白俄羅斯總統盧卡申科見面，當時擺上桌的是南瓜沙拉配柳橙和起司、魷魚排配紅蘿蔔泥、豌豆湯，還有紅鯔，也就是一種魚，配朝鮮薊和藜麥。主菜是小牛排搭烤韭蔥，而甜點則是橘子雪酪和草莓塔。

我從維克特·別瓦耶夫那邊知道，國家領袖常常不會吃桌上擺的菜餚，要等到正式會面結束後才會真的用餐。那麼普丁在沒人看的時候都吃些什麼呢？別瓦耶夫只跟我透露他非常喜歡冰淇淋，每道上他餐桌的甜點裡都至少會配上一球。

也許是多虧了他祖父的關係，普丁對廚師的態度其實都很溫暖，其中就有個在聖彼得堡開餐廳開了很多年的葉夫根尼·普里戈金，現在是他交付「特殊任務」的對象*。ＦＢＩ因

---

* 編注：普里戈金亦是俄國傭兵組織「華格納集團」的創辦人之一，該集團在普丁於二〇二二年二月二十四日對烏克蘭發起的「特別軍事行動」中扮演關鍵角色。

為這人干涉了二〇一六年川普勝出的那場美國總統大選而找他多年。

普丁在雅爾達會晤中送給盧卡申科茶炊和茶葉，後者則回送他一籃食物：五花肉、芥末辣根醬、糖漬蔓越莓、起司、產自格羅德諾的巴斯圖瑪（風乾牛肉），還有小里肌肉。俄羅斯記者譏諷這白俄羅斯人的禮物越送越好，上次他帶的是幾袋白俄羅斯集體農場生產的馬鈴薯。

斯皮里東・普丁

© Nikride/Wikimedia

幾個月後，白俄羅斯展開大規模抗議行動。幾十萬人站出來反對已經掌政超過四分之一世紀的盧卡申科。然而普丁肯定是覺得白俄羅斯的佳餚很美味，才會一路為那留著小鬍子、頭髮旁梳以掩蓋禿頭的白俄羅斯獨裁者撐腰。這位俄羅斯總統曾經說過，只有沒心肝的人才會樂見蘇聯解體，但也只有沒大腦的人才會想要蘇聯重返。儘管他說過這樣的話，俄羅斯卻正是在他的領導之下實行重建蘇聯帝國的政策。普丁雖然吃的簡單，對掌握區域和全球的權力卻有很大的胃口。俄羅斯攻擊喬治亞，攪局中東，試圖（而且卓有成效）影響美國及歐盟國家的選舉。

最能清楚展現俄羅斯政策的例子，莫過於二〇一四年俄國入侵烏克蘭、奪取克里米亞一事。普丁就此展現了他未達目的不擇手段的決心。

第十七盤　克里米亞韃靼人的料理

1.

「你要吃車不列克嗎？」艾凡・庫杜索夫用他那對男孩般的眼睛盯著我。他有點鳳眼，兩顆黑眼珠充滿了魔力。他雖然已經成年，卻還是童心十足，喜歡開玩笑。「不開玩笑，我的車不列克是全基輔最好吃的。」

我喜歡吃車不列克，那是用麵粉、鹽和水做的韃靼餃。我也相信他的車不列克很好吃，不過要是我們開始大啖美食，就不會有心情工作。所以我請他先給我一杯又黑又稠的韃靼咖啡，就像夏天融化在黑海的柏油。我在待客用的地毯上找好舒適的坐姿，然後打開錄音機。克里米亞與流亡，然後又是克里米亞與流亡，再加上料理、愛情和戰爭，可有故事好聽了。

艾凡不記得小時候克里米亞的樣子，因為他沒有那機會。他祖先是克里米亞的韃靼人，當年遭到蘇聯人驅逐，而他則是在驅逐展開的四分之一世紀後才出生，就在韃靼人的血脈幾乎要在克里米亞斷絕的時候。他唯一記得的就只有奶奶做的食物，而那正是車不列克，還有叩北特（鹹派）、洋提克（煎餡餅）、薩而瑪（葡萄葉肉捲），又或者是受巴，也就是湯。他奶奶是個出色的廚師，每當她把鍋子架到火上，克里米亞的老一輩就會眼睛一亮，開始回憶他們當年的田地、草原、房屋和葡萄園，還有他們的鄰居，以及在那美麗半島上的生活。韃靼人在那座半島上生活了數百年，從他們的故事中可以充分感受到那裡當年是座天堂。

一九四四年，艾凡父親的雙親，也就是艾凡的爺爺與奶奶，被驅逐到烏茲別克去。艾凡的父親當時不過兩歲，卻總是說自己記得很清楚，他們的祖屋是在辛菲羅波爾的郊外，而且屋裡每個房間的樣子他也都沒忘記。

「我們都覺得他說的那些事很奇怪，但反正無傷大雅。」艾凡說。「畢竟我們知道父親當時太小，不可能記得什麼事。我們把他對家族的記憶當故事聽，沒有當真，只是讓老一輩能拿來說嘴，讓他們高興。」

艾凡在小時候聽了那麼多克里米亞的故事，甚至有時自己也會夢到克里米亞。

「我感覺自己去過那邊，夢裡的我覺得待在那邊很理所當然。今天的我已經知道，這就是基因。」艾凡解釋。「畢竟從我所有的祖先到我的父親，都生在那邊，死在那邊。我媽媽才是在烏茲別克出生，那是祖先被驅逐兩年後的事。除了祖先的回憶以外，我是與克里米亞沒有沾上任何關係的第一代。史達林想要斬斷韃靼人和土地的連結，就把他們遷去一個全新的地方。他讓我們去烏茲別克跟烏茲別克人混種，這樣我們就會消失。他差一點就成功了，我就是最好的例子。不過我們按順序來講吧。」

2.

迪佳拉·賽維列娃是一名性情平和、笑容親切的女性——韃靼人稱呼她為迪佳拉—哈努姆，因為「哈奴姆」是他們對最受景仰的女性尊稱。從她的臉上，幾乎看不出她已經有七十歲。她的幾個孩子在基輔有間屋子，屋旁接著一座院子，那是迪佳拉女士平時接待客人的地方，也是我們見面的所在。

「我馬上就要回克里米亞了，」她預告，「然後再也不會搬去別的地方。為了可以在那邊生活，我的家族已經付出太高的代價。」

我伸出手，去拿他們大方擺出來的克里米亞果乾，又喝了一點像焦油般濃稠的咖啡——如果不吃擺在桌上的美食，可能會冒犯到主人家。我想繼續聽下去。迪佳拉非常篤定驅逐韃靼人這件事，是俄羅斯人準備多年的計畫。

「我們在凱薩琳大帝的時候就已經被遷過。」她強調。「不過最糟糕的還是布爾什維克黨那時候。他們掌政後，我們先是跟其他對他們來說不方便的人一樣，開始挨餓。一九二一年，克里米亞因為饑荒死了超過十萬人。接著又有五萬人離開半島，去找尋更好的居住地。每五個人裡就走了一個。」

接下來的時期對韃靼人來說同樣也不容易。蘇聯人用他們最愛的方式：恐嚇及暗殺，試圖徹底整治韃靼人。一九三八年四月，內務人民委員部槍決了韃靼人的精英，包括作家、思想家、學者、宗教人士，以及民族會議，也就是韃靼人的地方政府成員。

德國人利用韃靼人對俄羅斯人的厭惡，在二次大戰時藉助韃靼人的幫忙，在克里米亞與蘇聯的游擊部隊作戰。

「一九四四年，蘇聯一從德國人手中拿回克里米亞，就馬上對我們進行報復，把我們驅逐。所有的人都被趕走，一個也不留。」迪佳拉說。「表面上這是對我們幫助德國人的懲罰，可是我們所有人都知道，那只是要擺脫我們的藉口。那場驅逐是場複雜至極的行動。當時戰爭還沒結束，幾百萬士兵都投入前線。而內務人民委員部在兩天半的時間裡，把將近二十萬韃靼人驅逐至烏茲別克。沒有任何人可以留下。」

如今的韃靼人把史達林下令安排的驅逐行動視為種族滅絕。

確切來說，驅逐行動過後，克里米亞半島上其實還剩下阿拉巴特岬保有兩座韃靼村落，與半島上的其他市鎮隔得老遠。居民靠捕魚維生，與文明世界遠遠隔絕，以至於內務人民委員部漏了他們。負責主持遷居行動的蘇聯將軍波格丹．科布洛夫，綽號「茶炊」，他在得知還有這兩座村莊存在的時候，想到自己跟手下已經因行動執行順暢妥當而獲得獎章，眼下不是讓領導層發現行動其實沒有完美執行的好時機。因此他下令把兩個村莊的居民全綁起來，裝上駁船，丟進大海。

所有人全死光了。

遠從成吉思汗開始，超過八百年來都一直握在韃靼人手中的克里米亞，最後甚至連一個韃靼人都沒留下。

3.

「維特多，我一直到不久前才意識到，我們的父母和祖父母被驅逐後是過著怎樣的生活。」艾凡承認。「有一次我跟我媽不知道聊到什麼，然後她說了這麼一句話：『我們以前還住在祖地的時候……』我以前曾經聽過他們一開始的生活過得很辛苦，可是我感覺那只維持了一年，又或者一年半，然後我們就蓋了房子。直到我自己現在也過著難民般的生活，我才開始多問。原來我媽媽一直到十二歲都住在祖地上！住在從地上挖出來，用油布蓋著的洞穴裡。而且我跟朋友還在她住的那個地方玩過不只一兩次，我們把那裡叫「地洞」，以為是考古學家或工程師在那邊挖過什麼。我從來就沒想過自己跑來跑去的地方，會是我家人以前住的地方，而且還是我最親近的家人：媽媽、外婆、外公、舅舅們和阿姨們。」

「我們被驅逐後的頭一年過得非常可怕。」迪佳拉補充道。「大家都餓肚子，生病，開始死人。」

一九四四年被驅逐的韃靼人裡，幾乎有一半的人在頭一年不是餓死，就是病死。

迪佳拉的兄長穆斯塔法·傑米列夫——對韃靼人來說是穆斯塔法汗——在許多年後成了蘇聯知名的韃靼少數民族運動人士，在監獄和集中營裡前前後後總共待了十五年，就只是因為他奮力爭取讓韃靼人重返克里米亞。

「穆斯塔法汗說史達林死後，整所學校陷入歇斯底里。」迪佳拉女士說。「所有人，包括校長和老師，全都哭了。所有人，只有韃靼的孩子沒哭。他們很清楚史達林對我們民族做了什麼。穆斯塔法汗回憶起有一個男孩，十二三歲，當時很快跑回家拿洋蔥，要弟妹們將洋蔥抹在他的眼睛上。『我們得掉眼淚，』他說，『不然父母會被抓去關。』這種情況維持了很多年，我們也從善如流。必要的話，我們甚至會痛哭，可是大家心裡都有自己的一把尺。」

活下來的那些人腦中都灌輸了非常堅強的意志。「我父親是韃靼人的死忠派。」艾凡回憶。「我們的民運人士都會在他的照相館裡聚會，一起簽署信件，然後寄去莫斯科，寄給每一任總書記。因為他們有一種奇怪的信念，認為一旦史達林、赫魯雪夫或布里茲涅夫得知韃靼人不幸的命運，就一定會照顧韃靼人。那些信件喚起的當然就只有KGB的憤怒。我父親的照相館被搜過很多次，他們會搜他的相紙，因為那些聯合署名信每張都是以相紙的方式寄出，沒有例外。不過他們不知道，父親會私下送錢給製造相紙的工廠，把數量補齊。」

然而，父親有多支持韃靼人，艾凡就有多常說自己小時候是蘇聯政治宣傳下的產物：

「如果我當初是跟父親一起住，長大後一定變成異議分子。不過我父親跟媽媽離婚，我每個月只會見到他幾次。媽媽因為太過害怕，不想讓我出任何事，開始送我去共產黨的青年組織『共青團』參加集會。所以我從小時候到青少年都深深相信共產主義，也相信我們是生活在世界上最好的政體裡。要承認這個事實讓我覺得很愚蠢，可是我完完全全被洗腦了。當然，我那時有一點想不通，既然在這個列寧所說的最佳體制裡所有的民族都是平等的，為什麼到頭來我們民族獲得的平等卻比別人要少一點？不過列寧也說過在追尋共產主義的道路上大家可能會犯錯，而我認為這只不過是大夥兒在戰時一頭熱時所犯下的錯誤，是一個可以修正的錯誤。」

只不過好幾年過去了，這項錯誤卻沒有任何修正。更甚者，在被驅逐幾十年後，試圖靠自己的雙手重返克里米亞的韃靼人，都碰上了當局非常強硬的反應。首先是六〇年代蘇聯在克里米亞找人工作時，官員們意外抓到幾百個成功遷回去的韃靼家庭。

「那些人當中也有我妻子她們家。」艾凡說。「那些人所經歷的事全都讓人難以想像。他們被人趕出家門，載去草原，沒吃沒喝。在我正快快樂樂唱著共青團歌的時候，我未來的岳父岳母卻因為想住在自己先祖住的土地上而歷經慘劇。」

迪佳拉的兄長穆斯塔法．傑米列夫，也是在那個時間頭一回入了監。

4.

一九七五年，迪佳拉女士懷上第一胎，她的丈夫做了一項重要決定。「他離開軍隊，但不是回來烏茲別克找我們，而是去了克里米亞找房子給我們住。」她回憶道。「我兄長當時在牢裡，丈夫踏上未知的旅程，而我也不知道事情最後會如何發展。不過木已成舟，我們的人生從那時候起就注定不再像以前一樣。」

幾個月過後，迪佳拉加入丈夫的行列。她丈夫在以前韃靼汗國的首都巴赫奇薩賴近郊，一座遠離外界的小村子裡找到間屋子。

「那是間被遺棄的屋子，已經腐爛，好像隨時會塌。在那裡頭生活很艱難，沒有水，也沒有電。我們得走兩公里路才有公車，一天一班，可以去比較大的城市。我大兒子就是在這樣的環境下出生。我父母也在不久後來找我們，兩個人都高興得哭了。我爸爸是在十九世紀末出生，當時已經年過七十，沒想到自己還能有見到克里米亞的一天。不過他的心裡同時也充滿遺憾，因為克里米亞在蘇維埃政府的統治下變得非常破敗。」

從當局的角度來看，他們一家人待在克里米亞是不合法的。

「他們對我們百般阻撓，」迪佳拉憶起，「最主要就是不給我們入戶籍。當地快要倒閉的集體農場主任因為我跟先生兩人都是工程師，上過大學，常就各種問題來向我們尋求建議。即使他非常想雇用我們，我們卻沒辦法去工作。」

於此同時，當局也正在跟所有偷溜進去克里米亞居住的韃靼人進行角力。他們把所有的壓制手段都用上了，最常用的就是讓民兵在大半夜來，把一家子打包塞進車，載到草原深處，留在那裡，沒給水，也沒給食物，而那些家庭常常都還有年紀小的孩子。

「我知道有人被這樣強制遷離了八次，」迪佳拉回憶，「家裡還被他們丟了一整車的垃圾，不然就是倒進各種穢物，讓他沒地方可回去。但他們每次都回來，靠鄰居幫忙把房子打掃乾淨，然後一切又從零開始。要說我們韃靼人有什麼事在行，那就一定是從零開始生活。這一點蘇聯人把我們教得非常好。」

迪佳拉跟他丈夫就這樣住在克里米亞，可是他們的正式戶籍地卻遠在蘇聯的另一頭——克拉斯諾達爾邊疆區。他們沒辦法工作，只能靠房子周圍長的植物過活。

「我們甚至沒辦法在自家院子裡種菜，」她回憶道，「就連一顆西瓜或一顆南瓜都不行。所以我們怎麼辦呢？我們就去採野外與路邊長的東西。藥草、犬薔薇、大果山茱萸。認識的人也會給我們送東西來，又或者會幫我們種蔬菜，但不是種在屋子旁，而是種在路邊或集體農場邊緣的哪個地方。因為這樣，我們才有辦法堅持下來。」

兩三年後，當地的KGB發現壓制手段沒有帶來成效。

「他們浪費很多時間心力，而我們照樣一直搬回來，還不斷生孩子。克里米亞裡本來完全不該有韃靼人，但我們的人卻越來越多。」迪佳拉說。「他們得做點什麼，所以在他們把韃靼人載去草原後，推土機馬上就過來把房子拆了，這樣人們就沒有地方可以回去。」

「所以呢？他們離開了嗎？」我感到好奇。

「怎麼可能。」迪佳拉女士聳聳肩，就好像我根本不知道韃靼人是怎樣的人，有怎樣的力量在無聲的戰鬥中與蘇聯對抗。「當時去克里米亞的人都知道這條路不容易，大家早就有心理準備要面對各種情況。」

對韃靼人的鎮壓行動在一九七八年達到巔峰，也導致了第一個重大慘劇。一名叫穆薩・馬慕特的男子在當局又打算將他舉家載去草原深處後，因過度沮喪而拿汽油點火自焚。

「他們甚至不放我們去參加他的葬禮。」迪佳拉回憶道。「我丈夫跟附近一帶的男人都開車過去，但去他村子的路全都被截斷，民兵和政府官員要每個想要參加儀式的人都掉頭。我丈夫索性穿過田地，走了好幾公里路才走到。」

由於迪佳拉一家沒有人在克里米亞是合法居留，他們得固定回去最後登記的戶籍地。

「當局已經知道我們不會乖乖離開克里米亞，」迪佳拉說，「所以他們趁我們離開只剩我媽媽一個人的時候，在一九七九年四月十二日去找她。因為那已經是穆薩．馬慕特死後的事，當局怕我們在絕望之下又會做出什麼舉動，因此我媽媽雖然是一個人自己待在家的老太太，外頭卻來了十輛車子，還有消防車以防萬一。同時，他們也不放我們回去克里米亞，我媽媽來克拉斯諾達爾邊疆區找我們。我們得在那邊再待十年。」

迪佳拉女士的家族在克拉斯諾達爾邊疆區歷經了布里茲涅夫的死亡，和她父親的死亡，雖然穆斯塔法汗試圖將父親葬在他生前心愛的克里米亞，卻沒能成功。

「蘇聯的舉動讓我們看得膽戰心驚。他們不只把我們和我們的朋友從克里米亞攆走，也把韃靼人曾經在那邊居住過的痕跡全部抹除。他們把我們的墓園全部摧毀，改讓集體農場的聯合收割機在那上面走。他們把源自我們語言的地名幾乎全都改掉。我們從十六世紀就在的伊斯蘭學校津吉利，這個從克里米亞汗國時期就是所有哲學家、詩人及天文家學習的地方，竟然給改成了……給精神病患用的醫院。請你別以為我對病患有什麼意見，但蘇聯人做出這種事可不是偶然。」

「什麼意思？」

「他們非常會使用各種象徵。他們是故意把一個幾百年來都是韃靼人傳播科學與藝術的學校，改成給思想有病的人使用的醫院。相信我，他們很清楚自己在做什麼。抹除韃靼人足跡這件事，也發生在一些小很多的事情上，好比我們住的小鎮有個巴士站。戈巴契夫那時候，政府允許我們做點小本生意，有一個韃靼女人就在那邊開了一間小店賣車不列克炸餡餅，所以她的店上頭就寫了『炸餡餅』幾個大字——不然她還能寫什麼，對吧？可是你得知道，這炸餡餅可是我們克里米亞韃靼人的外銷商品，從布列斯特到海參崴，全蘇聯都在吃，而且大家都知道這是韃靼菜。但我們住得太靠近克里米亞，就連我們的菜餚、我們的炸餡餅都成了政治議題。有一天民兵去拜訪了那位小姐，隔天她的小店招牌上寫的就已經不是炸餡餅，而是南方餃。至於那女人本身是克里米亞韃靼人，做的炸餡餅跟幾百年來韃靼人在克里米亞半島所做的一模一樣，這些反倒一點都不重要。」

5.

當迪佳拉一家跟政府角力的時候，年輕的共青團團員艾凡從烏茲別克的學校畢業，去了俄羅斯上大學。

「我學的是法律。」他說。「我當時沒注意到，但我是克里米亞韃靼人的學生裡唯一獲准學法的。有一張清單列出哪些職業我們不能做，其中就有律師跟記者。可是當局顯然相信共青團已經把我洗腦洗到不會構成任何威脅，所以同意讓我去學法律，但不是去莫斯科，而是去距離首都兩百公里外的伊萬諾沃。」

在我唸書期間，戈巴契夫進入蘇聯的權力中心。蘇聯領袖中，他是頭一個試圖處理從以前留到現在的棘手難題的人。除了他的口號「經濟改革」與「開放政策」，空氣中首次能感受到許久未有的自由心靈。克里米亞韃靼人想利用這個時機，在莫斯科紅場組織大型抗議，以爭取他們回歸自己土地的權利。

「我雖然從沒住過克里米亞，卻感受到那股韃靼浪潮，」艾凡說，「也渴望回去先祖的土地。還在唸書的時候，我去辛菲羅波爾的檢察署實習過，大家對我的評價都很好。以優異成績畢業後，我寫了一份以特別殘忍的謀殺案為題的碩士論文，想去那邊工作。我提出申請後就等著結果。由於一直等不到答覆，我就坐上飛機，飛過去看看是怎麼回事。我去了檢察署，受到非常親切的對待，又是咖啡又是談天說笑，後來祕書說檢察長想親自跟我聊聊。太好了，我們就來聊吧！他非常熱絡地跟我打招呼，問我一路上來的情況怎麼樣——不過呢，他說他剛好休息，要去吃點東西，『我們到外頭去吧。』等出了機關，他就直接問我：『孩子啊，我看你是在烏茲別克出生的？』『對，我在烏茲別克出生。』『你是克里米亞韃靼人？』『對，我是克里米亞韃靼人。』『孩子啊，』檢察長對著我說，『我實話跟你說吧，在這邊工作該具備的條件你都有，可是我有一紙從莫斯科來的命令，說我不能給你們任何人工作。』」

「那你的反應是什麼？」

「我整個人傻住了。首先，到目前為止我是真心相信共產主義，相信將韃靼人遷移是某種暫時的錯誤，是可以修正的。但眼下我卻有明明白白的證據，證明那根本就不是什麼錯誤，而是政府清楚制定的政策。再來呢，戈巴契夫在每臺電視裡都跟我們說蘇聯從現在開始會試著改變，會更正以前的錯誤。但克里米亞的檢察官卻在辦公室外跟我四目相交，說他有莫斯科來的命令，不能雇用韃靼人。真相到底在哪裡？是誰在說謊？我不知道，不過在辛菲羅波爾的那一天，就此成了我轉變的起點。」

政策的改變也許進展緩慢，但事實是韃靼人從戈巴契夫的時代起，就開始大量從烏茲別克進入克里米亞。出走的人數多到讓蘇聯的航空公司俄羅斯航空，開了條從塔什干到辛菲羅波爾的直飛航線。那是當時全蘇聯裡主要的繁忙航線之一，有時甚至一天飛三班。

「我妹妹當時住在塔什干。」迪佳拉回憶。「我們家族因為我兄長的關係，認識所有的克里米亞韃靼人，她家在當時就成了大家上路前的轉運點。鑰匙總是擺在門口的地墊下，每個需要過夜或盥洗的人都可以去，自己泡茶喝，吃點東西，休息一下，然後繼續上路。」

艾凡接口：「我住在雅爾達的遠房親戚那邊。我們在克里米亞的人一天多過一天，有一股快樂的野餐氣氛。只要上街，沒走兩步就會碰到親戚或熟人。你是什麼時候飛來的？住哪？有需要什麼嗎？來，我們來喝一杯吧，祝你們安頓妥當。這就是我當時生活的模樣。工作上我也有自己的一套：戈巴契夫同意讓人們經營私人企業，所以辛菲羅波爾的猶太人便開了銀行。他們去了莫斯科，拿到所有的許可和證照，回克里米亞後卻發現找不到人上班——當時大家都覺得在公家機關工作會比在私人銀行裡要來得穩定，所以那些猶太人開始傷腦筋。結果這會兒突然來了幾千個韃靼人，當中有會計，有出納，有高知識的經濟學者。他們也把我找去那家銀行，而我得跟你說，那是我這輩子做過最特別的工作。老闆是一群猶太人，所有員工都是穆斯林，而且完全沒發生過任何一丁點衝突。那就是這樣的一家銀行。」

艾凡很快便瞭解到自己不僅在處理特別殘忍的殺戮行為有一手，在商業世界也很吃得開。他在各個銀行工作了幾年，然後開了一間不動產買賣公司。最後他跟市政府租用幾個市屬小廣場，經營起市場來。

「有兩座廣場賣花，一座賣建材，還有一座是跳蚤市場，賣古董、畫作跟各種破銅爛鐵。我的日子過得非常好，不過我心裡始終明白一件事：我可以買不動產，我可以在銀行工作，我可以有自己的市場，但是我永遠永遠都不想跟食物沾上邊。不管是餐廳、小吃店或任何餐飲場所都不要。我就是對那沒興趣。我的幾個朋友開始在那行做事，我看他們每個都工作得很辛苦，得投入很多時間心力，因此我決定自己這輩子都要跟餐飲業離得遠遠的。」

6.

艾凡經營他的花市，而迪佳拉在年屆九十時第二次回到克里米亞，從基層開始發展韃靼人的教育事業。她兄長穆斯塔法成了克里米亞民族議會的主席。

「我們從烏茲別克過來的人，比史達林當初驅逐的人還要多。我們開辦了學校，之前幾乎不懂韃靼語的年輕人突然開始說自己祖先的語言。感覺接下來一切只會變得更好，幾年後我的孩子就會出去世界各地接受教育。我們沒辦法在經濟上給他們支援，他們得靠自己盡量賺錢貼補。我的小兒子在土耳其工作，暑假期間去土耳其的度假村當服務生。有天他回來巴赫奇薩賴的家，看看周遭，問起一間屬於我親戚的房子。」

「阿姨有打算拿這間屋子做什麼嗎？為什麼這屋子就這麼擺著？」

「我跟他說我不清楚他們對這間房子有什麼打算，因為他們還有另外一間屋子，這邊已經荒廢滿久了。」

我兒子說：「媽媽，這間屋子拿來開餐廳是再理想不過了。」

「維特多，老實跟您說，我根本就不知道他在說什麼。什麼叫做『拿來開餐廳』？我們這些在蘇聯長大的人根本就不會有這種念頭。在我們長大的國度，只要有任何私人的念頭，都會遭受譴責。所有的一切都該是國家的。還在烏茲別克的時候，我媽媽為了養活我們，會載牛奶和起司去市集賣，當時我還覺得非常丟臉，因為我學校老師都說這樣的人是『投機分子』，是『舊制度的遺毒』。作為一個孩子，我不想我媽媽是這種『遺毒』，這樣的思想在我腦中植得非常深。後來我試著透過兒子的眼睛去看待這些事。有越來越多的遊客來克里米亞，而從這些遊客身上賺到錢的，主要都是那些在海邊有房產的人。巴赫奇薩賴雖然是座古蹟城市，是以前汗國的首都，卻幾乎沒有人賺到錢。親戚房子所處的地點很漂亮，離汗國宮殿不遠，挨在山坡邊，有山上吹下來的涼爽冷風。加上旁邊還有泉水，而我們的祖先早就發現最好的咖啡就是要用泉水泡。我想我兒子大概是對的……」

於是，他們一家子全投入餐廳工作。他們沒錢可以請工班，全靠自己的雙手裝修好親戚的房子，還在山坡上蓋了幾個小平臺，擺上桌子要給客人用。

「我們什麼都自己做，」迪佳拉回憶道，「菜單則是從我們家族食譜來的，大多數都是克里米亞韃靼菜。可您還得知道一件事，我們跟烏茲別克人住在一起幾十年，他們的菜確實也是世上頂尖。要說那沒影響到我們，真是太難了，所以現在每個韃靼人都會煮烏茲別克的香料飯（加了肉的米飯）和突厥饅頭（小餃子）。這在今天也是我們傳統的一部分，就像被趕去烏茲別克成了我們歷史的一部分一樣，這些菜色也給收進了菜單裡。」

「我們把餐廳取名叫『木薩非』。兒子算過了，我們應該三年後就開始回本，情況樂觀一點的話，也許兩年。結果我們不到一年就已經轉虧為盈。那是個瘋狂的時機點，我當時對政治很熱衷，但同時我的炸餡餅也是客人最喜歡吃的。所以我這頭坐在市裡的民族議會開教育會議，而那頭兒子打電話來說：『媽媽，救命啊，我們有一大團客人。』我會丟下辯論，跟所有人道歉，然後跑回家做炸餡餅，好給客人上菜，一個鐘頭後再回去民族議會。那邊有很多蔬菜水果都是出自我們家的院子，肉不是我們自己的，就是我們鄰居的。我們烹調的方式也像我媽媽教我的那樣，而我媽媽則是她媽媽教會的。我們的菜單裡有炸餡餅車不列克、煎餡餅洋提克、葡萄葉肉捲薩而瑪（用葡萄葉包肉的小點心）、甜椒鑲肉多而瑪、菜肉茄子伊瑪目巴由第（塞了蔬菜和肉的茄子），以及鷹嘴豆羊肉諾胡特利艾特。」

7.

二〇一三年十一月，在烏克蘭總統維克多．亞努科維奇拒絕簽署自己國家與歐洲聯盟的貿易協定後，克里米亞的一切就都變了。幾天後，基輔的街道上先是出現幾萬人，後來變成幾十萬人。警察對待他們的方式格外粗暴——好幾百人在事件中喪生，不過抗議民眾沒有減少。在他們的壓力下，亞努科維奇不得不從烏克蘭逃去俄羅斯。

烏克蘭與歐盟親近，代表烏克蘭事實上可能會脫離俄國的掌控。但對俄羅斯來說，烏克蘭是它勢力範圍內最重要的國家，不可能會放手。二〇一四年二月底，一直都屬於烏克蘭的克里米亞遭俄國軍隊侵占。一個月後，克里米亞舉行公投，半島上大部分的居民都贊成加入俄國。

「那根本就是胡說八道。」艾凡這麼說。「親俄派的政黨從來就沒有踏進過當地的議會，結果突然就獲得支持。當然，克里米亞大多數人說的都是俄文，但根本就沒有人想加入俄國。那些結果都是他們在那場假公投開始之前，就自己先在克里姆林宮印好的。」

「你說那我呢？」

「廣場革命的時候，我天天都會帶克里米亞韃靼人的旗幟去，我想讓烏克蘭人看見我們克里米亞韃靼人是站在他們那一邊的。然而，雅爾達開始出現『小綠人』，也就是刻意換裝的普丁士兵，我馬上飛去那邊，把妻子一個人跟四個孩子留在克里米亞。當我看到機關總部已經落到俄國人手裡後，沒有多等，馬上打包兩個行李箱，帶著所有人去基輔。我們以為戰爭只會持續一兩個月，烏克蘭有能力應付。我連想都沒想過，我會是另一個離開祖先土地的世代，而且這一次可能再也回不去了。」

「在俄國入侵期間，木薩非自然成了反對加入俄國的人碰面的地方。」迪佳拉緬懷。「韃靼人對俄國，以及俄國對我們的愛、對我們土地的愛，都是免疫的。不過我們也學會俄國暫時比我們強大，我們不能讓自己再度被滅絕。大家不會去搬石頭或拿武器，而是靜靜等待。我跟先生留在巴赫奇薩賴，二兒子跟他家人也是。我們撐了下來，那過程不簡單。俄國人一方面發出訊息，說想安撫韃靼人，另一方面又綁架我們的維權人士。有一部分人進了監獄，但有幾個男孩後來被找到的時候，都是先被折磨得不成人形，然後又慘遭殺害。這對剩下的人來說是很清楚的訊號，不能有人強出頭。我們都看得很清楚這當中的威脅。」

木薩非在二〇一三年還獲得巴赫奇薩賴最佳餐廳的獎項，而在俄羅斯人掌權後，突然間就開始不斷被罰款。根據新政府的說法，餐廳是無照營業。

「我們不得不把餐廳關掉，」迪加拉嘆氣道，「不過我的孩子們孤注一擲，在基輔正市中心找了間店面，所以又一次地，我們從零開始。現在在基輔也能吃到我們克里米亞的韃靼菜，能嚐到用我們家族世代食譜煮出來的美食。」

「我跟妻子及四個孩子從二〇一四年開始，就在各個朋友和維權人士家到處借住，」艾凡回憶道，「那樣的生活很糟。一個月住這人家，兩個禮拜住那人家，然後又一個禮拜住別人幫我們付好錢的旅館。我的孩子們從我們在基輔開始，已經換過五次學校。最後我們只得跟自己說老實話，說我們別無選擇，說我們現在暫時沒機會能回克里米亞。我們賣掉雅爾達的房子，決定用換來的錢在基輔做點生意。我開始思考能做些什麼。記得我跟你提過，我這輩子都要跟餐飲業離得遠遠的嗎？我的確是，不過一個我在基輔認識的韃靼人說，他們克里米亞韃靼人在烏克蘭首都唯一能做的就只有炸餡餅。這裡的人就是這樣看我們的，我們反正也不可能在一年之內改變這種印象。說到韃靼人，他們想到的不是藝術，也不是行銷，更不是銀行業，好像韃靼人就該做吃的。所以我租了一個十年的店面，請了兩個女廚子，兩個都是非常虔誠的教徒，你現在坐的位置旁邊那兩張地毯，就是她們一天膜拜五次要用的。就這樣，我在基輔主要的街道不遠處，開了一家炸餡餅店。」

「那你的生意怎麼樣？」

「一直到疫情前都非常好。我給基輔人弄了一個小克里米亞，除了吃的，我們還有一個藝廊展示韃靼人的藝術、書籍、畫作和陶瓷。現在生意是比較糟，但讓我告訴你一件特別的事。我父親被史達林從克里米亞驅逐的時候才兩歲，可是他認為自己記的很清楚他家的模樣，而我從來就沒信過他這番話。如今我也有兩個兒子，是一對雙胞胎，在我跟妻子離開雅爾達的時候，他們也是兩歲。今天他們已經九歲，卻可以完美答出我們家長怎樣，廚房在哪裡，樓梯在哪裡，他們的房間又在哪裡。現在我知道了，我們韃靼人跟克里米亞的連繫，是比普丁或其他政客自認為的還要深很多。當年的驅逐我們挺過了，現在我們也一樣撐得過去。這都是多虧了我們的好朋友，也多虧了我們的飲食文化——每次他們把我們遷走，我們總是沒時間打包，但總會來得及帶上兩樣東西：可蘭經和美食。」

「好了，我們已經說得夠多了。兩個女孩已經祈禱完，你總算得吃點東西了。這就是炸餡餅，你給書裡也加幾份韃靼食譜吧，讓大家在家裡也嚐嚐我們的招牌菜。」

菜單

車不列克（炸餡餅）

麵團：

・麵粉1公斤　・鹽10克　・水

餡料：

・小羊肉600克（用絞肉機絞碎或剁成極細）　・洋蔥150克　・鹽　・黑胡椒

把麵粉跟鹽水揉在一起，包入保鮮膜，放入冰箱半小時。接著將麵團分塊，每塊約二十至三十公克重，然後再進一步塑形成兩種大小不同的圓形麵皮，小的周長可以是大約十公分，大的大約十五公分。拿其中一種麵皮包事先準備好的餡，份量依個人喜好，再蓋上另一種麵皮，並將邊緣切掉。韃靼人有種特別用來切麵皮邊的器具叫「去格力克」，是一種鋸齒狀的圓圈，專門用來切麵團邊，而且通常會裝飾得很漂亮。

不過要是有人剛好沒有「去格力克」，也可以直接拿一般的刀子代替，再用叉子給麵皮壓邊，就像包水餃那樣。

等車不列克準備好後，拿一個湯鍋或大鍋熱植物油，份量要足以讓車不列克能在鍋中充分浮動。我們讓車不列克炸個幾分鐘，直到表皮呈金黃色為止。

傳統上車不列克包的是羊肉餡，不過現在牛肉餡、馬鈴薯餡、香菇餡，甚至是甜起司餡也都很受歡迎。

受巴（**索扒**）

・綿羊肉或小牛肉700克　・甜椒350克　・番茄400克
・紅蘿蔔2條　・洋蔥2顆　・中型馬鈴薯5顆
・大蒜1瓣　・番茄糊　・鹽、胡椒

洋蔥切碎，肉及馬鈴薯切小塊。滾水倒在前幾樣材料上。加入甜椒與紅蘿蔔煮半小時。之後加入番茄。最後丟入壓碎的大蒜，再煮十至十五分鐘。

洋提克（**煎餡餅**）

洋提克的麵團作法與車不列克一模一樣，只是麵團裡要加一丁點油，讓麵團更柔軟。兩者最重要的差別在於烹調方式：洋提克用平底鍋煎，還要趁熱在兩面抹上奶油。

洋提克與車不列克類似，標準版本只用羊肉餡，但是現在也可以看到許多變化，比如番茄起司餡，也有南瓜餡或高麗菜餡。

因為這不是一道特別複雜的菜，你可以在家裡自己做「小克里米亞」，試做各種不同內餡，甜餡也可以。

叩北特（鹹派）

・麵粉1公斤　・羊尾油脂500克　・鹽　・揉硬麵團用的水
・番紅花或薑黃

餡料：

・肉700克（最好是稚嫩的小羊胸，如果無法取得，可改用小羊的其他部位或一般羊肉）
・洋蔥350克　・馬鈴薯400克　・鹽、胡椒
・香芹　・青蔥　・水，最好是乳清

麵粉用油脂和開，一邊揉麵團，一邊慢慢倒入加了鹽的水。麵團準備好後放進冰箱。

趁這個時間準備內餡：小羊肉切成小塊，加入同樣切成小塊的馬鈴薯，以及切成半圓狀的洋蔥片。加入香料、鹽和胡椒，最後倒進乳清或高湯。

接著回頭處理麵團：將麵團桿至五公釐的厚度，鋪在烤盤上，然後將餡料放到麵皮上

（最好是一層層放）——先放馬鈴薯，後放肉。撒上鹽、胡椒和香料。拿一塊和底部差不多大小的麵皮蓋上。表層塗上蛋液，放入預熱好兩百至兩百二十度的烤箱，烤約一個小時。

第十八盤：克里姆林宮的回歸

我還在孔策沃工作的時候，有天葉爾欽來我們這裡，要來看看史達林以前的別墅長什麼樣子，當時他已經是俄羅斯總統。我帶他四處走走，給他看每個角落。前廳裡還掛著史達林的外套，擺著他的鞋子，所以我帶他把這些全都看過。然後我們去了那個比較現代化的部分，葉爾欽的維安人員拿出一支酒瓶，我們每個人都喝了一百克，然後葉爾欽說：「您打算拿這個地方怎麼辦？」

我說我們當初的計畫很有野心，不知道為什麼就是沒客人。

葉爾欽看了看我說：「維克特・別瓦耶夫啊，回到屬於您的地方吧。」

就這樣，缺席五年的我再度回到克里姆林宮。

1.

在葉爾欽身邊，我的事業發展火力全開——我成了克里姆林宮的主廚。所有跟食物有關的事全都歸我管，也就是說我每天要負責餵飽在那邊工作的三四百人，還有所有的客人。我也負責給克里姆林宮的兩個食堂（那裡就跟每個工作場所一樣有食堂）以及官方宴會擬菜單，只有專廚不歸我管，而是直接隸屬KGB。

2.

然後，總統普丁取代了總統葉爾欽，而我繼續掌管廚房。精彩宴會的籌備我都參與過，也跟著總統到海外推廣俄羅斯美食。我常常睡不飽，常常壓力大，不只一兩次我在克里姆林宮隨便找張沙發就睡，甚至睡過地板。我經手的產品都是以噸來計算，每次接待的客人隨便就是幾百名，有時甚至上千名。我們那邊共有兩百人在輪班。我每天只睡兩小時，接著就又是會議，又是宴會，又是新一天的開始。廚師、服務生、宴會廳服務員，我手底下掌管超過兩百人。要是出了紕漏，頭一個遭殃的就是我。要是這幾千人裡有人中毒，我也會頭一個被問罪。要是東西不好吃，也不例外。

就算一切都順利，也不會有人稱讚我。我已經說過，在克里姆林宮裡，如果沒有人教訓你，那就已經是一種讚許。

不過，維特多啊，人生中的每件事都有代價。年輕人不懂事，以為自己是鐵打的，每天可以工作十二個、十五個、十八個小時還能活到一百歲。等到明白就已經太遲。我呢，這樣工作個幾年後，就得了很嚴重的心臟病，一隻腳都已經踏進了棺材。

我完全不記得發生什麼事，當時在廚房工作到一半，就直接倒地不醒人事。幾天後我在醫院醒來，身上接了一堆儀器。我看到淚眼汪汪的妻子和小孩，明白自己為這份工作幾乎付出了性命。等我覺得好過一點，就向人資部提辭呈。對於自己接下來要做什麼，我當時還沒有想法，但我知道自己如果想繼續活下去，就不能繼續在克里姆林宮工作。壓力太大了。

直到今天，大多數在克里姆林宮工作的廚師都還是我當年雇用與訓練的人。

3.

你問我一個好廚師該是什麼樣子？首先就得把全副心神放在工作上。如果是被壓著來做這份工，或是根本不想學新事物的人，那就該換個職業。我們的活力、我們的心情，真的都會投射在要給人吃的食物上，教會我這點的正是史達林的廚師。

現在的學校都只教技術，切這個，烤那個，溫度要如此這般，彷彿這樣事情就解決了。但技術只是烹飪的開端。有誰會跟你說要對酵母麵糰唱歌嗎？只有我會。

4.

辭掉克里姆林宮的工作後，我開了一間餐飲公司。除此之外，我也像以前在軍隊那樣，在全俄羅斯到處巡迴，給廚師培訓。不久前，我在車里雅賓斯克的食品技師學校跟那些年輕人說，有次布里茲涅夫跟法國總統季斯卡一起去釣魚，而我跟同事要在他們背後架個小爐子，就地把那些魚煮湯。我把故事說完，定眼一看，有人舉手，便請對方發言。那是個年輕女孩子，一個大學生，問我怎麼會這麼懂殺魚。

天啊，殺什麼魚？我心想。把尾巴跟鰭切掉，內臟拉出來，魚鱗刮一刮？這是認真嗎？這可是我外婆教我的，因為她要人在廚房幫手。我們在學校裡鹹水魚、淡水魚都是分開學的，而且還有專教鱘魚類的課。克里姆林宮的每個廚師都會料理屠體。雖然送去我們那邊的都是已經準備好的煙燻製品，如果有需要，我們每個人也都有辦法處理。

今天這個未來的廚師卻問我怎麼殺魚？

我開始問他們這所學校都教了什麼。肉類處理？幾堂課的時間就上完了，從雞肉到羊肉都有。至於鮮魚和野味呢？還是算了吧。這樣的人之後要進餐廳，還會拿食品技術證照。這就像是飛行員知道怎麼按下「啟動」鈕，就給他們發證照一樣荒謬。

5.

我的退休生活過得很充實。

如果是關於我的職業生涯，我想像我在克里姆林宮工作的時候，其中一間食堂的主管瑪麗亞．亞歷山德羅芙娜一樣。亞歷山德羅芙娜是從廚師助手開始當，當時只有十四歲。她專精的料理是湯，而她離開工作崗位時是八十二歲。我當時已經是主廚，親自送她退休。你知道嗎？她一走，大家就覺得湯不好喝了。他們紛紛打電話給我，甚至親自來找我說：「你跟那些廚師聊一聊吧，那些湯真是叫人喝不下去。」

我走去食堂一看，一切都是該有的樣子，只是大家已經很習慣亞歷山德羅芙娜的湯，別人煮的都覺得不對胃口罷了。

我想成為這樣的廚師，一旦離開，大家就會發現不對勁，然後說：「沒有誰烤的肉、煮的魚湯或煎的煎餅能比得上我們的維克特。」

6.

什麼？你問我走後史達林的別墅怎麼了？又是大門深鎖吧，不過我猜從那時到現在，裡頭一點都沒變。大衣還是掛著，鞋子也還是擺著。我想，那邊應該還是繼續飄散著史達林的氣息吧。

參考書目

第一盤

尼古拉二世的廚房工作內容及安排方式，還有他宮廷裡的部分菜單如下：

Илья Лазерсон, Игорь Зимин, Александр Соколов, Императорская кухня. XIX – начало XX века. Повседневная жизнь Российского императорского двора, Moskwa 2014. 書名：《十九至二十世紀初的帝國美食：俄羅斯帝國宮廷的日常生活》。

另外我也使用了以下資料：

Дневник охранника: каким человеком был Николай II, http://guardinfo. online/2020/02/04/dnevnikoxrannikakakim-chelovekombylnikolajii, [dostęp: 27.09.2020]. 文章名：〈守衛的日記：尼古拉二世的為人〉。

Как повар Николая II отдал жизнь за царя, разделив участь царской семьи, https://kulturologia.ru/blogs/090819/43865, [dostęp: 29.09.2020].文章名：〈尼古拉二世的廚子與沙皇一家的命運〉。

Bartłomiej Garczyk, Życie-polityka-władza. Rytuał dnia codziennego ostatniego cara Rosji Mikołaja II w świetle jego dziennika, [w:] Kultury Wschodniosłowiańskie-Oblicza i Dialog, t. VII, 2017. 文章名：〈人生、政治與權力：俄國末代沙皇尼古拉二世日記中的每日慣例〉。

Lew L. Kolesnikow, Guren A. Paszynian, Siergiej S. Abramow, *Anatomical Appraisal of the Skulls and Teeth Associated with the Family of Tsar Nicolay Romanov*, [w:] „The Anatomical Record” 2001, nr 265, s. 15–32 文章名：〈沙皇尼古拉家族的頭骨與牙齒解剖鑑定報告〉。在這篇文章中可見看出沙皇一家及當時陪同者的遺骸確切位置。

第二盤

高爾基列寧斯克導遊所說的內容，事實上是由資深專員Swietłana Generałowa、Tamara Szybina及物業經理Borys Własowo三人的描述編彙而成。

William Pochlebkin於1997年出版之《星火》週刊第39號刊物中刊登列寧飲食的文章〈列寧都吃什麼〉（Что ел Ленин, „Огонёк”）。

Мы гоняли соловья, который не давал спать Владимиру Ильичу, „Коммерсантъ Власть” 2004, 19 stycznia. 文章名：〈追逐讓列寧無法入睡的夜鶯〉。

第三盤

Wacław Radziwinowicz, *Rosja ma w genach pamięć o głodzie. Do dziś część Rosjan suszy chleb na czarną godzinę*, „Gazeta Wyborcza” 2018, 5 marca. 文章名：〈飢餓印象深刻在俄國人基因之中，至今仍有部分俄國人製麵包乾以備不時之需〉。

Anne Applebaum, *Czerwony głód*, tłum. Barbara Gadomska i Wanda Gadomska, Warszawa 2018. 書名：《紅色饑荒》。

第四盤及第五盤

亞歷山大·埃格納塔什維利與妻子莉莉安娜的故事我是從他的繼子，也就是莉莉安娜的兒子小伊凡·阿里哈諾夫的書中讀到。Иван Иванович Алиханов, *Дней минувших анекдоты*, Moskwa 2004. 書名：《往日軼事》。大部分關於亞歷與莉莉安娜的生活都是透過該書呈現。我透過該書得知他們不凡的人生。我也使用在與小伊凡訪談中獲得的資訊，他是俄羅斯知名的作曲家，合作對象有波蘭樂壇靈魂人物瑪莉拉·羅多維奇（Maryla Rodowicz），將她的暢銷歌曲改編成俄文，比如〈我躺在梨樹下〉或〈隨便搭一台火車〉。

關於史達林流放生活的篇章，我引用了赫魯雪夫回憶錄中的描述：Хрущев Н. С., *Мемуары*, „Вопросы истории" 1992, nr 1.

Relacja Henriego Barbusse'a za: William Pochlebkin, *Кухня века*. 書名：《世紀廚房》。

亞歷及妻子莉莉安娜的照片出自阿里哈諾夫家族的檔案。

我也使用下列書籍：

Borys Bażanow, *Byłem sekretarzem Stalina*, Warszawa 1985. 書名：《我曾當過史達林的祕書》。

Roman Brackman, *The Secret File of Joseph Stalin: A Hidden Life*, London–Portland 2001. 書名：《史達林的祕密檔案》

Владимир Михайлович Логинов, *Тени Сталина. Генерал Власик и его соратники*. 書名：《史達林的陰影：瓦希里將軍與他的同志》。

作者訪問亞歷的員工帕維爾（第五盤出現過）與亞歷的兒子喬治·埃格納塔什維利。喬治追尋父親的表率，也在安全部門工作，甚至當過尼古拉·什維爾尼克的保安主任。尼古拉·什維爾尼克取代米哈伊爾·加里寧成為國家名義元首，卻被貝利亞斬斷仕途，但貝利亞還來不及對他下殺手，自己就先被史達林的其他同志宣判死刑。

Simon Sebag Montefiore, *Stalin, his father and the Rabbit. The bizarre story of Stalin, his possible biological father, his food taster*, „New Statesman" 2007, 6 września. 文章名：〈史達林、史達林父親與史達林的小白兔：他可能的生

父與他的試菜員〉。

Simon Sebag Montefiore, *Stalin. Dwór czerwonego cara*, tłum. Maciej Antosiewicz, Warszawa 2003. 書名：《史達林：紅色沙皇的宮殿》。

Анатолий Овчаров, *Душа вождя*. 書名：《領袖的靈魂》。

Joshua Rubenstein, Ostatnie dni Stalina, tłum. Jarosław Skowroński, Warszawa 2017. 書名：《史達林最後的日子》。

第六盤

普丁家族在戰時及圍城期間的歷史，我是靠普丁發表在俄國雜誌的描述進行重建（姑且相信他說的話）。*Жизнь такая простая штука и жестокая*, „Русский пионер" 2015, 30 апреля. 文章名：〈生活就是如此簡單與殘酷〉。

芬蘭裔俄羅斯女子Tatjana Vatanen在她的YouTube 頻道講述芬蘭麵包師傅Kyyttinen的故事，其名字以母語寫成TaneliJuho。影片標題為*Даниил Кютинен. Пекарь-легенда блокадного Ленинграда*. ч. 1 ГОЛОД і Даниил Кютинен. Блокада Ленинграда. Судьба его семьи. Эвакуация. ч. 2.中文翻譯即為《列寧格勒圍城戰中的傳奇麵包師傅》。Vatanen找到Kyyttinen的後人，重建了他的族譜，也找到這名麵包師傅的死亡證明。https://www.youtube.com/watch?v=jsiQWzUaYxQ, [film], [dostęp: 27.09.2020].

Richard Bidlack, Nikita Lomagin, *The Leningrad Blockade, 1941–1944: A New Documentary History from the Soviet Archives*, Yale 2012. 書名：《列寧格勒大封鎖：蘇聯檔案中的新史料》。同樣參照的，還有該作者2019年在聖彼得堡訪問Nikita Lomagin 的內容。

第七盤

https://spbvedomosti.ru/news/nasledie/krovoprolitiezarubezhissledo vateloneizvestnykhfaktakhnarvskoybitvy, [dostęp: 31.10.2020].

Иван Дмитриенко, *Чем кормили солдат во время войны по обе стороны фронта*, „Profil" 2019, 9 maja. 文章名：〈戰爭期間雙方士兵都吃什麼？〉。

Anna Reid, Leningrad. *Tragedia oblężonego miasta 1941-1944*, tłum. Wojciech Tyszka, Kraków 2012. 書名：《圍城的悲劇1941-1944》。

Ксения Дементьева, *Полевая кухня времен Великой Отечественной: как и чем питались советские солдаты*, RusBase, 4 maja 2015. 文章名：〈二戰也戰廚房：蘇聯士兵如何吃與吃什麼〉。

Ольга Липчинская, *Шел второй год войны. Хлеба – 400 граммов*, лампочки – 25 ватт, „Комсомольская правда" 2015, 2 lutego. 文章名：〈戰爭第二年與四百克麵包〉。

第八盤

Serhii Plokhy, *Jałta. Cena pokoju*, tłum. Robert Bartołd, Warszawa 2011. 書名：《雅爾達：和平的代價》。

Вильям Похлебкин, *Кухня века*, Moskwa 2000. 書名：《世紀廚房》。

第九盤

唯一成功在2002年訪問到菲娜・卡澤茨卡亞的記者是烏克蘭的Wołodymir Szuniewicz: *Ночью накануне гибели Юрий Гагарин попросил стакан своего любимого сырого молока*, „Факти” 2002, 24 października.

菲娜在尤里・加加林死亡調查委員會所做的證詞至今仍未解密。

在拜科努爾的廚娘瑪麗亞・克里蒂尼娜死前幾週與她訪談的，則是《共青團真理報》的Olga Gopalo。她的文章在二〇一三年四月十一日出刊，標題為〈瑪麗亞・克里蒂尼娜替拜科努爾的太空人做菜三十一年〉。*Повариха из Ростовской области кормила борщом Гагарина и Леонова. Мария Критинина 31 год проработала поваром на космодроме Байконур*

此外，我也使用了以下的訪談及文章：

Ewelina Zambrzycka-Kościelnicka, *60 lat temu Jurij Gagarin został świętym*, „WP Magazyn”, https://magazyn.wp.pl/informacje/artykul/60-lat-temu-jurij-gagarin-zostal-swietym, [dostęp: 3.05.2021]. 文章名：〈尤里・加加林在六十年前封聖〉。

Anton Pierwuszyn, *«Не могла скрыть заплаканных глаз»: как Летала Терешкова. За что Королев ругал Валентину Терешкову*, gazeta.ru, 16.06.2018, https://www.gazeta.ru/science/2018/06/16_a_11803717.shtml. 文章名：〈科羅廖夫為何對范倫蒂娜・泰勒斯可娃大發雷霆〉。

Natalia Niechliebowa, Вкус — *космический. Чем питаются на орбите и как это готовят*, „Огонёк” 2019, 8 kwietnia. 文章名：〈太空軌道吃什麼與如何準備〉。

Антон Первушин, *108 минут, изменившие мир*, Moskwa 2011. 書名：《改變世界的一百零八分鐘》。

Антон Первушин, *Империя Сергея Королева*, Moskwa 2020. 書名：《科羅廖夫的帝國》。

Лена Поротикова и Алексей Соколов, *„Здравствуй, Рита”: первая встреча Гагарина после возвращения из космоса*, 12.04.2016, https://tass.ru/kosmos/3189731. 文章名：〈加加林返回地球後的初次見面〉。

Гагарина А. Т., *Слово о сыне,* Moskwa 1986. 書名：《我兒子的世界》。
Белоцерковский С. М., *Гибель Гагарина: Факты и домыслы,* Moskwa 1992. 書名：《加加林之死：事實與臆測》。
Piers Bizony, Jamie Doran, Starman. *The Truth Behind the Legend of Yuri Gagarin*, Bloomsbury, 1998. 書名：《尤里・加加林傳奇背後的真相》。
Голованов Я., *Королев: факты и мифы*, Moskwa 2007. 書名：《科羅廖夫的迷思與事實》。
Гагарин Ю. А., *Дорога в космос*, Moskwa 1978. 書名：《太空之路》。

第十二盤

Swietłana Aleksijewicz, *Cynkowi chłopcy*, tłum. Jerzy Czech, Wołowiec 2015. 書名：《鋅男孩》。
Rodric Braithwaite, *Afgańcy. Ostatnia wojna imperium, tłum. Mirosław Bielewicz*, Warszawa 2012. 書名：《阿富汗人：帝國最後的戰爭》。
Wojciech Jagielski, *Modlitwa o deszcz*, Kraków 2016. 書名：《祈雨》。

第十三盤

Kate Brown, *Czarnobyl. Instrukcje przetrwania*, tłum. Tomasz S. Gałązka, Wołowiec 2019. 書名：《車諾比：生存指南》。
Igor Kostin, *Czarnobyl. Spowiedź reportera*, tłum. Wiktoria Melech, Warszawa 2019. 書名：《車諾比：一名記者的告解》。
Sierhii Plokhy, *Czarnobyl. Historia nuklearnej katastrofy*, tłum. Marek Fedyszak, Kraków 2019. 書名：《車諾比：核災故事》。

第十五盤

Ольга Корелина, „Лучше бы они охотились”. *Бывшие работники „Вискулей” – о том, как 25 лет назад не стало* СССР, 8 grudnia 2016. 文章名：〈他們要是打獵就好了〉。

Adam Wajrak, współpraca: Andrzej Kłopotowski, *Puszcza Białowieska za drutem kolczastym*, „Gazeta Wyborcza” 2017, 5 kwietnia. 文章名：〈鐵絲網後的比亞沃維耶扎原始森林〉。

В. В. Семаков, *Беловежская Пуща*. Век XX, Минск 2011. 書名：《比亞沃維耶扎原始森林》。

Вячеслав Кебич, *Искушение властью*, Mińsk 2008. 書名：《權力的誘惑》。

第十六盤

Александр Гамов, *Путин носил еду Ленину*, „Комсомольская правда” 2019, 22 kwietnia. 文章名：〈普丁帶給列寧的食物〉。

第十七盤

Наталья Гуменюк, *Потерянный остров. Книга репортажей из оккупированного Крыма*, Kijów 2020. 書名：《失落之島：來自克里米亞占領區的報導》。

致謝

敬請以下協助撰寫此書的諸位接受本人致謝：

馬欽・別蓋（Marcin Biegaj）、維克特・別瓦耶夫（Wiktor Biełajew）、安德烈・邦達爾（Andrij Bondar）、亞德薇佳・芭芭拉（Jadwiga Barbara）・東布羅夫斯卡（Dąbrowska）、娜塔莉亞・德尼修克（Natalia Denysiuk）、安娜・傑維特—米勒（Anna Dziewit-Meller）、阿列克・亞基謬克（Arek Jakimiuk）、羅曼・卡巴奇（Roman Kabaczij）、伊莉莎白・卡利諾夫斯卡（Elżbieta Kalinowska）、塔琪阿娜・卡利諾夫斯卡（Taciana Kalinowska）、瓦雷里・卡利諾夫斯基（Walery Kalinowski）、彼得・肯傑斯基（Piotr Kędzierski）、維亞切斯拉夫・克比奇（Wiaczasłau Kiebicz）、維多莉亞・科帕克（Wiktoria Kołpak）、安娜塔西亞・列夫可娃（Anastasia Levkova）、克里斯多夫・雷希涅夫斯基（Krzysztof Leśniewski）、丹尼爾・里斯（Daniel Lis）、安東妮亞・洛依德—瓊斯（Antonia Lloyd-Jones）、伊莎貝拉・梅查（Izabela Meyza）、馬切・穆蕭爾（Maciej Musiał）、加布莉拉・涅傑斯卡（Gabriela Niedzielska）、

安德魯・納伯格（Andrew Nurnberg）、瑪莎・皮斯圖諾娃（Masza Pistunowa）、安娜・盧欽斯卡（Anna Rucińska）、塔拉斯・舒梅科（Taras Shumeyko）、約翰・西西利亞諾（John Siciliano）、阿妮拉・沙博爾夫斯卡（Aniela Szabłowska）、瑪莉安娜・沙博爾夫斯卡（Marianna Szabłowska），以及伊妲・希維科次卡（Ida Świerkocka）。

中文	原文
歐斯塔普	Ostap
穆斯塔法・傑米列夫	Mustafa Dżemalijew
穆斯塔法汗	Mustafa-chan
穆薩・馬慕特	Musa Mamut
鮑利斯・葉爾欽	Borys Jelcyn
鮑里斯・戈洛尼亞	Boris Golownia
鮑里斯・普戈	Borys Pugo
蕾夏	Lesia
薇拉・摩特科	Wiera Mortko
謝爾蓋・科羅廖夫	Siergiej Korolow
薩克	Sak
薩妮亞	Sania
薩達姆・海珊	Saddam Husajn
羅沙	Losza
羅科索夫斯基	Rokossowski
羅納德・雷根	Ronald Reagan
羅曼・卡巴奇	Roman Kabaczij
麗莎維塔	Lizawieta
露米亞・努斯卡諾娃	Rumia Nurskanowa
露芭	Luba

中文	原文
葉夫根尼・普里戈金	Jewgienij Prigożyn
葉爾莫拉耶夫	Jermolajew
賈魯澤斯基	Jaruzelski
路德蜜娃・瓦西里耶芙娜・穆基亞諾夫	Ludmiła Wasiliewna Mukjanow
達特	Date
漢娜・巴薩拉巴	Hanna Basaraba
漢娜・特尼屈哈	Hanka Ternyczycha
瑪格麗特・柴契爾	Margaret Thatcher
瑪莉卡・科雷紐克	Marika Koreniuk
瑪莉安娜・沙博爾夫斯卡	Marianna Szabłowska
瑪莎・皮斯圖諾娃	Masza Pistunowa
瑪麗亞・古比屈	Maria Gurbicz
瑪麗亞・克里蒂尼娜	Maria Kritinina
瑪麗亞・亞歷山德羅芙娜	Maria Aleksandrowna
福金	Fokin
維多莉亞・科帕克	Wiktoria Kołpak
維托・法蘭切維奇・多布羅沃斯基	Wiktor Francewicz Dobrowolski
維克多・亞努科維奇	Wiktor Janukowycz
維克特・別瓦耶夫	Wiktor Biełajew
維亞切斯拉夫・伊萬諾維奇	Wiaczesław Iwanowicz
維亞切斯拉夫・安東諾維奇	Wiaczesław Antonowicz
維亞切斯拉夫・克比奇	Wiaczasłau Kiebicz
維特多・米洛斯瓦沃維奇	Witold Mirosławowicz
維塔利・阿列克謝耶維奇	Witalij Alieksiejewicz
維薩里奧	Wissarion
齊娜伊達・格里戈里耶夫娜・莫羅佐娃	Zinaida Grigorjewna Morozowa
齊格蒙特三世	Augusta III Waza
歐列	Oleh
歐拉	Ola

中文	原文
斯皮里東・普丁	Spirydon Putin
斯坦尼斯拉夫・舒什克維奇	Stanisłau Szuszkiewicz
斯特凡・吉爾	Stefan Gil
斯特科	Stepko
斯特潘・馬提修克	Stepan Martysiuk
舒拉・沃羅比奧娃	Szura Worobiowa
菲利普・馬哈拉澤	Filipe Macharadze
菲娜・卡澤茨卡亞	Fejna Kazetskaja
萊卡	Łajka
費多	Fedor
費多爾・札利夫斯基	Fiodor Zaliwski
費利克斯・捷爾任斯基	Feliks Dzierżyński
隆卡・謝德涅夫	Lońka Siedniew
雅科夫・尤羅夫斯基	Jakow Jurowski
雅科夫・朱加什維利	Jakow Dżugaszwili
雅科夫・斯維爾德洛夫	Jakow Swierdłow
塔卡尼什兄弟	Tarkaniszwil
塔拉斯・舒梅科	Taras Shumeyko
塔琪亞娜	Tatiana
塔琪阿娜・卡利諾夫斯卡	Taciana Kalinowska
塔瑪拉・安德烈耶芙娜	Tamara Andriejewna
塔緹亞娜	Tatiana
奧弗里德・菲爾斯特	Otfrid Foerster
奧利佛・史東	Oliverowi Stone
奧嘉	Olga
奧爾加・尼古拉耶芙娜	Olga Nikołajewna
奧爾嘉・戈拉諾	Olga Golano
愛德華・吉瑞克	Edward Gierek
愛德華・奧索布卡－莫拉夫斯基	Edward Osóbka-Morawski
溫斯頓・邱吉爾	Winston Churchill
葉夫根尼・伍卡沙	Jewgnienij Łuksza

中文	原文
根納季・布爾布利斯	Giennadij Burbulis
格列高里・拉斯普欽	Grigorij Rasputin
格里戈里耶夫	Grigoriew
格里沙	Grisza
格里庫	Grikul
格雷戈里	Gregorko
涅斯托爾・拉科巴	Nestor Łakoba
烏里揚諾夫家族	rodzina Uljanowów
特魯普	Trupp
真尼亞・格理辛	Żenia Griszyn
納達耶夫	Nadajew
索索	Soso
馬切・穆蕭爾	Maciej Musiał
馬祖羅夫	Mazurow
馬欽・別蓋	Marcin Biegaj
基第寧	Kyyttinen
康斯坦丁・彼得羅維奇・聶恰耶夫	Konstantin Pietrowicz Nieczajew
康斯坦丁・契爾年科	Konstantin Czernienko
康斯坦丁・齊奧爾科夫斯基	Konstantin Ciołkowski
梅特列韋利	Metreveli
梅爾扎諾夫	Mierżanow
理查・尼克森	Richard Nixon
莉迪亞	Lidia
莉莉安娜・阿里哈諾夫	Liliana Alichanowa
莫洛托夫	Mołotow
凱山・豐威漢	Kaysone Phomvihane
凱薩琳大帝	Katarzyna Wielka
勞爾・卡斯楚	Raul Castro
博萊斯瓦夫・貝魯特	Bolesław Bierut
提莫菲耶維奇	Timofiejewicz
斐代爾・卡斯楚	Fidel Castro

中文	原文
阿利盧耶娃	Alliłujewa
阿杜拉	Abdullah
阿妮拉・沙博爾夫斯卡	Aniela Szabłowska
阿拉・普加喬娃	Ałła Pugaczowa
阿科	Jaszka
阿納斯塔斯・米高揚	Anastas Mikojan
阿斯蘭	Aslan
阿道夫・希特勒	Adolf Hitler
阿瓏卡	Alonka
青共	Kim
哈菲佐拉・阿明	Hafizullah Amin
威廉・波赫列布金	William Pochlebkin
施佩提絲卡	Szeptiwska
約西福維奇	Josifowicz
約瑟夫・史達林	Józef Stalin
約瑟夫・戈培爾	Joseph Goebbels
約瑟普・布羅茲・狄托	Josipa Broz Tito
約翰・西西利亞諾	John Siciliano
耶芙婕妮亞	Jewgienia
胡提雅	Hustia
范妮・卡普蘭	Fanny Kapłan
范倫蒂娜・泰勒斯可娃	Walentyna Tierieszkowa
迪佳拉・賽維列娃	Diljara Sejtwieliewa
迪佳拉－哈努姆	Diljara-chanum
唐提兄弟馬戲團	cyrk braci Tanti
埃里希・何內克	Erich Honecker
娜迪亞	Nadia
娜傑日達・克魯普斯卡婭	Nadieżda Krupska
娜絲提亞	Nastia
娜塔莉亞・德尼修克	Natalia Denysiuk
席德	Sydor

中文	原文
亞德薇佳・芭芭拉・東布羅夫斯卡	Jadwiga Barbara Dąbrowska
亞歷山大・埃格納塔什維利	Aleksander Egnataszwili
亞歷山大・克倫斯基	Aleksander Kiereński
亞歷山大・約西波維奇	Aleksander Josipowicz
亞歷山大・費多羅維奇	Aleksander Fiedorowicz
亞歷山大・達尼洛維奇・緬什科夫	Aleksandr Daniłowicz Mienszykow
亞歷山大・盧卡申科	Alaksandr Łukaszenka
亞歷山大三世	Aleksander III
亞歷克賽・柯西金	Aleksiej Kosygin
妮娜・卡波芙那	Nina Karpowna
季斯卡	Giscard
尚・皮耶・庫巴特	Jean Pierre Cubat
帕沙	Pasza
帕維爾	Paweł
帕維爾・瓦魯寧	Paweł Warunin
帕維爾・波波維奇	Paweł Popowicz
彼得・克里謬克	Piotr Klimiuk
彼得・肯傑斯基	Piotr Kędzierski
拉夫連季・貝利亞	Ławrientij Beria
拉以莎	Raisa
拉亞	Raja
拉提	Rati
拉麗莎・菲利娜	Larisa Filina
波格丹・科布洛夫	Bogdan Kobułow
波莉娜・伊凡諾娃	Polina Iwanowa
波莉娜・伊萬諾芙娜	Polina Iwanowna
波斯克列貝舍夫	Poskriobyszew
波圖普奇科夫	Potupczikow
阿列克・亞基謬克	Arek Jakimiuk
阿列克謝王子	Aleksy
阿列克謝耶維奇・薩爾尼科夫	Aleksiejewicz Sałnikow

中文	原文
安娜・特羅菲莫娜	Anna Trofimowna
安娜・傑維特－米勒	Anna Dziewit-Meller
安娜・德古本科	Anna Degubenko
安娜・盧欽斯卡	Anna Rucińska
安娜塔西亞・列夫可娃	Anastasia Levkova
安德里揚・尼古拉耶夫	Andrian Nikolajew
安德烈・日丹諾夫	Andriej Żdanow
安德烈・邦達爾	Andrij Bondar
安德烈・圖波列夫	Andriej Tupolew
安德烈・魯布烈夫	Andriej Rublow
安德魯・納伯格	Andrew Nurnberg
托爾斯泰	Lew Tołstoj
米哈伊爾・巴夸諾夫	Michaił Bakłanow
米哈伊爾・戈巴契夫	Michaił Gorbaczow
米哈伊爾・加里寧	Michaił Kalinin
米哈伊爾・圖哈切夫斯基	Michaił Tuchaczewski
米羅斯瓦夫・赫爾曼謝夫斯基	Mirosław Hermaszewski
老克比奇	Franak Kiebicz
艾凡・庫杜索夫	Erfan Kudusow
艾哈邁德・沙阿・馬蘇德	Ahmad Szah Masud
亨利・巴布斯	Henri Barbusse
亨利克・顯克維奇	Henryk Siekiewicz
佐雅	Zoja
克里斯多夫・雷希涅夫斯基	Krzysztof Leśniewski
克拉夫朱克	Krawczuk
利荷科	Ryhorko
努莉亞	Nuria
努爾蘇丹・納扎爾巴耶夫	Nursułtan Nazarbajew
里賓特洛甫	Ribbentrop
亞納耶夫	Janajew
亞莉珊德拉・費奧多歐芙娜	Aleksandra Fiodorowna

中文	原文
瓦倫蒂娜・切普科	Walentyna Czepko
瓦倫蒂娜・包里索夫娜	Walentyna Borisowna
瓦倫蒂娜・彼得羅芙娜	Walentyna Pietrowna
瓦倫蒂諾娃	Walentynowna
瓦索	Waso
瓦雷里・卡利諾夫斯基	Walery Kalinowski
瓦蓮京娜	Walentyna
甘地	Gandhi
伊凡・戈亞切夫	Iwan Gorjaczew
伊凡・米海沃維奇・哈里托諾夫	Iwan Michajłowicz Charitonow
伊凡・阿里哈諾夫	Iwan Alichanow
伊凡・哈里托諾夫	Iwan Charitonow
伊戈列芙娜・札利夫斯卡	Igoriewna Zaliwska
伊妲・希維科次卡	Ida Świerkocka
伊帕切夫	Ipatiewa
伊格爾・舒魯波夫	Igor Szurupow
伊莎貝拉・梅查	Izabela Meyza
伊斯托米娜	Istomina
伊隆・馬斯克	Elon Musk
伊萬・札哈羅維奇・阿爾特米耶夫	Iwan Zacharowicz Artemiew
伊麗娜	Irina
伏羅希洛夫	Woroszyłow
列夫・加米涅夫	Lew Kamieniew
列昂尼德・布里茲涅夫	Leonid Breżniew
列赫・卡臣斯基	Lech Kaczyński
吉洪・基謝廖夫	Tichon Wasiliew
安・阿普爾鮑姆	Anne Applebaum
安東・皮魯辛	Anton Pierwuszym
安東妮亞・洛依德－瓊斯	Antonia Lloyd-Jones
安娜・里德	Anna Reid
安娜・迪米特羅芙娜	Anna Dimitrowna

人名

中文	原文
小伊凡・阿里哈諾夫	Iwan Alichanow Junior
小羅斯福	Franklin Roosevelt
丹尼爾・里斯	Daniel Lis
尤里・加加林	Jurij Gagarin
尤里・安德洛波夫	Jurij Andropow
巴布拉克・卡爾邁勒	Babrak Kemal
日爾曼・季托夫	German Titow
加布莉拉・涅傑斯卡	Gabriela Niedzielska
卡卡・朱加什維利	Keke Dżugaszwili
卡里尼權科兄弟	bracia Kaliniczenko
卡莉娜	Kerina
卡普・亞歷山大羅維奇	Karp Aleksandrowicz
卡麗娜	Kalina
尼古拉・什維爾尼克	Nikołaj Szwernik
尼古拉・西奧塞古	Nicolae Ceauşescu
尼古拉二世・羅曼諾夫	Mikołaj II Romanow
尼基塔・赫魯雪夫	Nikita Chruszczow
布瓊尼	Budionny
弗拉迪米爾・伊里奇・列寧	Władimir Ilicz Lenin
弗拉迪米爾・普丁	Władimir Putin
弗拉基米爾・謝廖金	Władimir Sieriogin
瓦列里・貝科夫斯基	Walerij Bykowski
瓦西里・潘克拉托夫	Wasilij Pankratow
瓦希克	Własik
瓦迪米爾・亞茲多夫斯基	Władimirem Jazdowski
瓦迪斯瓦夫・雅蓋沃	Władysław Jagiełło
瓦倫丁・霍連科	Walentyn Hryhorenko
瓦倫廷・迪米特雷維屈	Walentyn Dimitrewicz

中文	原文
楚瓦什共和國	Czuwaszja
楚科奇	Czukotka
聖以撒主教座堂	Sobór Izaakiewski
葉卡捷琳堡	Jekaterynburg
葉里溫	Erywań
達里爾河餐廳	Darial
頓巴斯	Donbas
頓河	Don
圖林根	Turyngia
福羅斯鎮	Foros
窩瓦河	Wołga
維斯庫列	Wiskule
維爾紐斯	Wilno
赫梅利尼次基核電廠	Chmielnicka Elektrownia Jądrowa
德米多夫	Demidow
德黑蘭	Teheran
摩爾多瓦	MOŁDAWIA
線上紀念餐廳	Online-Restauracja Pamięci
蔚藍海岸	Lazurowe Wybrzeże
戰神廣場	Pole Marsowe
獨立國家國協	Wspólnota Niepodległych Państw
盧比揚卡大樓	Łubianka
盧布廖夫	Rublowka
盧次克	Łuck
霍登卡練兵場	poligon wojskowy na Chodynce
薩拉托夫	Saratow
薩基	Saki
羅夫諾核電廠	Rówieńska Elektrownia Jądrowa
羅茲	Łódź
蘇茲達爾	Suzdal
蘇聯	Związek Radziekci

中文	原文
敖德薩	Odessa
莫尼諾	Monino
莫曼斯克	Murmańsk
莫斯科	Moskwa
喀布爾	Kabul
喬治亞	GRUZJA
提比里斯	Tbilisi
提弗里斯	Tyflis
斯科平鎮	Skopin
斯特里河	Styr
斯摩棱斯克	Smoleńskiem
普沃茨克	Płock
普里皮亞季	Prypeć
普斯科夫	Psków
普赫蒂薩修道院	Piuchticki Monastyr Zaśnięcia Matki Bożej
童話森林	Bajkowy Las
舒申斯科耶	Szuszenskoje
華沙	Warszawa
萊茵河	Ren
雅爾達	Jałta
塔什干	Taszkient
塔吉克	TADŻYKISTAN
塔拉斯謝甫琴科大道	aleja Tarasa Szewczenki
塔林	Tallin
奧勃利	Obeliks
奧倫堡	Orenburg
愛沙尼亞	ESTONIA
新季赫溫修道院	klasztor NowoTichwińskiego
新阿豐	Nowy Afon
會議宮	Pałac Kongresów

中文	原文
科紐雪夫區茲納村	Koniuszewszczyzna
哥里	Gori
夏園	Ogród Letni
庫兵卡	Kubinka
庫垃河餐廳	restauracja „Nad Kurą”
庫茲涅佐夫斯克	Kuzniecowsk
庫雷梅	Kuremäe
庫寧加古拉村	Kuningaküla
格里博耶多夫運河	Kanał Gribojedowa
格拉諾夫斯基大街	ulica Granowskiego
格倫瓦德	Grunwaldem
格羅德諾	Grodno
海參崴	Władywostok
涅瓦大街	Newski Prospekt
涅瓦河	Newa
涅涅茨自治區	Nieniecki Okręg Autonomiczny
烏克蘭	UKRAINA
烏茲別克	UZBEKISTAN
烏茲莫里村	Uzmorie
烏蘭烏德	Ułan Ude
特維爾	Twer
特羅斯佳涅茨	Trościaniec
納里揚馬爾鎮	Narjan-Mar
納爾瓦河	rzeka Narwa
索斯尼	Sosny
貢賓嫩	Gąbin
高爾基列寧斯克	Gorki Leninowskie
國家餐廳	Nacjonal
培爾沙耶	Pierszaje
基希涅夫	Kiszyniów
基輔	Kijów

中文	原文
明斯克	Mińsk
明斯克基洛夫機械工具紀念工廠	Mińska Fabryka Obrabiarek imienia Kirowa
林歌餐廳	restauracja Leśna Pieśń
波多里亞	Podole
波米諾夫村	Pominow
波羅寧	Poronin
波蘭	POLSKA
金吉謝普鎮	Kingisepp
金錨餐廳	Złota Kotwica
阿什哈巴特	Aszchabad
阿布哈茲	Abchazja
阿拉巴特岬	Mierzeja Arabacka
阿拉格維餐廳	Aragvi
阿拉斯加	Alaska
阿富汗	AFGANISTAN
阿斯托利亞餐廳	Astoria
阿斯特拉罕	Astrachań
阿爾巴特街	Arbat
俄羅斯	ROSJA
南烏克蘭核電廠	Południowoukraińska Elektrownia Jądrowa
南斯拉夫	JUGOSŁAWIA
哈爾科夫	Charków
哈薩克	KAZACHSTAN
拜科努爾	Bajkonur
施密特角村	Mys Szmidta
星城	Gwiezdne Miasteczko
柏林	Berlin
柯尼斯堡	Królewiec
津吉利（伊斯蘭學校）	Zindżirli

中文	原文
伏爾加河地區	Przywołże
列拿河	Lena
列寧格勒	Leningrad
吉爾吉斯	KIRGISTAN
安赫德	Enerhodar
托博爾斯克	Tobolska
托菈	Tola
托爾欽	Torczyna
米高揚肉品工廠	Mikojanowskie Zakłady Mięsne
西伯利亞	Sybiria
克赤	Kercz
克里米亞	Krym
克里姆林宮	Kreml
克拉斯諾達爾邊疆區	Kraj Krasnodarski
杜尚貝	Duszanbe
沃里尼亞	Wołyń
沃爾庫塔	Workuta
貝加爾湖	Bajkał
赤塔	Czyta
車里雅賓斯克	Czelabińsk
車諾比	Czarnobyl
辛菲羅波爾	Symferopol
里加	Ryga
里瓦幾亞宮	Pałac Liwadia
亞美尼亞	ARMENIA
亞塞拜然	AZERBEJDŻAN
坦波夫省	Gubernia tambowska
拉多加湖	Ładoga
拉法利夫卡	Rafałówka
拉恰	Racza
拉脫維亞	ŁOTWA

中文	原文
巴格蘭	Bagram
巴達耶夫商行	składy Badajewa
巴赫奇薩賴	Bakczysaraj
扎維杜夫	Zawidów
文尼察州	Obwód winnicki
日托米爾	Żytomierz
木薩非	Musafir
比亞沃維耶扎原始森林	Puszcza Białowieska
比留列夫斯基實驗工廠	Birulewskie Zakłady Eksperymenntalne
比斯凱克	Biszek
王公村	Kniaź-Sioło
加里寧格勒	Kaliningrad
北極海	Ocean Arktyczny
卡巴湖	Jezioro Kabanowe
卡緬紐奇	Kamieniuki
古比雪夫	Kujbyszew
司徒加特	Stuttgart
外高加索	Zakaukazie
布列斯特	Brześć
布拉格餐廳	Praga
布爾什滕	Bursztyn
札波羅熱核電廠	Zaporoska Elektrownia Jądrowa
瓦拉什	Warasz
白俄羅斯	BIAŁORUŚ
白海	Morze Białe
立陶宛	LITWA
伊瓦諾－福蘭基夫斯克	Iwano-Frankiwsko
伊林斯科耶	Ilińskoje
伊茲麥沃夫	Izmajłow
伊萬諾沃	Iwanowo
伊爾庫次克	Irkuck

中文	原文
餡餅	kulebiak
鴨飼料沙拉	kaczy żer
擬鯉	płotka
薄煎餅	naleśnik
鮮奶油	bita śmietana
薩而瑪（葡萄葉肉捲）	sarma
薩洛（豬肥）	sało
藍莓	jagoda
覆盆莓	malina
雜拌湯	soljanka
雞肉凍捲和魚肉凍捲	galantyny z kurczaków i z ryb
鯉魚	karp
鵝莓	agrest
藜麥	kasza quinoa
鯰魚	sum
鹹鯡魚	śledź solony
麵包乾	suchary
麵蛋糕	tort makaronowy
鱘魚凍	jesiotr w galarecie

地名、國名

中文	原文
土庫曼	Turkmenistan
大馬士革	Damaszek
大都會餐廳	Metropol
大羅斯第夫卡	Rostiwka Welyka
切廖穆什基區	dzielnica Czeriomuszki
孔策沃	Kuncewo
尤蘇波夫宮	Pałac Jusupowa
巴庫	Baku

中文	原文
野生山羊腿	udziec dzikiej kozy
喀布爾醬	soja-Kabul
喬治亞酸菜湯	gruzińska kapuśniak
喬治亞燉肉湯	gruzińska zupa charczo
堪察加螃蟹	kamczacki krab
斯拉夫湯	zupa słowiańska
斯特拉斯堡肉醬	Pasztet sztrasburski
朝鮮薊	karczoch
絲切雞肉	julienne z kury
開口餅	rastiegaje
黍米飯	kasza jaglana
黑醋栗	porzeczka czarna
圓麵包	bułka
奧利維耶沙拉	sałatka Oliwier
楚雷克	czurek
煎餅	placuszki
葡萄汁	sok winogronowy
蒔蘿	koper
辣根醬	chrzan
酸奶油	śmietana
酸味白菜湯	szczi kwaszone
酸模	szczaw
蔓越莓	żurawina
豬臀肉	biodrówka
醋栗	porzeczka
醋栗汁	sok porzeczkowy
濃縮番茄糊	koncentrat pomidorowy
燉肉	gulasz
燉野豬	strogonowa z dzika
諾胡特利艾特（鷹嘴豆羊肉）	nohutli et
隨續子	kapary

中文	原文
茄子番茄肉醬焗烤	musaka
香芹	pietruszka
香料飯（加了肉的米飯）和突厥饅頭（小餃子）	ryż z mięsem i manty
香檳海鱸	morski okoń w sosie z szampana
庫列什湯	kulesz
核桃奶渣	twaróg z orzechami
烏克蘭克瓦斯甜菜湯	barszcz ukraiński z kwasem chlebowym
烏克蘭餃	wareniki
烤黑琴雞	pieczony cietrzew
烤鷓鴣	pieczony kurotwa
特克馬里（醬汁）	tkemali
珠蔥	cebula szalotka
受巴	szorba
索扒	sorpa
草餅	trawianiki
草麵包	ziołanki
起司蛋糕	sernik
馬奶酒	kumys
馬其頓	macédoine
乾型白酒	wino wytrawne
基輔豬排	kotlet po kijowsku
得拉尼奇（肉餡薯餅）	draniki
涼拌小菜	surówka
甜奶油	śmietanka
甜菜湯	barszcz
甜橙木梨火雞	indyk w pigwach i soku z pomarańczy
異國沙拉	sałatka egzotyczna
第戎芥末	musztarda dijon
莫納斯特里斯卡鱘魚	jesiotr po monastyrsku
蛋糕捲	rolada

中文	原文
西洋菜	rukiew wodna
李子汁	sok śliwkowy
沒餡的包子	pampuchy
車不列克（炸餡餅）	czeburek
防風草	pasternak
乳豬排佐嫩蘿蔔醬	stek z mlecznego prosiaczka w sosie z młodej rzodkwi
呼普魯	huplu
明太魚	mintaj
果凍糊	kisiel
波札爾肉餅	kotlet pożarski
波式鼓眼魚	Sudak po polsku
波蘭餃	pierogi
波蘭燉菜	bigos
芥末醬	musztarda
芫荽（香菜）	kolendra
花色小蛋糕	petits fours
芹菜	seler
金頭鯛	dorada
阿吉卡	adżika
俄式煎餅布利尼	bliny
俄式酸黃瓜湯	rosolnik
俄式燉牛肉	strogonow
俄羅斯餃	pielmieni
南方餃	Pierożki Południowe
恰恰酒	czacza
春季沙拉	sałatka wiosenna
柳橙汁	sok pomarańczowy
洋提（煎餡餅）	jantyki
紅醋栗	porzeczka czerwona
紅鯔魚	barwena

重要名詞對照表（按中文首字的筆劃排列）

食物名

中文	原文
丁桂魚	lin
大西洋鱈魚	dorsz
大果山茱萸	dereń
大麥飯	kasza jęczmienna
小鯡魚	szprot
巴斯圖瑪（風乾牛肉）	basturma
巴黎沙拉	sałatka paryska
犬薔薇	dzika róża
叩北特（鹹派）	kobete
奶油	masło
白奶湯	balanda
白芥子	gorczyca
白梭吻鱸	sandacz
白菜湯	szczi
白鱘	białuga
伊瑪目巴由第（菜肉茄子）	imam bayildi
伍斯特醬	sos Worcestershire
匈牙利麵	węgierskie lapszu
多香果	ziele angielskie
肉餅	tołczeniki
肉餡餅	czeburek z mięsem
西洋芹	seler naciowy

Beyond

44

世界的啟迪

克里姆林宮的餐桌

ROSJA OD KUCHNI

作者　維特多・沙博爾夫斯基（Witold Szabłowski）
譯者　葉祉君
副總編輯　洪仕翰
行銷總監　陳雅雯
行銷企劃　張偉豪
封面設計　張巖
插畫　Dofa
內頁排版　宸遠彩藝

出版　衛城出版 / 遠足文化事業股份有限公司
發行　遠足文化事業股份有限公司（讀書共和國出版集團）
地址　231 新北市新店區民權路 108-2 號 9 樓
電話　02-22181417
傳真　02-22180727
客服專線　0800-221029
法律顧問　華洋法律事務所　蘇文生律師
印刷　呈靖彩藝有限公司
初版　2023 年 2 月
初版九刷　2024 年 8 月
定價　480 元

ISBN　9786267052617（紙本書）
9786267052693（EPUB）
9786267052686（PDF）

國家圖書館出版品預行編目(CIP)資料

克里姆林宮的餐桌
維特多・沙博爾夫斯基(Witold Szabłowski)著；葉祉君譯。初版。新北市：衛城出版，遠足文化事業股份有限公司，2023.02
面；公分. -- (Beyond；44)（世界的啟迪）
譯自：Rosja od kuchni.
ISBN 978-626-7052-61-7（平裝）

1.烹飪　2.傳記　3.報導文學　4.俄國

784.82　111019420

ACRO POLIS
衛城出版

Email　acropolismde@gmail.com
Facebook　www.facebook.com/acrolispublish

● 親愛的讀者你好，非常感謝你購買衛城出版品。
我們非常需要你的意見，請於回函中告訴我們你對此書的意見，
我們會針對你的意見加強改進。

若不方便郵寄回函，歡迎傳真回函給我們。傳真電話—— 02-2218-0727

或上網搜尋「衛城出版FACEBOOK」
http://www.facebook.com/acropolispublish

● 讀者資料

你的性別是 □ 男性 □ 女性 □ 其他

你的職業是 ______________________ 你的最高學歷是 ______________________

年齡 □ 20 歲以下 □ 21-30 歲 □ 31-40 歲 □ 41-50 歲 □ 51-60 歲 □ 61 歲以上

若你願意留下 e-mail，我們將優先寄送 ______________________ 衛城出版相關活動訊息與優惠活動

● 購書資料

● 請問你是從哪裡得知本書出版訊息？（可複選）
□ 實體書店 □ 網路書店 □ 報紙 □ 電視 □ 網路 □ 廣播 □ 雜誌 □ 朋友介紹
□ 參加講座活動 □ 其他 __________

● 是在哪裡購買的呢？（單選）
□ 實體連鎖書店 □ 網路書店 □ 獨立書店 □ 傳統書店 □ 團購 □ 其他 __________

● 讓你燃起購買慾的主要原因是？（可複選）
□ 對此類主題感興趣
□ 覺得書籍設計好美，看起來好有質感！
□ 議題好熱，好像很多人都在看，我也想知道裡面在寫什麼
□ 其他 __________
□ 參加講座後，覺得好像不賴
□ 價格優惠吸引我
□ 其實我沒有買書啦！這是送（借）的

● 如果你覺得這本書還不錯，那它的優點是？（可複選）
□ 內容主題具參考價值 □ 文筆流暢 □ 書籍整體設計優美 □ 價格實在 □ 其他 __________

● 如果你覺得這本書讓你好失望，請務必告訴我們它的缺點（可複選）
□ 內容與想像中不符 □ 文筆不流暢 □ 印刷品質差 □ 版面設計影響閱讀 □ 價格偏高 □ 其他 __________

● 大都經由哪些管道得到書籍出版訊息？（可複選）
□ 實體書店 □ 網路書店 □ 報紙 □ 電視 □ 網路 □ 廣播 □ 親友介紹 □ 圖書館 □ 其他 ______

● 習慣購書的地方是？（可複選）
□ 實體連鎖書店 □ 網路書店 □ 獨立書店 □ 傳統書店 □ 學校團購 □ 其他 __________

● 如果你發現書中錯字或是內文有任何需要改進之處，請不吝給我們指教，我們將於再版時更正錯誤

____

____

____

____

____

請

沿

虛

線

剪

下

廣　告　回　信
臺灣北區郵政管理局登記證
第　1　4　4　3　7　號

請直接投郵•郵資由本公司支付

23141
新北市新店區民權路108-2號9樓

衛城出版 收

● 請沿虛線對折裝訂後寄回，謝謝！

ACRO POLIS 衛城出版

Beyond

44

世界的啟迪